L'ENFANT
EN DEVENIR

Du même auteur aux éditions Triades

- Plante et cosmos, 2004
- Métamorphoses physionomiques, 2005
- L'Homme et son corps, 2006
- Regards sur l'animal, 2006

ERNST-MICHAEL KRANICH

L'ENFANT EN DEVENIR

Fondements de la pédagogie Steiner-Waldorf

Traduction et préface de
Raymond Burlotte

2e édition

2006
TRIADES

Titre original :

Anthropologische Grundlagen der Waldorfpädagogik

ISBN 2-85248-211-8
www.edition-triades.com

SOMMAIRE

Préface 8

Avant-propos 11

Fondements de la pédagogie Steiner-Waldorf

L'importance de l'anthropologie dans la pédagogie .. 13

Anthropologie générale

L'homme : un corps, une âme, un esprit 22
L'âme humaine : un organisme 30
L'origine de l'âme humaine – La préexistence 41
Vouloir – ressentir – penser 51

Anthropologie du développement humain

La petite enfance et l'imitation 61
Du changement de dentition à la puberté. Image – art – autorité 67
L'éveil de l'âme avec la puberté. Le développement du jugement 76

Développement et éducation durant la petite enfance 88

Les fondements anthropologiques 90
Le petit enfant apprend par imitation 95
La posture érigée et la parole 99
Le développement de la pensée 105
Les jardins d'enfants Waldorf 110
La seconde dentition 115

Les forces qui forment le corps et leur métamorphose en la faculté de se représenter des formes. La naissance du corps éthérique

La conscience de la forme et son apparition au cours de l'enfance 119
Le début de la croissance 124
Les forces architectoniques 127
Le remodelage des formes 135
Un processus émanant de la tête 143
L'achèvement de la genèse des formes 146
La prise de conscience des forces formatrices 151
La création d'images mentales et de formes libres 155
L'importance du dessin de formes 160

Rendre les concepts vivants 163

Une tâche de l'école Waldorf : apprendre à respirer 188

L'adolescence 211

La faculté de jugement et son évolution 236

I 237
II 251

Veille et sommeil : leurs transformations pendant l'enfance et l'adolescence 260

Notes 285

« Pour savoir comment éduquer, il faut d'abord savoir ce qu'est l'Homme.»

Rudolf Steiner

Préface

Notre civilisation a perdu ses références morales et spirituelles. Elle est devenue pluraliste ; or ce pluralisme est une catastrophe pour l'éducation, car l'enfant a besoin de repères. Si l'enseignant veut s'orienter, aujourd'hui, il faut qu'il puise directement à la réalité de l'être humain lui-même, en s'efforçant de comprendre les lois de son développement. Mais sur quelle image de l'homme peut-il s'appuyer ? À la question « qu'est-ce que l'homme ? », nous n'avons plus que des réponses fragmentaires et profondément divergentes. Pour la science, l'homme n'est finalement, comme tout être vivant, qu'une « combinatoire d'atomes » (François Jacob). Pour l'Église, il est une création divine, transcendante et sacrée. Ces visions contradictoires ne se laissent pas rassembler en une unité compréhensible et ne peuvent que nous laisser profondément insatisfaits. Le pluralisme – peut-être fécond d'un certain point de vue –, avec ces opinions qui se heurtent sans pouvoir se rejoindre, a creusé un abîme vertigineux où l'Homme s'est égaré.

La première victime de cette perte du sens est certainement l'enfant. Même sa venue au monde est devenue problématique : on ne sait plus « qui » il est avant de naître. Tout au plus lui est-il accordé d'être une « potentialité de personne » (René Frydman) ou un « projet parental » (Axel Kahn). Mais quelle est sa valeur *à lui* ? « La société a peur du génie propre de l'enfant », disait Françoise Dolto.

Parmi les pédagogues du XXe siècle, Rudolf Steiner (1861–1925) occupe une place à part. Bien que les écoles

Waldorf qu'il a fondées après la Première Guerre mondiale soient répandues et appréciées aujourd'hui dans le monde entier, sa pensée reste le plus souvent méconnue ou incomprise. Cela tient sans doute à l'extrême originalité de sa démarche. Il a voulu aider l'homme à se comprendre lui-même aux plans corporel, psychique et spirituel. Estimant que le temps n'était plus à la philosophie spéculative et que le chemin moderne ne pouvait être que celui de la science expérimentale, il a appliqué la méthode scientifique à la vie du psychisme et de l'esprit humain, inaugurant ainsi un chemin qui, en partant de l'observation que chacun peut faire sur lui-même (introspection), permet aussi d'appréhender de façon critique la réalité intérieure de l'humain.

Cette vision élargie de l'homme est à même de renouveler de nombreux domaines de notre culture – notamment l'éducation et l'enseignement – en leur redonnant du sens. Toute pédagogie, quelle qu'elle soit, part nécessairement d'une certaine image de l'homme. Même lorsqu'on pense pouvoir s'en passer, comme c'est le cas aujourd'hui dans le système scolaire officiel, tout acte éducatif, tout programme d'enseignement et même toute forme d'école repose implicitement sur une certaine vision de l'homme. Et si l'on ne veut pas se cacher cet état de fait, il n'y a pas d'autre alternative que de s'appuyer sur une connaissance la plus large possible de la nature humaine. C'est sur une telle vision élargie que Steiner a fondé ses propositions pédagogiques. Il n'a pas réduit son approche de l'enfant à un seul aspect, forcément réducteur, mais s'est efforcé de l'éclairer de plusieurs points de vue pour appréhender l'homme en devenir dans toutes ses dimensions : visibles *et* invisibles. C'est ainsi qu'il a décrit le psychisme et l'esprit de façon tout aussi rigoureuse et détaillée que l'anatomie et la physionomie décrivent le corps.

Si les découvertes de Steiner restent encore si mal connues et si difficilement comprises, c'est sans doute parce que sa démarche de connaissance implique une activité intérieure tout à fait inhabituelle pour nos contemporains. Le chercheur ne peut plus se borner à constater les faits et à inventer des théories qui seront censées les expliquer. Avec Steiner, il faut accéder à une « connaissance active », en participant directement à la vie des processus et en les recréant intérieurement. On ne connaît ainsi que ce que l'on a soi-même vécu en faisant revivre en soi le phénomène que l'on observe.

Ernst-Michael Kranich est un maître dans cet art de vivifier la pensée. Ceux qui ont eu la chance d'être ses étudiants au *Seminar für Waldorfpädagogik* de Stuttgart où il a enseigné pendant près de quarante années ont pu apprécier sa manière bien particulière d'amener ses auditeurs à faire par eux-mêmes l'expérience de cette « mise en branle » intérieure qui ouvre en quelque sorte les yeux de l'âme.

Octobre 2000 *Raymond Burlotte*

AVANT-PROPOS

Voilà plusieurs années que l'on me demande de réunir quelques-uns de mes articles et d'en faire un livre. Il me semblait cependant plus judicieux d'écrire à nouveau une anthropologie de la pédagogie Steiner-Waldorf, mais comme cela s'avère impossible pour le moment, j'ai décidé de rassembler et de publier certains de mes travaux dans le présent ouvrage.

Le premier chapitre présente sous forme concentrée un exposé d'ensemble des fondements anthropologiques de la pédagogie Steiner-Waldof. Les chapitres suivants traitent, pour une partie, des faits anthropologiques indispensables à la compréhension du développement de l'enfant et de l'adulte, et, pour une autre, de quelques thèmes centraux de la pédagogie Steiner-Waldorf.

Cette suite d'articles donnera au lecteur un premier aperçu sur un vaste domaine. J'ai, bien sûr, soigneusement revu, voire partiellement réécrit, les textes qu'on va lire, et je les ai actualisés lorsque c'était nécessaire.

Juillet 1999 *Ernst-Michael Kranich*

L'ANTHROPOLOGIE : FONDEMENT DE LA PÉDAGOGIE STEINER-WALDORF

L'importance de l'anthropologie dans la pédagogie

Anthropologie et pédagogie sont indissolublement liées. Toute conception pédagogique, toute action éducative impliquent nécessairement – qu'on l'exprime ou non – une certaine manière de voir l'être humain. Parfois, les pédagogues n'en ont pas conscience, pas plus d'ailleurs que ceux qui élaborent des concepts pour l'éducation, ou bien ils basent leur action, leur système, sur une image de l'homme qui leur semble évidente, et la pédagogie se trouve alors en situation de « partialité idéologique » (Loch). Dans une analyse très fouillée, Meinberg a ainsi montré que, dans de nombreux concepts des sciences de l'éducation d'aujourd'hui se cache en fait l'idée de « l'homme intellectuel », autrement dit l'*homo partialis* amputé de certains éléments essentiels de l'humain [1]. Il n'existe qu'un chemin pour échapper à ce genre d'étroitesse et de prévention, c'est de cultiver une anthropologie qui parvienne à connaître l'être humain de la façon la plus large possible.

Tel est le thème de l'anthropologie philosophique fondée à la fin des années vingt du XXe siècle par Scheler et Plessner. Cette science s'intéresse à l'homme en général et à sa place dans l'univers. À une époque où « les disciplines scientifiques de plus en plus nombreuses qui étudient l'homme [...] cachent plus sa vraie nature qu'elles ne l'éclairent, il s'agit en fait d'élaborer un véritable concept de l'homme[2] ».

Un peu plus tard, Nohl appliqua cette question à la pédagogie. De ce fait, l'anthropologie se vit proposer une nouvelle tâche. Elle ne devait plus seulement déterminer quelle est la nature de l'être humain, mais éclairer la pratique de l'éducation et lui donner forme en se fondant sur cette nature. « L'ampleur du regard ainsi acquis libère l'éducation de toute étroitesse artisanale[3] ». Or quand on fait le tour des différents concepts de l'anthropologie pédagogique, on reste frappé par le manque d'unité, non seulement dans les déclarations, mais aussi et surtout dans le questionnement et la méthode. L'anthropologie pédagogique a visiblement plus de mal à saisir son « objet » que l'anthropologie philosophique. C'est essentiellement, semble-t-il, le chemin vers la pratique qui crée des difficultés. Or c'est précisément ce chemin qui importe.

L'anthropologie pédagogique, en s'attachant à l'éducation, s'intéresse à des dimensions essentielles de l'humain, notamment à « ce que l'être humain signifie, dans sa nature la plus intime » (Döpp-Vorwald). C'est là qu'elle trouve le but vers lequel l'éducation doit conduire l'homme en le menant vers lui-même. L'anthropologie pédagogique a nécessairement une certaine tendance normative. C'est « une interprétation normative que l'homme a pour tâche de se donner de lui-même » (Langeveld)[4]. Nous pourrions alors nous demander si une anthropologie pédagogique ne conduit pas nécessairement à une éducation basée sur une certaine image de l'homme déterminée et réductrice.

Le cœur du problème réside manifestement dans la question : Comment la pratique pédagogique découle-t-elle de l'anthropologie ? Dans un ouvrage qui survole les principes courants de l'anthropologie pédagogique, on lit que « de la part des pédagogues, il n'existe pas la moindre envie de se soumettre à une anthropologie préétablie[5] ». De toute évidence, il existe un écart entre l'*anthropologie* pédagogique et la *pratique* pédagogique. Les conceptions anthropologiques ne sont pas aptes à saisir les situations concrètes de l'enseignement et de l'éducation. Elles en restent à des considérations théoriques et ne descendent que difficilement dans la réalité de chaque situation éducative. On a été jusqu'à dire que la pensée même d'anthropologie pédagogique « élude la réalité de l'éducation » (Kupffer). Elle ne rend pas l'enseignant davantage capable d'élaborer son enseignement de façon à favoriser par exemple le développement du sentiment ou de la volonté chez les enfants ; la situation éducative échappe presque totalement à ses concepts. La réalité de l'éducation, dans une école, doit faire face à des situations sans grand rapport avec les contenus de l'anthropologie pédagogique. Et il faut dire que les formes actuelles de l'anthropologie pédagogique sont un facteur supplémentaire d'élargissement de la faille qui se creuse entre la théorie et la pratique.

On peut opposer à cette anthropologie théorique une anthropologie pratique. Ce serait celle qui trouverait le chemin vers la pratique et n'abandonnerait pas l'enseignant face à la multitude des situations concrètes qui lui posent sans cesse question. Elle devrait aider à comprendre l'homme sous tous ses aspects, depuis son être le plus général jusqu'aux processus concrets de son développement. Elle devrait montrer en quoi consistent les différentes phases d'apprentissage chez l'enfant en devenir. Il faudrait aussi cultiver, à côté de l'anthropologie du développement humain, une anthropologie des matières d'enseignement. Ce que nous entendons par anthropologie pratique dépasse largement ce que Langeveld comprend sous ce terme.

Cela nous donne une définition tout à fait générale de ce que veut la pédagogie Steiner-Waldorf. Il s'agit de résoudre un problème fondamental de l'existence, qui concerne d'ailleurs de nombreux domaines, mais qui reste particulièrement précaire en ce qui concerne la pédagogie, du fait qu'elle touche au développement même de l'homme. Lorsque Steiner a abordé la question : « Pourquoi une pédagogie anthroposophique ? », il est parti de ce problème qui, depuis lors, a pris une gravité considérable, à savoir le fossé qui sépare « ce qu'on apprend théoriquement, ce qui forme le contenu de notre vie culturelle, et la réalité de la vie[6] ». Ce fossé est creusé par les concepts abstraits qui s'éloignent de la vie au lieu d'y pénétrer. À propos d'une science qui prend la somme des faits pour la réalité, Wittgenstein écrit : « Nous sentons bien que, même si nous avions des réponses à toutes les questions scientifiques possibles, nos problèmes existentiels ne seraient encore en rien touchés[7] ». Le monde de la vie a échappé à la science des faits. Le but de la pédagogie Steiner-Waldorf est de combler ce fossé qui sépare la connaissance et la vie, grâce à une anthropologie qui mène à une compréhension de l'homme tout entier et qui soit féconde dans la pratique. En considérant les efforts de réformes qui, au début du XXe siècle, voulurent remplacer l'étroitesse intellectuelle de l'apprentissage scolaire par une culture qui s'adressât à l'homme entier, Steiner déclarait : « Si ces plans de réformes pédagogiques reposaient sur une vraie connaissance de l'homme, l'anthroposophie n'aurait plus besoin de dire quoi que ce soit [8] ». On n'aurait pas eu besoin de la pédagogie Steiner-Waldorf, car le but d'une formation complète de l'être humain aurait été atteint jusque dans les détails par une anthropologie pratique.

Pour devenir réellement pratique dans la vie, l'anthropologie doit comprendre l'homme de façon bien plus approfondie qu'elle ne l'a fait jusqu'à maintenant. Nous ne voulons pas exprimer une limitation, mais formuler une tâche. Soyons clairs : il ne peut nullement s'agir non plus de régresser au niveau d'une image de l'homme dépassée, comme certains détracteurs de la pédagogie Steiner-Waldorf l'affirment.

Avant d'aborder les considérations anthropologiques proprement dites, nous commencerons par donner un aperçu de la façon dont l'idée d'une anthropologie pratique peut porter des fruits dans le vaste domaine de l'activité pédagogique. Un enseignant qui acquiert la faculté de comprendre les lois et les conditions[9] du développement humain et apprend, de cette manière, à favoriser l'évolution de l'homme en devenir en tenant compte de son être complet développe aussi, grâce à l'anthropologie, une compétence pédagogique. Il peut assumer la responsabilité de l'éducation qu'il dispense. Toute administration bureaucratique susceptible d'influencer par ses directives l'action pédagogique de l'enseignant devient alors non seulement superflue mais absurde. La compétence pédagogique, en effet, ne peut devenir féconde que dans une école qui se dégage de toute réglementation bureaucratique et se dirige elle-même. L'enseignant éducateur peut alors se libérer de son enchaînement fatal au rôle de fonctionnaire.

L'anthropologie ne devient pratique et concrète qu'avec chaque enseignant. Le programme ne représente pas une somme de prescriptions auxquelles il faudrait se conformer, mais ressort des conditions du développement de l'enfant à un certain âge. Ce sont ces conditions qui déterminent le choix de la matière enseignée et la façon de la traiter. Si l'école s'oriente d'après l'anthropologie, les contenus des programmes ne peuvent plus être simplement puisés dans la tradition culturelle. Car cette tradition est en partie vidée d'esprit par le réductionnisme moderne et ne s'approche pas suffisamment de la réalité. Il lui manque cette dimension qui ne conduit pas seulement à des connaissances, mais stimule aussi le développement de l'être humain. Or c'est bien cette dimension que l'enseignant doit insuffler à sa matière s'il veut répondre aux exigences de ce développement (voir à ce propos les deux derniers chapitres de cette première partie). Il s'agit en outre de choisir chaque fois, parmi la globalité des contenus d'enseignement, ceux qui correspondent aux conditions et aux nécessités spécifiques du développement à un certain âge. C'est de cette façon que l'anthropologie se concrétise dans le plan scolaire. Cette façon de déterminer le plan scolaire diffère donc de celle que l'on utilise habituellement pour fixer les programmes.

L'anthropologie doit permettre à l'enfant, tant dans son apprentissage que dans son développement, de ne pas tomber sous la dépendance de facteurs sociaux souvent contradictoires, qui tiennent essentiellement compte de *leurs* intérêts et non des conditions d'épanouissement de l'être humain.

Quand on ne remarque pas ce que cette situation a de fatal et qu'on affirme que les programmes scolaires « résultent toujours du combat spirituel de groupes sociaux et de conceptions du monde différentes[10] », cela ne peut qu'entraîner des malentendus. Du fait que le plan scolaire des écoles Waldorf n'a pas suivi certaines tendances, on pourrait croire qu'il est resté en retard sur l'époque. Or la pédagogie Steiner-Waldorf veut précisément éliminer les influences qui font de l'école un instrument d'intérêts particuliers de la société. Steiner écrit : « Les connaissances et les facultés dont doit disposer un être humain à un âge donné doivent découler de la nature humaine […] Ce n'est pas à l'État ni à la vie économique de dire : voilà comment nous avons besoin que l'homme soit formé en vue d'une fonction déterminée ; en conséquence, soumettez les hommes dont vous avez besoin à des examens et veillez en premier lieu à ce qu'ils aient les connaissances et les aptitudes dont vous avez besoin [11] ». Cela implique entre l'école et la société un autre rapport que celui qui a cours aujourd'hui. Ce n'est pas à la société telle qu'elle existe aujourd'hui de déterminer ce qu'il adviendra de l'homme en devenir, mais il faut que les dispositions qui existent en lui puissent s'épanouir sans entraves. « Alors il sera possible de toujours nourrir l'ordre social de forces nouvelles issues de la génération qui accède à l'âge adulte. Alors sera toujours vivant dans cet ordre ce qu'en feront les êtres accomplis qui y entreront ; mais il ne sera pas fait de la génération qui accède à l'âge adulte ce que veut en faire l'organisation sociale existante. »

Cela ne veut pas dire qu'il faille pour autant ignorer les exigences de la société ! Lorsqu'il a fondé la première école Waldorf, Steiner a sévèrement critiqué la formation donnée par les lycées, à laquelle il reprochait d'être trop éloignée de la vie, et il a préconisé que l'on élargisse en conséquence les contenus de l'enseignement [12]. Mais l'anthropologie empêche par ailleurs que les écoles tombent sous l'emprise de certaines modes (enseignement programmé, mathématiques modernes, micro-ordinateurs, etc.) et affiche simplement sa modernité en intégrant sans réflexion des nouveautés dans ses programmes. L'anthropologie est en effet la condition d'une véritable responsabilité pédagogique, qui prend au sérieux les exigences de l'époque, tout en se posant la question : Comment les éléments nouveaux peuvent-ils être enseignés en accord avec les exigences intérieures du développement humain ? Car il ne peut nullement s'agir d'un « libre » développement sans réelles exigences objectives.

L'anthropologie doit donc d'abord aiguiser notre regard sur l'enfant, sa nature spécifique, et ses dispositions. Chaque enfant devient ainsi une énigme pour l'enseignant, énigme qui ne se résout pas seulement par la compréhension, mais par l'action. Il s'agit de saisir la situation de l'enfant et de chercher à favoriser son développement. Les critères de l'action pédagogique résident dans l'homme en devenir, non dans la soumission à une norme. Si l'éducation et l'enseignement se donnent des normes et des buts, ceux-ci doivent émaner de certaines aptitudes de l'être humain et permettre, d'une façon ou d'une autre, que se développent des facultés. Autrement toute norme ne sera toujours qu'un élément étranger à l'être humain, qui ne pourrait que lui être imposé de l'extérieur. Une norme régule l'activité pédagogique à partir d'en haut, en se fixant un certain but. L'anthropologie pratique, au contraire, mène à une pédagogie dont le centre est l'être humain individuel avec ses dispositions individuelles et ses possibilités d'épanouissement. Ce qui, pour l'anthropologie pédagogique et la science de l'éducation, constitue la norme devient, pour la pédagogie Steiner-Waldorf, l'enfant individuel et la prise en considération des lois et des conditions qui favorisent son développement, et ceci dans le sens le plus largement humain possible. « Ce que l'éducateur fait ne peut dépendre que d'une faible mesure de ce qui, en lui, est suscité par les normes générales d'une pédagogie abstraite ; il doit bien plutôt, à chaque moment de son activité, renaître à partir de la connaissance vivante de l'homme en devenir [13] ». C'est de cette façon que la pédagogie Steiner-Waldorf compense en quelque sorte le déficit en connaissance de l'être humain qui caractérise la pédagogie qui s'oriente selon des normes.

C'est donc une erreur grossière de prétendre que la pédagogie Steiner-Waldorf serait, au plan concret, une didactique normative qui « tire de ses prémices, par une chaîne ininterrompue de déductions, les buts, les contenus et les méthodes de ses directives scolaires anthropologiques[14]. » Le chapitre qui suit doit montrer que l'anthropologie à une tout autre tâche que de fournir des prémices à un processus déductif. Il est en effet beaucoup plus difficile de comprendre qu'il ne s'agit pas simplement d'un système d'affirmations à propos de l'être humain en général, que l'on appliquerait ensuite dans la pratique, mais d'une faculté qui apprend à *voir* en chaque individualité les conditions et les lois du développement humain et rend ainsi l'enseignant plus apte à comprendre et à accomplir sa tâche.

L'homme : un corps, une âme et un esprit

Une des principales questions de l'anthropologie concerne les facteurs qui, par leur interaction, constituent l'être humain. Les conceptions que l'on se fait de ces facteurs déterminent en effet notre façon de concevoir cet être humain. Tout manque de clarté ou toute erreur à ce niveau conduit inévitablement à des théories étrangères à la réalité, c'est-à-dire non pratiques.

Pour pouvoir comprendre un être aussi différencié que l'homme, il faut parvenir à saisir en toute clarté ses éléments essentiels et, au moyen de cette analyse, acquérir un aperçu de sa constitution. À cet égard, les conceptions de la nature humaine que les sciences nous proposent, que ce soit l'anatomie, la physiologie, la psychologie ou la sociologie, etc. ne nous seront pas d'une grande aide. Chacune de ces disciplines, par ses méthodes, reste en effet cantonnée dans son domaine particulier. Il existe, certes, des descriptions détaillées des expériences que peut vivre le corps (phénoménologie). Celles-ci mettent en évidence l'étroite interdépendance du corps et de l'âme. C'est ainsi par exemple que Merleau-Ponty écrit : «… Je ne suis pas devant mon corps, je suis dans mon corps, ou plutôt je suis mon corps[15].» À côté de cette unité de l'expérience vécue, la physiologie étudie le corps en tant qu'objet. Mais pratiquement aucun chemin ne mène de ces découvertes à celles de la psychologie. Il manque, au sein de toutes ces disciplines, un point de départ méthodique qui aboutirait à la connaissance de l'homme entier. Tout au plus voit-on apparaître l'image d'un conglomérat, auquel, bien sûr, on croit, mais on ne voit pas qu'il s'agit en fait toujours du même être. Il n'y a pratiquement pas d'espoir, en réunissant toutes ces sciences spécialisées, de parvenir à une véritable anthropologie. Comment articuler ces différents éléments sans condamner, dès le départ, tout accès à une possible synthèse ?

Ce qu'il s'agit de comprendre, c'est l'homme tel qu'il se tient, éveillé, dans la vie ; l'homme qui vit certaines expériences, agit et réfléchit, possède certains dons et certaines facultés, passe de l'état d'enfant à celui de personnalité autonome, etc. Cet homme nous apparaît comme un être corporel, avec une structure matérielle, spatiale. Son corps, avec ses membres, ses organes, etc., est vivant et se meut. Il se manifeste en tant que personne. Dans sa physionomie, sa dynamique, son regard et sa voix, sa stature et ses gestes, nous percevons immédiatement un *être* individuel.

Si l'on ne regarde l'homme que sous cet angle, on parvient, comme L. Binswanger[16], à la conclusion que « du point de vue anthropologique on ne peut en aucune façon séparer le corps et l'âme comme deux substances ni même comme les deux attributs d'une même substance ». Car lorsque « j'attrape quelqu'un par l'oreille, ou par le cou, ou lorsque je tombe à ses genoux en le suppliant, je ne m'adresse pas à l'oreille, ni au cou, ni au genou… mais à lui ». En déduire que l'existence humaine est une unité indivisible revient pourtant à prendre un point de vue réductionniste. Il n'existe pas seulement une phénoménologie dans l'espace de la rencontre humaine, mais aussi dans la perception intérieure. Là on éprouve directement ce qui, chez l'autre, s'exprime par exemple par la mimique (la joie, etc.). Chacun doit donc distinguer entre son vécu personnel immédiat et la compréhension qu'il a de l'autre. Chacun de nous vit seulement ses propres sentiments, pas ceux de l'autre. Les entretiens qu'il a eus avec Dilthey montrent que Binswanger a perçu cette distinction.

Buytendijk écrit que « pour connaître le mouvement humain il est [...] nécessaire de renoncer à l'identité du visible et du réel[17] ». Cela vaut aussi pour le visage et l'attitude. Ce qu'on *voit,* c'est le corps, et cela parce qu'à l'instar des autres choses visibles ce dernier s'édifie à partir des substances de la nature extérieure. Par son corps, l'homme est en rapport avec cette nature, et il la perçoit au moyen des sens. Mais ce qui *se manifeste* sur le corps, en tant qu'expression, n'a pas son origine dans le visible. On peut examiner le corps à l'aide de toutes les méthodes que l'on veut, jamais on n'y trouvera l'expérience vécue de la joie qui s'exprime dans un sourire. Pour percevoir ce vécu, il ne faut plus diriger son observation, à travers les sens, vers le monde extérieur, mais vers « l'intérieur », c'est-à-dire vers une réalité que l'on ne peut plus trouver dans l'espace. Cette intériorité, l'âme, est ce qui se tourne vers les choses et les événements du monde environnant, les perçoit en éprouvant des sensations, est animé de mouvements intérieurs (plaisir, joie, irritation, etc.) du fait de ces perceptions, se met ainsi en relation intérieure avec le monde, développe des désirs et des envies pour certaines choses, et poursuit des intentions personnelles qu'elle exécute grâce à la volonté. Ces mouvements émotifs et ces activités volontaires, l'homme les éprouve comme sa propre *intériorité.* Il sait immédiatement qu'il s'agit là de ce qui lui est personnel (intimité et caractère privé de la vie de l'âme). Le vécu intérieur et l'existence personnelle forment une unité. C'est ce qui confère à l'âme le caractère de l'intériorité. On ne peut pas la séparer du vécu intérieur ; elle n'appartient pas, comme le corps, au domaine dans lequel on perçoit des choses de l'extérieur. Les mouvements et les activités de l'âme vivent donc dans un domaine qu'aucune perception sensorielle ne peut atteindre. Personne ne peut percevoir avec ses sens le vécu intérieur de quelqu'un d'autre. Le milieu où l'âme se déploie n'est pas l'espace, mais le temps.

Il ressort de ces considérations que le corps et l'âme sont deux domaines de l'être humain dont les propriétés se distinguent fondamentalement. Il n'y a aucun passage de l'un à l'autre. Le psychisme ne devient pas corporel et le corporel ne devient pas psychique. Même lorsqu'un sentiment se manifeste corporellement dans la mimique ou dans les gestes, il n'en perd pas pour autant son caractère d'intériorité. Et les incitations issues de l'environnement physique qui agissent sur le corps par le moyen des sens ne sont pas les causes de l'expérience vécue par l'âme comme la chaleur est par exemple la cause de la fonte d'un morceau de glace. Ces incitations ne font que fournir l'occasion pour qu'un mouvement de *l'âme* réponde. De sorte qu'il nous faut distinguer, dans l'homme, deux domaines indépendants : une existence corporelle et une existence psychique. Qu'ils soient indépendants ne veut pas dire pour autant que le corps et l'âme soient séparés l'un de l'autre, mais qu'ils ont une nature différente. L'étude de leur interaction sera abordée dans le prochain chapitre.

Les conceptions qui n'attribuent de réalité qu'aux faits dits objectifs refusent de reconnaître à l'âme une existence indépendante. La théorie la plus répandue affirme que l'homme devrait toute son existence, y compris son être le plus personnel, à l'action conjuguée de l'hérédité et du milieu. Tout ce qui remonte à l'hérédité est interprété comme résultant des processus et des structures matériels. Tout phénomène psychique pouvant être ramené à des processus corporels, l'homme ne serait, en fin de compte, qu'un corps. Examinons brièvement cette théorie qui joue un rôle important dans l'interprétation du développement de l'être humain. L'idée prépondérante est que ce développement serait entièrement déterminé par deux facteurs : l'hérédité et l'environnement. Qu'en est-il en réalité?

Depuis plusieurs années, grâce à des expériences faites sur des mammifères (jeunes chats) et l'observation d'enfants atteints de strabisme, on a pu acquérir une meilleure compréhension du rôle respectif de l'hérédité et de l'environnement et de la manière dont ils interagissent. Le cerveau de l'animal nouveau-né, comme celui du nourrisson, possède encore un haut degré de malléabilité, et c'est seulement après certaines modifications de la structure du cortex visuel qu'il devient un organe approprié à la perception des objets. Or ce processus de maturation n'est pas prédisposé génétiquement. D'après les observations de Singer[18], il s'agit de « processus de développement dépendants de l'expérience », au cours desquels des « facteurs extragénétiques » jouent le rôle décisif. Les expériences de Singer prouvent que les impressions visuelles issues de l'environnement ne conduisent ensuite à des transformations corporelles dans le cerveau que si le jeune animal est éveillé et *attentif* à ces impressions. Il faut en outre que les impressions aient une certaine signification pour le comportement de l'animal. Or l'attention n'est pas un état physiologique mais un état psychologique, et il en va de même avec le fait de saisir une signification. La conclusion qui s'impose est que l'environnement n'agit pas directement sur le cerveau, dont les structures sont formées par l'hérédité. L'environnement stimule par contre certains processus *psychiques* (attention, saisie d'une signification) ; et ce sont ces derniers qui déterminent les modifications structurelles dans le cerveau encore malléable des jeunes animaux et des jeunes enfants. C'est la raison pour laquelle ces processus de développement présentent, « du moins sur un plan descriptif, toutes les propriétés d'un apprentissage ».

Ces découvertes nécessitent une révision de l'opinion couramment répandue selon laquelle le développement serait le résultat de l'action conjuguée de l'hérédité et de l'environnement. En se fondant sur ses observations, Singer parle de trois facteurs. Ce qu'il décrit comme un troisième facteur – « l'état dans lequel le cerveau se trouve à chaque fois qu'il est en interaction avec l'environnement » – attire l'attention, de façon certes imprécise, sur le processus psychique qui est stimulé de l'extérieur. La théorie selon laquelle « l'individu qui se développe [...] serait simplement un objet soumis à ce qui lui arrive » et n'aurait lui-même « aucune influence sur ce qui se déroule en lui et avec lui[19] » ne contredit pas seulement l'expérience subjective, mais aussi les conclusions d'une recherche objective. Elle ne comprend pas la réalité de l'homme.

Mais l'homme ne se ramène pas encore entièrement à ce qu'il est par son corps et son âme. Lorsque, en pensant, il appréhende les lois qui régissent certains phénomènes, il prend alors conscience de quelque chose qui fait partie du monde. Par son corps (les sens) il apprend à connaître le monde pour autant que celui-ci se manifeste extérieurement. Mais ce monde sensible n'est pas d'emblée compréhensible, car il n'exprime pas, de lui-même, sa cohérence. De cette partie du monde qui reste cachée aux sens – c'est-à-dire à l'observation par les sens – l'homme prend conscience grâce à sa pensée. La pensée, en effet, dépasse le seul intellect qui dissèque et analyse le monde des phénomènes au moyen de concepts (définis, rigides) et croit pouvoir reconstruire le monde à partir de ses éléments. L'homme peut, lorsqu'il pense, élargir ses concepts de telle sorte que les lois internes ou l'*essence* des choses s'expriment en eux de façon toujours plus parfaite. Le penser peut rendre mobiles les représentations et les concepts figés, les laisser se transformer les uns dans les autres et, en tant que « penser modelant » (Steiner), pénétrer dans des relations et une cohérence qui restent inaccessibles à l'intellect. La connaissance qui commence alors à briller dans la pensée appartient à un domaine qui dépasse le corps et l'âme en tant qu'intériorité personnelle : il s'agit du *domaine objectif de l'esprit.* La réalité du monde ne s'exprime pas totalement dans les phénomènes. Le phénomène est cet aspect des choses dont l'homme prend conscience par le truchement de son corps. La part d'esprit que renferme la réalité lui reste encore cachée. Cette part d'esprit, l'homme ne la saisit que lorsqu'il pense. Les pensées en tant que telles ne sont toutefois pas encore l'esprit. Lorsqu'il en reste à ses pensées, l'homme peut encore être prisonnier de ses propres opinions subjectives. C'est seulement quand la cohérence du monde, qui restait d'abord cachée, se révèle dans la connaissance, que l'homme s'élève à la sphère de la vérité. Car il n'existe pas seulement une vérité globale qui serait le but ultime de l'effort humain. Toute connaissance véritable, toute vérité que l'homme s'efforce d'atteindre est un pas sur le chemin qui conduit à ce but lointain. Pour autant que l'homme se relie à la vérité, il n'est plus seulement « âme », mais il devient aussi « esprit ». Les conceptions qui ne voient en l'homme qu'un corps et une âme méconnaissent la signification de la pensée, grâce à laquelle l'homme peut parvenir à la connaissance du monde, ainsi qu'à celle de son propre être et de sa place dans le monde. Avec son âme, l'homme ne saisit les choses que de son point de vue subjectif; il n'appréhende pas encore leurs lois propres.

Ce n'est pas seulement dans l'acte de connaître que l'homme est un être spirituel. Lorsqu'il agit, il peut aussi s'élever dans la sphère du spirituel. Dans un premier temps, agir consiste à se mettre en action pour, au moyen du corps, réaliser une intention dans le monde. Mais que cherche-t-on à réaliser ainsi ? L'homme n'est pas limité au cercle étroit de ses envies, de ses intérêts et de ses intentions personnelles. Il peut aussi saisir ce dont les autres hommes, la société, la nature, ont besoin pour exister et évoluer. Lorsqu'il fait l'expérience d'une imperfection, d'un besoin, sa pensée et son imagination le mènent à concevoir une existence plus parfaite et meilleure. L'homme passe du devenu au devenir et saisit alors l'impulsion de collaborer à ce devenir. Cela peut aussi bien s'appliquer à des situations de la vie de tous les jours qu'à des buts lointains. Pour autant qu'il fait de ces nécessités le contenu de son agir, il s'insère de façon créative dans le contexte de la vie et du monde. Il participe alors activement au devenir et au progrès de ce monde. Les nécessités de la vie et du monde sont ce qui le motive ; l'homme se dépouille de son égoïsme, c'est-à-dire qu'il s'efforce d'agir moralement. Et dans la mesure où il intervient dans l'existence en s'orientant ainsi moralement, son agir n'est plus seulement intéressé : il est déterminé par l'esprit, c'est-à-dire plein de sens. Lorsqu'il agit, l'homme ne répond plus seulement de façon subjective aux sollicitations du monde qui l'entoure, mais il se sent aussi responsable pour les autres hommes et pour le monde.

Un troisième domaine où l'homme n'est pas seulement actif au plan corporel et au plan psychique, mais aussi au plan spirituel, est celui de la création artistique. L'homme qui exerce une activité artistique apprend à donner à la matière – les couleurs, les sons, la pierre, la parole, le mouvement, etc. – une forme telle qu'une réalité spirituelle puisse s'y révéler. « L'art ne reproduit pas le visible, il rend visible » (Paul Klee). L'art rend visible ce qui, sans lui, resterait caché. Avant de pouvoir être imprimé dans la matière, ce contenu doit d'abord être vécu intérieurement. C'est pourquoi tout travail artistique implique un élargissement et un approfondissement de la vie intérieure, ainsi bien sûr qu'un affinement de la technique. Mais la source de l'art est avant tout l'imagination créatrice, qui saisit le spirituel et l'amène du monde invisible dans le monde visible. Par l'expérience esthétique qu'elle suscite en lui, l'œuvre d'art amène l'homme à élargir son âme et à pressentir le spirituel.

Dans chaque être humain, le corps, l'âme et l'esprit se relient de façon individuelle. Si l'on veut comprendre l'homme au sens de l'anthropologie anthroposophique, il faut le considérer du triple point de vue du corps, de l'âme et de l'esprit, ce qui exige trois méthodes de connaissance différentes. Elles seules permettent d'accéder à une compréhension des fondements anthropologiques de la pédagogie Steiner-Waldorf.

L'âme humaine : un organisme

Ce qui précède constitue le premier pas sur le chemin de l'anthropologie anthroposophique[20]. Nous avons là une base qui nous garantit que nos conceptions ne sont pas mesurées, dès le départ, de façon étroite, en se fondant sur certaines tendances réductionnistes. Il va maintenant s'agir pour nous d'examiner de façon plus précise l'homme « citoyen des trois mondes » (Steiner) dans les trois domaines de son être.

Chercher à comprendre l'âme humaine est tout particulièrement important pour celui qui veut s'occuper d'éducation. La méthode appropriée pour approcher l'âme découle de ce que nous venons d'exposer ; nous l'appellerons observation intérieure ou psychique. La psychologie moderne procède le plus souvent d'après le modèle des sciences expérimentales. Ce faisant, pourtant, elle ne trouve pas l'âme elle-même, mais seulement ses manifestations sur le corps. Comme chacun sait, la psychologie expérimentale ne peut pas interpréter ses résultats sans faire certains emprunts à l'observation intérieure.

Voilà pourquoi nous ne traiterons pas ce premier problème – la classification des phénomènes psychiques – en analysant les différents facteurs qui résultent de l'observation du comportement, mais en faisant appel à l'observation *intérieure.* Il ne s'agit pas, en l'occurrence, de décrire les multiples propriétés de l'âme, mais d'en appréhender les forces fondamentales, les « propriétés radicales » (L. Pongratz), les « dispositions essentielles » (W. Stern). Car de la même façon que les nombreuses couleurs que nous connaissons peuvent être ramenées à la combinaison d'un petit nombre de couleurs fondamentales, de nombreuses propriétés de l'âme résultent de l'interaction de quelques forces fondamentales. Nous aurons donc d'abord à distinguer clairement ces propriétés essentielles avec leurs qualités spécifiques. Puis nous montrerons comment ces propriétés essentielles permettent de comprendre la multiplicité des mouvements de l'âme.

Afin de n'introduire aucun malentendu, soulignons que ce qui suit n'est pas une théorie à propos de l'âme, mais la description d'observations intérieures. Ce sont des indications à propos d'observations que chacun peut faire et vérifier par lui-même. Les phénomènes de l'âme peuvent en effet donner lieu à un échange intersubjectif tout autant qu'une expérience extérieure.

Une première force fondamentale de l'âme est celle qui se manifeste dans le domaine des *représentations,* c'est-à-dire là où l'âme, au moyen des sens, entre en relation avec le monde extérieur. Grâce aux représentations, l'homme se fait des images de ce monde extérieur. Or ces représentations ne sont pas une simple empreinte que les choses laisseraient sur l'âme. Depuis la célèbre «psychologie de la forme» (*Gestalt psychology* de Köhler en 1929 et de Koffka en1935), on sait que les représentations résultent d'une activité de l'âme. Pour construire la représentation d'un arbre ou d'une maison, il faut rassembler certains complexes de couleurs et de formes et en faire le tronc, le feuillage, ou les murs, le toit, etc. Dans toute perception qui appréhende la forme et la signification d'un objet, nous élaborons une représentation, voire tout un ensemble de représentations. De sorte qu'une représentation est toujours le résultat d'une activité de l'âme en réponse aux stimulations sensorielles. Nos représentations sont des images que chacun de nous s'est formées à partir des phénomènes. Elles n'ont pas un caractère universel et ne contiennent pas l'essence des choses. C'est pourquoi elles n'appartiennent pas au domaine de l'esprit mais à celui de l'âme.

Dans les premiers mois de sa vie, quand l'enfant apprend à percevoir les objets qui l'entourent, il met en œuvre son activité de représentation. Chez lui, cette activité est totalement consacrée aux perceptions ; c'est seulement plus tard que l'enfant parvient à se former librement des représentations. Si l'enfant ne disposait pas déjà de la faculté de se faire des représentations, il ne parviendrait jamais à percevoir des objets.

Pouvoir se représenter ainsi le monde extérieur dans les images de ses représentations implique que celles-ci aient un caractère nettement objectif et impersonnel[21]. Sinon, les représentations ne pourraient pas donner du monde une image fidèle. Nous touchons là un problème pédagogique. Un enseignement qui vise exclusivement ou essentiellement à délivrer un savoir étouffe du même coup, du fait du caractère impersonnel des représentations qu'il véhicule, les autres domaines de la vie de l'âme.

L'intériorité de la vie de l'âme ne commence en fait qu'avec les *sentiments.* Là encore, l'âme se tourne vers le monde ; on se réjouit de voir des fleurs, on aime un être humain, on se fâche à cause d'un échec. Dans toutes ses relations au monde, l'âme est impliquée. Les sentiments ne sont pas l'image des choses extérieures, mais la vie intérieure de l'âme teintée de sympathie et d'antipathie. L'homme dirige son regard vers ses représentations ; il en a clairement conscience. Il est par contre lui-même impliqué dans la vie plus ou moins agitée de ses sentiments et de ses affects. C'est pourquoi il est beaucoup plus difficile de se faire une idée claire de ce que sont les sentiments.

Les sentiments naissent en réponse à des perceptions, des représentations, des pensées, etc. Ils sont réactifs. Dans la *volonté,* au contraire, l'âme est active à partir d'elle-même. La volonté constitue donc un troisième élément de l'âme. Pour vraiment comprendre ce qu'est la volonté, il convient d'opérer certaines limitations. Pour Wellek[22], « l'intention est le phénomène de volonté par excellence ». Le vouloir se concentre en quelque sorte dans l'intention. Pour lui, la pensée que contient toute intention fait partie de la volonté. Ce que Wellek appelle volonté confond plusieurs éléments différents : ce qui est actif, et la pensée. Il en va de même pour Lersch. Il écrit que la volonté est « l'instance qui décide si, et dans quelle direction, un mouvement, un acte, un comportement, doit être accompli par l'homme » [23]. La encore, cette direction est apportée par la pensée.

Le pur phénomène psychique de la volonté n'apparaît que si l'on fait abstraction de la détermination opérée par la pensée pour ne plus saisir que ce qui est *actif.* On trouve alors la volonté par exemple dans la force intérieure qui se déploie lorsqu'on accomplit un mouvement ou un travail, lorsque, pour se lever et marcher, on surmonte le poids de son propre corps, ou encore dans l'activité intérieure qui permet d'être attentif et de se concentrer. La volonté est une activité que l'on impulse toujours et encore à chaque fois qu'elle s'exerce. C'est une activité de l'âme qui renaît sans cesse, parce qu'elle est constamment renouvelée. Et l'on éprouve que, de toute évidence, on est soi-même ce qui provoque ce surgissement toujours renouvelé. À cet égard, la volonté ne peut être ramenée à rien d'autre. À la différence de la représentation et du sentiment, elle ne se forme pas dans le rapport avec le monde. Elle agit certes en se confrontant à des résistances, mais celles-ci ne déterminent pas son contenu comme les choses déterminent les représentations et les sentiments. La volonté est essentiellement créatrice, car elle produit constamment elle-même son action.

L'interprétation physiologique que l'on donne aujourd'hui du mouvement empêche de comprendre la véritable nature de la volonté. On prétend en effet que le mouvement serait déclenché par des influx nerveux dans les nerfs efférents. Or, quand on provoque un mouvement de la main, par exemple, par une excitation électrique de la région correspondante du cerveau, la main bouge «toute seule» ; ce n'est pas un mouvement volontaire. Il manque justement ce qui caractérise l'activité volontaire, c'est-à-dire l'expérience de produire *soi-même* le mouvement[24]. Il ne faut pas confondre processus physiologique et activité volontaire. La seconde n'est pas réductible au premier[25].

Représentation et volonté, avec leurs propriétés antagonistes, sont en quelque sorte les deux pôles de l'âme. D'un côté, l'âme se tourne entièrement vers le monde extérieur et se forme des images de ce monde; l'homme sait que ses représentations désignent toujours quelque chose d'objectif. Grâce à elles, il peut connaître le monde. De l'autre côté, la volonté est l'être-en-soi le plus intérieur de l'âme. Quant aux sentiments, ils relient l'homme, en tant qu'âme individuelle, au monde, et cela de la façon la plus variée. C'est seulement avec les sentiments que le monde prend pour l'être humain une signification personnelle. Représentation, sentiment et volonté sont trois forces fondamentales de l'âme.

On parvient à vraiment comprendre la vie intérieure quand on observe comment, dans l'âme vivante du'n être humain, ces trois activités s'interpénètrent toujours[26]. La psychologie ne devient pratique dans la vie – comme nous le verrons –, que si l'on apprend à reconnaître le jeu réciproque de ces trois activités de l'âme et, ce faisant, le domaine dans lequel le développement psychique se développe. Nous ne pouvons qu'esquisser ici ce vaste sujet en décrivant ce qui ressort de l'observation intérieure.

Quand la volonté pénètre dans l'activité de représentation, l'homme accroît son attention : il est plus éveillé et regarde les choses avec davantage de précision. Il acquiert la maîtrise du cours de ses représentations et de ses souvenirs ; il peut se concentrer à volonté sur des images mentales qu'il choisit librement. C'est la condition d'une pensée capable d'embrasser du regard un ensemble de données et d'en déduire un jugement juste. Grâce à la volonté, la vie des représentations se modifie et se développe : les images mentales, au lieu de s'associer de façon incontrôlée, peuvent être conduites et dirigées volontairement.

Inversement, les représentations qui pénètrent dans la volonté permettent à l'homme de diriger consciemment son mouvement. En se représentant les objectifs de son action, l'homme confère au mouvement qu'il accomplit un but et un sens[27]. Il devient un être conscient de son activité. Quand il prend une décision, il fait consciemment de sa représentation le contenu de son action et peut, de cette façon, se libérer de l'emprise des désirs et des pulsions.

La coopération du sentiment et de la vie des représentations, spécialement lorsqu'elle s'étend à l'activité de la connaissance, a une importance toute particulière. Lorsque nous éprouvons du plaisir ou du déplaisir, du contentement ou de la gène, notre sentiment reste limité à la sphère étroite de notre existence personnelle. Mais lorsque, par l'activité de représentation, notre sentiment se lie aux choses que nous percevons, il s'élargit, faisant qu'une chose nous plaît, nous attire, ou nous répugne. Lorsque, grâce à une vue d'ensemble, nous parvenons à une compréhension, nous pouvons ressentir du respect ou du mépris, de la compassion, de la reconnaissance, ou encore un sentiment d'espoir, de déception, d'amour, d'enthousiasme, etc. Nous éprouvons du respect pour quelqu'un, par exemple, quand nous comprenons ce qu'il a réalisé au cours de sa vie ; la reconnaissance se développe en nous lorsque nous songeons à l'aide ou au secours que nous avons reçus de quelqu'un, et que cette pensée pénètre notre sentiment. Nos représentations et notre activité de connaissance, en pénétrant ainsi notre vie affective, nous permettent de ne pas en rester seulement à l'apparence des choses, mais de nous lier en profondeur à la vie et au monde. L'élargissement et l'approfondissement de nos sentiments dépendent pour une grande part du fait que nous nous représentons, et que nous comprenons, ce que nous ressentons. Steiner l'a expliqué à de nombreuses reprises (déjà en 1894, dans *la Philosophie de la liberté*[28]). Dilthey, lui aussi, a montré que l'acte de comprendre s'accompagne d'un élargissement de l'expérience intérieure, qui sort de la subjectivité étroite et se transporte « dans la sphère du tout et du général[29] ». On peut déduire de ces relations certaines lignes directrices sur la façon dont l'enseignement peut contribuer à développer la vie affective (voir page 73).

Le sentiment joue un rôle à plusieurs niveaux dans notre faculté de nous représenter les choses et de les connaître. En développant un sentiment, l'homme peut éprouver la signification et la profondeur des choses avant de les comprendre. Cette vie du sentiment fait naître en nous l'impulsion de ne pas simplement en rester, avec nos représentations et notre compréhension, à la surface des choses. Si des sentiments plus profonds ne se développent pas en nous, notre compréhension est souvent triviale et superficielle. Il nous manque la référence aux domaines cachés de l'existence. C'est pourquoi tout ce que nous entreprenons pour développer notre faculté de connaissance reste lacunaire et décousu si nous n'approfondissons pas en même temps notre capacité à vivre intérieurement les choses.

Connaître repose essentiellement sur l'activité du jugement. Or nous ne nous engageons pas dans nos jugements tant que nous n'associons pas à notre compréhension le sentiment de leur vérité. Si nous ne faisons pas intervenir ce sentiment, nous pouvons, certes, comprendre quelque chose, mais nous n'en sommes pas convaincus pour autant[30]. Un sentiment de conviction clair et sûr procure à l'âme souvent hésitante un terrain ferme sur lequel elle peut s'appuyer.

Il existe des rapports particulièrement étroits entre la volonté et le domaine richement différencié des sentiments. Les psychologues ont fait remarquer, de diverses manières, que le sentiment et la volonté, en tant qu'activités personnelles de l'âme, sont extrêmement proches. Les sentiments sont les mobiles de la volonté. On agit par ambition, par peur, par compassion, par admiration, etc. Le caractère éthique de l'action est déterminé par le sentiment, qui donne à la volonté une certaine tonalité. L'éducation sociale s'enracine bien plus dans les sentiments que l'homme éprouve à l'égard de son environnement que dans ce qu'il sait. C'est pourquoi l'éducation à la responsabilité, à l'action morale, est liée à l'éveil d'un sentiment qui se lie, en y participant intérieurement, au destin et aux besoins d'autres hommes, d'autres peuples, ou de la nature (voir p. 73). Le savoir intellectuel reste en surface et ne pénètre pas suffisamment au fond des choses.

La volonté se lie de diverses façons au sentiment. Elle peut intensifier ce dernier jusqu'à l'abnégation et jusqu'au dévouement. Lorsque le don de soi s'applique à la nature ou à l'art, le sentiment devient plus riche, si bien que la sensibilité aux choses s'accroît. La sensation pure ne fait qu'affaiblir et appauvrir le sentiment, de telle sorte qu'il lui faut des stimulations toujours plus fortes. Le don de soi aux choses, au contraire, accroît les forces du sentiment. Une observation attentive nous révèle encore un autre rapport entre la volonté et le sentiment, à savoir que la force intérieure du sentiment est pour une grande part de nature volontaire. On se réjouit de la performance d'un enfant parce qu'on voit qu'il y a consacré tous ses efforts. On espère une rencontre parce qu'on souhaite qu'elle ait lieu. L'amour que l'on éprouve pour quelqu'un est animé de l'envie de lui venir en aide. L'aspiration, le désir, le besoin d'être actif sont des forces volontaires qui impulsent les forces du sentiment. Quand le désir cesse, l'espoir s'éteint, et il en est de même pour la joie quand on n'accorde plus de valeur au résultat obtenu. On voit que la force intérieure qui anime le sentiment dépend de ce que l'on veut, de ce que l'on s'efforce d'atteindre. Lorsque l'éducation parvient à intensifier la volonté de l'enfant et son aspiration à poursuivre ses efforts, la force intérieure de son sentiment se développe aussi.

Dans les sentiments les plus profonds se combinent donc d'un côté l'action élargissante de la compréhension et, de l'autre, l'action dynamisante de la volonté[31]. La nouvelle psychologie des émotions, elle aussi, fait remonter nos sentiments à deux sources différentes, comme par exemple une impulsion viscérale et la cognition qui, en spécialisant cette impulsion viscérale, confère « une certaine qualité à l'émotion » (Mandler)[32]. Ce qui passe pour une impulsion viscérale n'est pourtant, si l'on y regarde de près, qu'un phénomène secondaire, psychosomatique, qui accompagne le sentiment au niveau viscéral. Car le dynamisme intérieur, la force même du ressentir, ne puise pas sa source dans des processus physiologiques, mais bien dans les différentes qualités du vouloir. Plusieurs chercheurs, comme Montada, ont attiré l'attention sur le rôle que le discernement et la manière de penser jouent dans la genèse de certains sentiments[33].

L'âme humaine est plus que la somme de ses trois forces fondamentales. C'est un organisme vivant. Dans un tel organisme, les différents organes sont toujours en interaction vivante : les processus de vie d'un organe permettent la vie de l'autre, et réciproquement. C'est ce qui fait de l'organisme une totalité. Il en va de même avec l'âme humaine. Elle s'ouvre dans deux directions : du côté du corps – car elle fait sans cesse de nouvelles expériences grâce aux sens –, mais aussi du côté de l'esprit. La compréhension qui permet au sentiment que l'on éprouve pour quelqu'un de s'élargir et de s'approfondir, par exemple, vient de la connaissance, c'est-à-dire de la sphère de l'esprit.

Mais il existe une différence essentielle entre l'âme et un organisme biologique. Chez ce dernier, l'interaction des organes est dans une large mesure déterminée par l'espèce. L'homme, par contre, peut accroître cette interaction dans son âme. Les forces de l'âme se développent alors comme nous l'avons montré. Cet accroissement, ce développement, ne doit rien à la nature. Il est provoqué dans la constitution vivante intime de l'âme par une activité purement intérieure. Il faut faire appel alors à cette force qui, en nous, ne s'épuise pas dans ce qui est atteint, mais nous incite, en nous poussant à dépasser ce que nous avons atteint, à amener l'existence humaine à se réaliser. Ce principe intérieurement actif qui incite l'âme à évoluer est le moi, le « je ». C'est pourquoi on ne peut pas comprendre l'âme humaine sans ce *moi*. L'homme éprouve que le moi est le centre de son être, et cela parce qu'il est entièrement actif à partir de lui-même. Le moi représente donc ce qui, dans l'âme, est le plus proche de la volonté. Sa nature volontaire est éclairée par la certitude qu'il a d'être soi. Quand l'homme est actif en tant que « je », il ne s'adonne pas seulement à ce qu'il fait; il se sait aussi être l'acteur agissant à chaque moment.

Quand l'âme se développe, parce que l'une de ses forces fondamentales pénètre les autres plus fortement que ce n'était le cas auparavant, c'est le moi qui donne alors l'impulsion. Lorsque, grâce à la volonté, la vie des représentations accroît son pouvoir d'attention, ou encore lorsque, grâce aux pensées, la volonté affirme sa faculté de mener consciemment une action, le moi s'active à l'intérieur de l'âme. De la même façon, le moi s'empare plus fortement de l'âme lorsque le sentiment devient force de don de soi ou s'approfondit par la compréhension. L'organisme de l'âme porte en lui les dispositions de son développement. Le moi y déploie *son* activité en faisant naître de nouvelles facultés intérieures. Le développement de l'âme est le processus créateur par lequel le moi imprègne toujours davantage la vie de l'âme. Favoriser et stimuler ce processus est une des tâches les plus importantes de l'enseignement et de l'éducation.

Dans son livre *Waldorf Pädagogik und okkulte Weltanschauung* («Pédagogie Waldorf et conception occulte»),

Ullrich[34] prétend que la pédagogie Waldorf se fonde sur une notion depuis longtemps dépassée, puisqu'elle considère l'âme humaine comme composée de forces fondamentales séparées les unes des autres. Les bases de la pédagogie Waldorf seraient alors tout simplement pourries. Ullrich a certes vu que Steiner parle de « se représenter », « ressentir » et « vouloir », comme de trois forces fondamentales de l'âme humaine. Mais il n'a de toute évidence pas compris que c'est précisément pour attirer l'attention sur le fait que ces forces de l'âme ne sont pas des capacités séparées les unes des autres, et que la vie concrète de l'âme consiste précisément dans les multiples interactions de ces forces. La critique d'Ullrich repose donc sur un manque de connaissance de ces choses.

La tentative de Prange, qui voit dans la pédagogie Waldorf une nouvelle version déguisée de la pédagogie d'Herbart, ne vaut guère mieux. La pédagogie d'Herbart est la conséquence directe de sa psychologie, qui ramène le sentiment et la volonté à certains mouvements dans le domaine des représentations. Elle a une tendance intellectuelle unilatérale, et s'oppose donc nettement aux fondements de la pédagogie Steiner-Waldorf. Il s'agit précisément pour celle-ci de fonder une éducation qui prenne de façon décidée le contre-pied d'Herbart et permette donc de dépasser ce que sa conception avait d'insuffisant.

L'origine de l'âme humaine – la préexistence

Nous avons montré que l'âme humaine est un organisme dans lequel certaines capacités psychiques peuvent se développer. Certains sentiments par exemple se développent dès qu'ils sont plus fortement pénétrés de compréhension. La joie que l'on ressent devant le travail accompli par quelqu'un, ou la reconnaissance, sont des sentiments plus évolués que le simple sentiment de plaisir. Dans le même sens, une vie de représentations conséquente et pénétrée de volonté est plus évoluée que celle qui procède par simples associations de pensées. Une conception qui découle d'un effort pour parvenir à un jugement objectif a plus de valeur qu'une opinion issue d'un simple coup de tête.

On apprend beaucoup, en ce qui concerne l'âme (et l'esprit), lorsqu'on regarde comment ils se développent. Certaines propriétés de l'âme que l'on conçoit comme étant plus évoluées peuvent en effet être ramenées à d'autres, plus simples, à partir desquelles elles se sont développées. Ces différences de qualités dans le psychisme ont été d'ailleurs décrites par certains psychologues, par exemple dans la « théorie des strates » de Rothacker, Lersch et Wellek, ou dans la classification de Scheler qui distingue des sentiments corporels, vitaux, et spirituels. L'anthropologie anthroposophique va plus loin que cette description purement statique, puisqu'elle applique à l'âme humaine la notion d'évolution. Or cela mène à des conséquences qui dépassent le cadre des considérations anthropologiques courantes, conséquences que nous exposerons brièvement à présent.

Tout ce qui, dans l'organisme de l'âme humaine, résulte de l'interaction des différentes forces de l'âme a son fondement dans la totalité de la vie de cet organisme. Or vouloir déduire cet organisme et ce qui s'y développe d'autres processus, physiologiques par exemple, serait non seulement superflu mais surtout faux ; car ce qui contient en soi sa propre justification n'a pas besoin d'être expliqué par autre chose. Cela ne signifie pas que la vie psychique se transforme ou se développe sans rencontrer les hommes et le monde, mais que les transformations et le développement qu'elle connaît s'accomplissent dans l'âme elle-même. On peut seulement demander comment celle-ci est reliée à ces processus extérieurs. Que résulte-t-il du fait que l'âme humaine soit un organisme, c'est-à-dire, un tout vivant fondé en soi-même, et qu'il faille par conséquent faire dériver les capacités psychiques plus évoluées d'autres moins évoluées ?

Il faut compter les talents et les dons au nombre des facteurs les plus importants de la vie humaine. On s'aperçoit que quelqu'un a un don lorsqu'il manifeste une capacité d'apprendre supérieure à la normale. Or l'homme peut, s'il s'exerce, accroître sa capacité d'apprendre. Il peut s'efforcer d'améliorer *volontairement* une aptitude ou des dispositions à ressentir ou à comprendre certaines choses. Un talent que l'on acquiert ainsi résulte d'exercices répétés ; il s'agit donc d'une faculté conquise individuellement, fruit d'une évolution individuelle. Or il existe aussi des talents innés, par exemple pour les mathématiques ou la musique. Un enfant doué en mathématiques possède une faculté qu'un autre individu peut éventuellement acquérir, dans une certaine mesure en tout cas, en pratiquant longuement certains exercices susceptibles d'améliorer sa capacité encore faible à comprendre les lois et à résoudre les opérations mathématiques. Un talent est toujours l'expression d'un stade de développement avancé. Comment explique-t-on, en général, un talent inné ? On le ramène à l'hérédité en y voyant le résultat de facteurs génétiques. « La capacité à apprendre est déterminée par deux groupes de facteurs : elle résulte pour une part de certains processus d'apprentissage et pour l'autre part de déterminations naturelles qui peuvent être acquises ou bien héritées[35] ». Cette conception place la pensée devant une difficulté insurmontable. Un talent inné, un don pour un certain domaine, est analogue à un talent acquis. Mais alors la même faculté pourrait résulter soit d'un apprentissage et d'un développement, soit du contraire, à savoir du facteur anonyme qu'est la causalité naturelle. Or personne n'a jamais pu comprendre comment un certain talent pouvait apparaître génétiquement. Dès que l'on regarde les choses de près, les raisons qui pourraient être avancées pour expliquer l'origine génétique d'un don perdent toute force démonstrative.

Les vues les plus claires sur l'hérédité des modes de comportement dont nous puissions disposer aujourd'hui proviennent des travaux du Minnesota Center for Twin and Adoption Research. C'est ainsi par exemple qu'on a mis en lumière des analogies frappantes chez les couples de vrais jumeaux. Il s'agit de « ressemblances étonnantes [...] en ce qui concerne les goûts, les habitudes, les manières et les traits de caractères[36] », par exemple une certaine façon de rire à tout propos ou d'éternuer bruyamment, le besoin de se draper dans des vêtements voyants, la manie de compter constamment des objets, la même attirance pour une marque de cigarettes ou de pâte dentifrice... Autant de particularités qui apparaissent dans la vie sans qu'il soit besoin de faire un effort individuel. Le caractère général de ces particularités héréditaires se révèle nettement dès qu'on les compare à celles que l'on ne peut acquérir que par un apprentissage et un effort individuels, et qui résultent donc d'un processus de développement personnel. Les caractères héréditaires représentent en fin de compte la part non individuelle de la personnalité ! Nous entendons par non individuel tout ce qui n'a pas pu être acquis par l'individu lui-même. Or ce qui porte un caractère individuel ne se trouve manifestement pas dans le répertoire des modes de comportement héréditaires. De nombreux (vrais) jumeaux, par contre, « éprouvent le besoin, au cours des années, de développer une identité propre [...]

et cultivent alors certaines aptitudes, certains intérêts, ou se livrent à certaines activités dans le but déclaré d'affirmer leur autonomie». Ce qu'ils acquièrent de cette façon se situe au-delà du patrimoine héréditaire.

Un cas particulièrement intéressant est celui de deux vraies jumelles qui furent adoptées chacune par une famille différente. L'une, très douée pour la musique, devint pianiste alors que sa sœur «était incapable de jouer la moindre note. Une des mères adoptives donnait des leçons de piano à la maison – mais il s'agit de celle qui s'occupa de la fille non musicienne. Cette mère offrait pourtant à la petite fille [...] un modèle et la possibilité de cultiver ses aptitudes au piano [...]. La mère adoptive de l'autre sœur jumelle par contre n'était pas musicienne...» Comme on le voit, le talent musical est une faculté individuelle et ne provenait pas du répertoire génétique commun aux deux sœurs.

Voilà qui contredit les prétendues preuves du caractère héréditaire des talents musicaux et mathématiques. Le fait que ce genre de dons soit fréquent parmi les membres d'une même famille ne permet nullement d'en conclure qu'il provient de l'hérédité. Il faut, en effet, distinguer entre les conditions corporelles qui sont nécessaires à l'apparition de certaines aptitudes et ces aptitudes elles-mêmes. Les conditions corporelles, comme beaucoup d'autres caractéristiques physiques, dépendent, bien entendu, de l'hérédité; c'est le cas par exemple pour la conformation d'une oreille musicale. C'est pourquoi le fait que le talent musical se trouve fréquemment dans le cercle étroit des liens familiaux nous permet simplement de conclure, pour commencer, au fait qu'une bonne oreille dépend de l'hérédité. Mais si l'on voulait parler aussi d'une hérédité du *talent* musical, il faudrait pouvoir établir que ce genre d'aptitude peut s'accorder, d'une façon générale, avec les faits de l'hérédité. Or une telle démonstration ne peut s'appuyer, dans ce domaine, sur aucun fait vraiment probant, et cela parce qu'on opère en général avec un concept d'aptitude extrêmement confus.

Pour sortir du problème que pose cette argumentation, on peut raisonner de la façon suivante : un homme qui naît avec un talent particulier se trouve, en ce qui concerne la faculté en question, au niveau qu'un autre homme pourrait éventuellement atteindre par un effort individuel. Si l'on ne comprend pas qu'un talent, quel qu'il soit, consiste à avoir développé plus avant une capacité ordinaire, c'est-à-dire qu'il résulte d'une *évolution,* le concept de talent reste vide. Si l'on veut approcher le problème des talents innés sans être encombré par des théories incertaines, on dira « qu'il existe dans la vie des impressions » – celles d'un certain domaine – « qui agissent sur les dispositions de l'âme de la même façon que le fait d'être placé devant un acte à accomplir par rapport à ce que l'on a déjà exercé dans la vie physique ; sauf qu'ici de telles impressions ne viennent pas rencontrer quelque chose qui aurait été déjà exercé dans cette vie telle qu'elle se présente, mais des dispositions de l'âme qui peuvent recevoir des impressions selon le même mode que les facultés acquises par l'exercice » (Steiner)[37]. Si l'on n'est pas spécialement enclin à attribuer à l'hérédité ce qu'elle ne peut en fait pas expliquer, on verra plutôt dans l'aptitude innée une indication claire du fait que l'âme humaine porte en elle les résultats d'un développement déjà plus ou moins avancé lorsqu'elle renaît dans un enfant.

En comparant les deux conceptions, on s'apercevra qu'il est bien plus problématique d'expliquer le talent par une prétendue information génétique que par un développement déjà effectué lors d'une vie terrestre antérieure. D'un point de vue logique il n'est pas possible, en effet, de faire découler simplement d'un certain plan (certaines associations d'éléments chimiques) ce qui, ontologiquement, appartient à un autre plan (le talent). Par contre, quand un état de fait présente tous les caractères d'un niveau avancé d'évolution, le reconnaître en tant que tel est une exigence de la raison.

La conclusion – à savoir l'idée d'une évolution psychospirituelle ayant eu lieu avant la naissance – paraîtra tout d'abord inhabituelle à certains. Elle nous renvoie à une réalité au-delà de l'existence corporelle. Pourquoi la faculté de connaissance de l'homme n'approcherait-elle pas de dimensions de la réalité inconnue jusque-là ? On se trouve certes alors amené à réviser une opinion de toute façon fort difficile à fonder, à savoir que la nature de l'homme ne consisterait qu'en ce qui, chez lui, est visible. Or l'âme échappe totalement à la perception extérieure pour ne plus être accessible qu'à la perception intérieure. Seul ce qui s'exprime d'elle dans le corps, la physionomie, les gestes, etc., est perceptible de l'extérieur, comme tout ce qui est corporel.

Dans le domaine des sentiments, comme nous l'avons vu, on peut en discerner certains qui restent élémentaires, et d'autres en lesquels le vécu s'est élargi et approfondi grâce à la compréhension. La compréhension est en effet un facteur qui agit dans le ressentir et le transforme. Parmi les sentiments qui dépassent, grâce à la pensée et à la compréhension, la sphère étroite du plaisir et du déplaisir, on peut citer par exemple la joie, la gravité, la gratitude, l'admiration, la vénération, l'enthousiasme, la compassion et l'amour. Tous ces sentiments ont en commun une tonalité fondamentale de sympathie ; celle-ci s'étend plus ou moins fortement sur les choses grâce à la pensée et à la compréhension.

Un homme peut développer de tels sentiments au cours de sa vie. Or on observe déjà chez certains jeunes enfants des mouvements de gratitude, de compassion ou de vénération, sans pouvoir trouver, en général, en un si court laps de temps, d'occasions qui auraient permis à ces sentiments de se développer. Lorsque l'occasion se présente, ils surgissent aussi spontanément que le contentement, l'agacement ou la mauvaise humeur. Et si l'on voit que ces sentiments sont déjà quelque chose qui a été transformé, on comprend ici aussi, comme en face d'un talent inné, que l'âme de cet enfant a déjà fait tout un développement avant d'entrer en contact avec le monde extérieur par l'intermédiaire du corps. Certes, ces sentiments évolués n'apparaissent pas dès les premières semaines ni même les premiers mois de l'existence. L'enfant commence par manifester surtout du plaisir et du déplaisir, du contentement, de l'irritation ou d'autres sentiments élémentaires de ce genre, qui répondent à des sensations corporelles (faim, satiété, froid, etc.). Les conditions nécessaires à l'apparition de sentiments plus évolués (par exemple la faculté de comprendre) n'existent pas encore. Mais le fait qu'une faculté évoluée de l'âme ne devienne consciente, en réponse à certaines impressions, qu'à un âge déterminé ne prouve nullement que ladite faculté se soit développée entre la naissance et le moment en question. Elle peut être déjà là, dans les profondeurs inconscientes de l'âme, longtemps avant d'accéder à la conscience.

Certains enfants possèdent donc déjà des qualités psychiques et psychospirituelles[38] dont nous devons penser qu'elles résultent d'un développement. Cela nous amène à une conclusion importante ; nous devons en effet en déduire que l'âme humaine et le moi qui agit en elle ne sont pas compréhensibles tant que l'on y voit uniquement le résultat de l'hérédité corporelle et des processus qui débutent avec la naissance et plus précisément avec le développement embryonnaire. De récentes études faites sur les bébés (Stern 1993, Dornes 1997 et 1998) viennent confirmer de façon impressionnante cette façon de voir les choses.

Dans les premiers mois de la vie, le bébé parvient à prendre conscience des objets qui l'entourent. S'il le peut, c'est uniquement parce que son activité représentative est stimulée par les impressions sensorielles. Jamais les nourrissons ne pourraient appréhender la forme et la signification des objets si leur âme n'était pas déjà *prédisposée* à cette activité représentative. D'après Kagan (1987), l'apparition de ces représentations mentales – Kagan parle de schémas – repose sur un processus de maturation du cerveau. Mais cette explication s'anéantit lorsqu'on s'aperçoit que la structuration du cerveau implique d'abord, pour pouvoir s'effectuer, une certaine activité psychique (voir p. 26). Quant à l'explication de Piaget, qui fait au contraire remonter le processus cognitif à l'expérience, c'est-à-dire à certains rudiments de l'apprentissage sensori-moteur lors des deux premières années, elle ne rend pas compte, elle non plus, de la façon dont l'enfant parvient à la perception des objets. Pour Piaget, la représentation est une « imitation intériorisée » ; elle remonterait à une imitation sensori-motrice qui « ne peut être acquise qu'en présence du modèle » (Piaget/ Inhelder 1979). Mais cette explication de Piaget ne tient pas compte du fait que, pendant qu'il imite, l'enfant doit se représenter activement les choses pour pouvoir percevoir l'objet (modèle) en tant que tel. L'activité représentative ne vient donc pas du corps de l'enfant – suite à la maturation du cerveau –, pas plus que de l'activité sensorimotrice qu'il déploie au tout début de sa vie.

En considérant l'âme humaine sous l'angle du développement, nous sommes confrontés à des faits qui mènent à la conception d'une préexistence. Ces faits nous incitent en effet à penser que l'homme, dans la mesure où il est une âme (et un esprit) habitée par un moi, ne commence pas à exister et à se développer au moment de la naissance ou de la conception. En fait, la notion de préexistence est tout aussi fondée que l'opinion qui consiste à penser qu'un pianiste a acquis sa technique par lui-même. On peut en être certain, même si on ne l'a jamais vu s'exercer, parce qu'on sait par expérience que la virtuosité est le fruit d'un apprentissage et d'un entraînement, c'est-à-dire d'un développement. De la même manière, on peut savoir que d'autres facultés (par exemple un talent ou des sentiments évolués) ne peuvent être que les fruits d'une évolution passée.

Le phénomène de la préexistence attire notre attention sur un domaine de l'existence qui échappe à notre observation sensible. Ce domaine n'est pas accessible non plus aux moyens ordinaires d'observation de l'âme. Ceux-ci n'appréhendent l'âme que par le truchement de son lien avec le corps. C'est seulement lorsque, par un entraînement méthodique approprié[39], l'homme parvient à dégager les forces de son âme et de son esprit de leurs liens avec le corps, que s'ouvre à lui ce domaine suprasensible où l'âme et l'esprit ont existé avant de se joindre au corps. Mais on peut pourtant se faire aussi un jugement à propos des faits de la préexistence sans faire appel aux méthodes de la connaissance suprasensible.

Certains critiques reprochent à la pédagogie Steiner-Waldorf de ne pas être scientifique parce qu'elle attribue à l'homme une préexistence et parle de réincarnation (Prange 1985) ou encore parce qu'elle aurait soi-disant « puisé ses conceptions à la tradition des religions orientales... » (Ullrich 1986). Mais ils ne se demandent pas alors s'il existe des faits, et aussi une certaine légitimité, qui permettent de fonder la préexistence (et la réincarnation). Les seuls critères d'évaluation que ces critiques reconnaissent sont ceux qu'ils considèrent, eux, comme scientifiques. Ce n'est finalement rien d'autre qu'une certaine forme de dogmatisme.

Vouloir – ressentir – penser

Chaque fois que nous rencontrons un être humain, nous constatons que son âme et son esprit s'expriment extérieurement au moyen de son corps. Mais comment comprendre la façon dont ils sont reliés entre eux ? Tant qu'on ne répond pas à cette question, la connaissance de l'homme reste fragmentaire. C'est surtout lorsqu'on veut comprendre le développement humain durant l'enfance et l'adolescence, c'est-à-dire aux moments où les modifications corporelles et psychiques sont le plus intimement imbriquées, que la relation entre l'âme-esprit et le corps devient un thème central. Nous ne pourrons pas nous contenter de le traiter comme on a l'habitude de le faire aujourd'hui, car il nous faudra aussi l'examiner du point de vue de la préexistence. Cela nous fournira la base d'une compréhension anthropologique du développement humain durant l'enfance et l'adolescence.

Pour élucider le rapport de l'âme et du corps, la philosophie phénoménologique moderne parle d'une double expérience du corps : la première considère celui-ci comme une forme matérielle que l'on perçoit et que l'on peut étudier de l'extérieur comme les autres choses matérielles ; la seconde est le vécu intérieur que l'on a de ce corps, le « corps propre » comme l'appelle Merleau-Ponty. Cette expérience intérieure du corps, qui réunit toutes les impressions corporelles, est différente du vécu psychique que l'on éprouve avec un sentiment; c'est, d'après Scheler, une perception *sui generis*[40]. Steiner a appelé «sens de la vie» l'organe de cette perception corporelle générale[41]. Ce sens de la vie permet à l'homme de «se ressentir en tant que soi corporel emplissant l'espace[42]». L'âme éprouve le corps comme sien et se sent unie à lui. Le corps et l'âme se vivent comme «ancrés l'un dans l'autre» (Plessner).

Quand on perçoit le corps comme une «chose parmi les choses» (Plessner) dans l'espace, on ne peut pas voir comment le corps et l'âme s'interpénètrent. C'est pourquoi Lersch, par exemple, cherche leur rapport dans le «fond vital». «Ce que nous avons coutume d'appeler la vitalité nous donne, sous la forme la plus générale, la connexion du fond vital et du psychisme[43]». Mais le fond vital est «davantage que ce dont la recherche physiologique peut faire l'expérience et avoir connaissance»; il s'agit manifestement d'une dimension plus profonde de la vie, que l'on ne peut plus appréhender directement.

Grâce au «sens de la vie», qui lui permet de faire l'expérience intérieure du corps, l'homme sait qu'il est relié, en tant qu'être psychique, à la totalité de son corps vivant. Il faut faire valoir cette expérience face à la conception physiologique actuelle qui ne rattache la vie psychique qu'aux structures et aux fonctions du cerveau. Autrement, on réduit le problème avant même de l'avoir posé.

Quelle est la spécificité du corps vivant par opposition au corps-objet, et comment l'âme, c'est-à-dire l'organisme de l'âme et ses trois activités, se met-elle concrètement en relation avec lui? Le corps-objet est perçu comme une forme concrète. Sa forme vivante, par contre, n'existe que parce qu'elle se reconstruit sans cesse. C'est pourquoi il faut voir le corps humain, à l'instar de tout ce qui vit, comme une forme en formation et non pas comme une forme achevée (Goethe). Cette formation englobe à la fois ce qui a été produit et l'acte qui le produit. Pour approcher cette activité à l'œuvre dans toute formation vivante, on a fait récemment appel à la notion d'organisation « auto-poiétique » : on peut « caractériser un être vivant en disant qu'il s'engendre lui-même en permanence », écrit Maturana[44]. L'essentiel ici est donc la formation, le fait de s'auto-engendrer en permanence. La matière assimilée dans ce processus vivant change sans cesse. C'est elle qui donne au corps vivant l'apparence d'un corps-objet. Le « double aspect » prétendument irréductible du corps vivant et du corps-objet disparaît donc dès que l'on comprend le corps comme une formation vivante.

Les différents organes sont en interaction vivante au sein de l'organisme corporel, comme les forces fondamentales de l'âme humaine le sont dans l'organisme psychique. Les processus vitaux d'un organe conditionnent ceux d'un autre organe, et cela de multiples manières. Du fait que la vie d'un organe est déterminée par celle d'un autre et réciproquement, le corps humain, en tant qu'organisme, est une totalité fondée en elle-même. On compare parfois cela à une sorte de réseau dynamique. Cette formulation attire certes l'attention sur le caractère vivant de l'organisme, mais décrit un peu trop les choses de façon grossièrement réaliste.

Il faut pouvoir concevoir un organisme qui, lorsqu'il engendre ses différentes parties (organes) et que celles-ci agissent de façon vivante et harmonieuse, reste une totalité. On ne saurait y parvenir tant qu'on en reste à l'observation des formes et des structures achevées à l'aide de pensées abstraites. Il faut introduire dans ses représentations et ses pensées une activité modelante qui, en suivant par l'esprit les mouvements du vivant, conduise à une vision/compréhension de l'organisme agissant et formant. Il s'agit d'une organisation qui s'engendre elle-même ; elle est autonome et non réductible à des causes matérielles. Cet organisme qui est à la base de l'édification de la forme humaine, Steiner l'a appelé le *corps de vie* ou corps éthérique, ou encore corps des forces formatrices[45]. Tant que le corps de vie pénètre le corps-objet de son activité modelante, celui-ci est constamment reconstruit jusque dans la matière qui le constitue, et c'est précisément cela qui le rend vivant. « Le corps de vie est une entité par laquelle, durant la vie, le corps physique – la forme visible – est à chaque instant préservé de la décomposition. »

Il n'y a pas lieu de s'étonner que l'anthropologie anthroposophique fasse apparaître quelque chose dont ni l'anatomie, ni la morphologie, ni la physiologie ne parlent. Dans l'organisme vivant « il n'y a aucune séparation entre ce qui engendre et ce qui est engendré », écrit encore Maturana[46] ; or l'anatomie décrit la forme des organes, c'est-à-dire ce qui est engendré, la morphologie compare les formes engendrées les unes aux autres et recherche leurs analogies, et la physiologie examine les phénomènes vitaux dans leur substrat matériel en les isolant des processus qui agissent dans la formation des organes concernés. La physiologie recouvre la spécificité créatrice auto-poiétique des processus vivants par des images mécanistes, si bien que la vie elle-même lui échappe totalement.

Nous devons rechercher les rapports du corps et de l'âme dans le domaine des processus de vie. Ceux-ci, comme la vie de l'âme, se déroulent dans le temps (voir p. 25) ; le rythme est un des caractères fondamentaux des processus vivants. Ils se dilatent, se rétractent, pour se dilater encore, selon un certain rythme. Ce faisant, ils ne se déroulent pas simplement dans le temps, mais sont eux-mêmes organisés temporellement. La phase de gonflement qui suit la contraction correspond au renouveau du dynamisme vital. Tout processus de vie se déroule rythmiquement. Dans le poumon et le cœur, le rythme prend tellement d'importance que non seulement il agit dans la vie cachée des organes, mais que les organes eux-mêmes se mettent à battre. Le rythme de la vie parvient donc à une culmination dans les poumons et le cœur, autrement dit dans la respiration et le rythme cardiaque. C'est pourquoi, dans l'anthropologie anthroposophique, on qualifie le cœur et les poumons d'organes rythmiques.

Le vivant se caractérise aussi par un constant renouvellement de la substance : c'est le métabolisme. Il ne s'agit plus alors de la pulsation interne de la vie, mais de l'intervention directe du vivant dans la matière. Lorsque le métabolisme est intense, la substance qui forme les organes est renouvelée assez rapidement, de sorte qu'ils restent dans un processus de naissance; ils gardent une consistance molle. Le foie, l'intestin, et surtout la musculature et le sang sont en ce sens des organes du métabolisme.

Le processus de vie opposé domine aux endroits où la dynamique du métabolisme est fortement ralentie. On rencontre alors une tendance à la rigidité et à la fixation dans la forme. Une forme est un mouvement au repos (Heidenhain). Le tissu vivant de l'organe en vient alors à sécréter de la substance. C'est de cette manière que la myéline se dépose pour former une gaine autour de certaines fibres nerveuses (neurites), ainsi que l'ostéoïde – la matière de base des os avant qu'ils se calcifient – et enfin, dans cette dernière, les sels de calcium des os. Le domaine où les processus qui mènent à la forme culminent est celui de la tête.

Création de forme, vie rythmique et métabolisme ont chacun un domaine où ils agissent de façon prépondérante dans l'organisme humain, et pourtant ils s'interpénètrent toujours. D'une façon générale, les processus de vie sont dominés par la polarité qui oppose la création de forme et la vie du métabolisme. Dans la pulsation rythmique, on a affaire à une perpétuelle oscillation entre ce qui impulse et ce qui modère. À cet égard, la vie rythmique crée le milieu entre les deux pôles.

On pourra, bien entendu, diversifier davantage les processus de vie ; mais pour comprendre les relations du corps et de l'âme, les trois qui viennent d'être caractérisés sont les plus importants. Steiner a d'abord montré quels sont les rapports entre les trois principales fonctions de l'âme et les trois processus évoqués dans son ouvrage *Des énigmes de l'âme*[47], puis dans de nombreuses conférences, en particulier dans celles où il a posé les bases de ses conceptions pédagogiques : *la Nature humaine et les fondements de la pédagogie*[48].

Nous avons vu que la force effective de la volonté repose sur un renouvellement incessant de son activité. La volonté est toujours à l'état naissant *(status nascendi)*. Lorsque la volonté agit dans le corps, l'impact dynamique qu'elle implique entraîne que les processus de vie doivent être eux-mêmes extrêmement vivants, comme c'est le cas dans certains processus du métabolisme. Au niveau du métabolisme, en effet, les substances n'existent que pour autant qu'elles se reforment sans cesse pour se transformer en d'autres substances et réapparaître pendant quelques instants. Le métabolisme est un processus vivant où jamais rien de solide ni de définitif ne s'élabore. Ce devenir prend un caractère spécifique dans la musculature volontaire. Les substances protéiques du muscle (actine et myosine) qui jouent un rôle essentiel lors de la contraction sont constituées de telle sorte qu'un filament d'actine jouxte immédiatement un filament de myosine tout en le chevauchant à peine. Quand l'homme contracte un muscle, l'actine et la myosine s'interpénètrent plus fortement, ce qui provoque un durcissement. Nous avons là comme le début d'une combinaison chimique où deux substances s'unissent pour en former une nouvelle. Mais ici la réaction ne fait que commencer. Elle est donc toujours en devenir et peut, à tout instant, passer à un durcissement plus fort ou plus faible, donc entraîner la tension ou la détente du muscle. Il s'agit d'un processus extrêmement dynamique dans lequel le facteur décisif est l'apparition continuellement renouvelée d'un durcissement dans la confrontation avec une résistance extérieure. L'homme fait alors l'expérience d'un effort, parce qu'il doit renouveler en permanence l'action de la volonté. Ce dynamisme extraordinairement vivant de la musculature, avec l'important échange de substances qu'il implique, apparaît donc comme la manifestation physique de la volonté. Le processus vivant est l'expression de la volonté qui agit dans le mouvement extérieur ou dans la posture du corps.

Quand la volonté agit plutôt intérieurement, elle se manifeste dans les échanges dynamiques de substances qui s'effectuent alors à l'intérieur du corps humain, sans s'insérer comme le font les muscles dans les forces extérieures de la pesanteur, de l'inertie et de l'équilibre. De tels processus de renouvellement incessant dans lesquels la volonté peut se manifester ont également lieu dans le sang[49], lorsque celui-ci se reforme ou effectue certains mouvements. Par exemple, quand on saisit volontairement certaines représentations ou certaines pensées, les zones cérébrales concernées sont aussitôt irriguées plus fortement[50]. La concentration de l'activité volontaire en une certaine région du corps se manifeste dans les processus vitaux par le fait que le sang, le substrat corporel de la volonté, afflue plus abondamment vers cette région.

Pour comprendre les rapports de la vie affective et des processus vitaux, il faut prendre en compte deux facteurs. D'abord les sentiments n'ont pas un caractère aussi actif que la volonté ; ils apparaissent en réaction aux impressions extérieures et s'éteignent peu à peu, ce qui montre qu'ils pénètrent moins que la volonté dans les profondeurs de la vie des substances. Ensuite, la vie intérieure du sentiment se joue dans deux dimensions différentes. Elle se déroule d'un côté dans la dynamique qui se crée entre la violente agitation des affects (par exemple un emportement brusque) et le calme relatif des mouvements plus profonds du cœur (par exemple la vénération). L'âme agitée par des affects est prisonnière d'elle-même. Dans le calme intérieur, par contre, elle peut s'ouvrir et participer aux choses. L'autre dimension des sentiments est la profondeur. Notre vécu peut rester superficiel ou nous émouvoir fortement. Nous éprouvons essentiellement nos sentiments dans la région des organes rythmiques, c'est-à-dire la poitrine. Quand ils se manifestent jusque dans les processus vitaux, la dynamique et la profondeur du ressentir s'y expriment. Les courbes qui reproduisent les mouvements de la respiration et des battements du cœur lors de différentes émotions et sentiments dénotent une forte variabilité des rythmes dans leur fréquence et dans leur amplitude[51]. Les variations de la fréquence correspondent de façon frappante à l'agitation ou au calme, celle de l'amplitude à la profondeur plus ou moins grande de l'émotion. La colère et la haine, avec la forte agitation qu'elles provoquent, se manifestent par exemple par une accélération du rythme respiratoire ; la vénération et l'amour par un rythme apaisé, avec une grande amplitude (profondeur). La modulation du rythme respiratoire est une « physionomie » dans le domaine des rythmes vitaux tout comme la mimique dans la mobilité des formes du visage (voir figure 24 p. 193). Dans cette « physionomie », il s'avère que l'âme, avec son affectivité, vit essentiellement dans le rythme de la respiration, ainsi que dans d'autres processus vitaux qui se déroulent rythmiquement.

Chacun est bien convaincu que l'activité de représentation et de pensée est liée à l'organisation neuronale du cerveau. Mais comment les représentations, par exemple, sont-elles en relation avec le cerveau ? L'expérience immédiate nous montre déjà que cette relation n'est pas la même que celle de la volonté avec les organes moteurs. La seconde est vécue consciemment, alors que la première reste inconsciente[52]. Le lien de l'âme humaine avec le cerveau est plus lâche qu'avec le reste de l'organisme. Des blessures de la masse nerveuse ne sont pas ressenties par celle-ci sous forme de douleur. À l'exception des crises de migraines, on ressent bien moins son propre cerveau que d'autres parties de son corps comme la main ou les poumons. Or, comparées au sentiment et à la volonté, les représentations sont des formes psychiques sans aucune force. Ce ne sont que des images, qui n'ont aucune force pour saisir les processus vitaux et y pénétrer[53]. Elles en sont d'ailleurs empêchées, car le cerveau est le siège d'importants processus de dépôt et de création de forme, notamment dans les parties qui sont en rapport avec la vie des représentations (ce qu'on appelle le cortex associatif). Dans la forme figée des terminaisons nerveuses et la substance physiologiquement inerte de la myéline, la vie des représentations ne peut pas pénétrer activement comme la volonté le fait dans le métabolisme. Les images mentales restent ainsi relativement indépendantes du cerveau. Si elles intervenaient dans le métabolisme comme la volonté ou dans le rythme de la respiration comme l'affectivité et le sentiment, elles seraient étroitement liées au corps, et notre activité représentative ne pourrait pas remplir sa fonction ;

elle ne pourrait pas entrer intensément en relation avec l'environnement et, à ce contact, se configurer pour nous donner des images du monde extérieur. L'homme ne pourrait pas, en pensant, se former des jugements et des concepts dans lesquels la cohérence du monde lui apparaisse clairement.

L'activité représentative reste pourtant liée au cerveau; Des lésions du cortex associatif entraînent immédiatement des agnosies ou d'autres pertes de facultés analogues. Le cerveau est certes l'organe grâce auquel l'activité représentative de l'âme se met en relation avec le monde environnant, mais pour cela il faut d'abord que, pendant les premières années de la vie, il se structure pour devenir apte à cette fonction.

Les considérations qui précèdent permettent de comprendre la façon dont les trois parties de l'organisme humain s'interpénètrent : le cerveau se relie au système rythmique et à l'ensemble du système moteur par des circuits nerveux très précis; le système rythmique est en rapport avec le cerveau et les membres, etc. On voit ici comment le corps porte en lui l'empreinte de l'organisation psychique.

La triple articulation de l'organisme humain dont nous venons d'esquisser quelques traits est présentée de façon singulièrement déformée par Ullrich[54]. Il la rapproche par exemple des théories de différents psychologues avec lesquelles elle n'a pratiquement rien à voir. Ullrich ne voit pas qu'il s'agit en fait de comprendre les rapports de l'âme et du corps. L'apport de Steiner à cette question centrale de la connaissance lui échappe.

Anthropologie du développement humain

La petite enfance et l'imitation

En se tournant vers l'enfance et la petite enfance, l'anthropologie aborde le problème central de l'existence humaine : celui de son développement. Pour comprendre toutes ces transformations qui s'effectuent sous nos yeux, il faut savoir ce qui agit en elles. On observe chez l'enfant qui grandit des changements de comportement. Mais ils sont interprétés de façons différentes, voire opposées. Les uns voient dans le développement de l'enfant un déroulement continu, d'autres une suite discontinue, impliquant l'intervention de nouvelles impulsions relativement indépendantes de ce qui précède. Tout dépend des concepts avec lesquels le chercheur interprète ce qu'il voit. « C'est le théoricien qui détermine quels phénomènes sont en rapport les uns avec les autres. » Cette affirmation de Kagan (1987) n'a rien d'ironique; elle signale un problème de méthode. Les pensées à l'aide desquelles on explique le développement sont-elles se simples constructions abstraites ou bien expriment-elles la réalité humaine? On trouvera une base sûre pour expliquer ces phénomènes dans la pensée de l'être humain qui est à même d'élucider lui-même la nature de son être. Car les facteurs intérieurs qui peuvent être trouvés dans l'être humain sont *aussi* à l'œuvre dans les transformations et métamorphoses de l'enfance et de l'adolescence. Pour connaître l'enfance et la jeunesse, nous avons d'abord besoin du fondement de l'anthropologie. C'est ce qui justifie l'étude qui précède.

Nous voulons d'abord présenter quelques conceptions fondamentales de l'anthropologie anthroposophique en partant de la petite enfance, afin d'acquérir, à partir de là, une meilleure compréhension de l'enfance proprement dite et de l'adolescence. Mais cela nécessitera quelques éclaircissements préalables. À la suite de Thomae (1958)[55], les psychologues du développement sont largement tombés d'accord pour assimiler le développement de l'être humain à « une suite de modifications du comportement intérieur et extérieur qui se rattachent d'une certaine façon les unes aux autres[56] ». Mais on perd alors l'idée même de développement. Une transformation est en effet plus qu'une simple modification, et un développement est plus qu'une transformation. Un développement implique le passage d'un stade inférieur à un stade supérieur. Or on peut seulement saisir cela si l'on est à même de se représenter ce qui fait qu'une chose peu évoluée devient plus évoluée. Pour Hegel[57], il y a développement lorsqu'une « disposition intérieure » est amenée à se réaliser et à exister. On ne peut donc voir les changements de l'enfance et de l'adolescence comme un développement que si l'on remarque comment un principe intérieur humain est amené à se réaliser à travers ces changements.

Afin d'éviter d'introduire d'emblée une certaine confusion dans les jugements, nous devons encore distinguer un autre processus. Il s'agit du concept d'épanouissement, c'est-à-dire d'une transformation au cours de laquelle des dispositions, qui existaient déjà dans l'enfant, apparaissent. L'idée de la préexistence implique ce concept d'épanouissement. Il ajoute un nouvel élément aux concepts d'apprentissage et de maturation (transformation consécutive à une détermination génétique préalable) qui détermine généralement les réflexions actuelles sur le développement.

Examinons à présent quelques grandes étapes du développement du petit enfant. Que se passe-t-il à ce moment tellement fondamental où l'être humain se redresse et se met debout ? Quand le petit enfant s'efforce de tenir sa tête, de s'appuyer sur ses bras, de s'asseoir et finalement de se lever pour se tenir debout, il se confronte à la pesanteur avec sa volonté. Il met en œuvre ses muscles, d'abord ceux du cou, puis tous ceux du corps, jusqu'aux pieds. L'impulsion vit en lui de dépasser ce à quoi il est déjà parvenu, et de vaincre de façon toujours plus parfaite la pesanteur. En réalisant ces efforts, l'enfant accroît la force et la ténacité de sa volonté. Celle-ci, dont la nature intérieure est active, se développe et devient plus intense. L'acquisition de la verticalité est l'expression de ce développement de la volonté.

Pour se tenir debout, l'enfant s'oppose continuellement lui-même à la pesanteur de façon active. Pour rester en équilibre, il repose en lui-même. Agir ainsi dans la volonté en ayant à l'intérieur de soi-même son propre centre, c'est être un moi, un « je ». Lorsque l'enfant se redresse, son moi saisit son corps de l'intérieur. Nous avons donc affaire à un développement : le moi s'introduit lui-même dans l'existence en pénétrant le corps ; il s'incarne. Le moi fait donc son apparition bien avant l'âge de trois ans, moment où il prend conscience de lui-même.

Ce développement ne devient totalement visible que si l'on considère aussi les changements qui s'opèrent dans le corps. Lorsque l'enfant commence à s'asseoir et soulève sa tête en la tenant librement, la courbure des vertèbres cervicales se forme ; il en va de même pour la courbure dorsale lorsqu'il redresse son dos. Au cours des années, la structure définitive de la colonne vertébrale, avec ses différentes courbures, s'édifie, ce qui entraîne aussi le grossissement caractéristique des vertèbres de haut en bas et la croissance de la musculature du cou et du tronc. Du fait de la charge qu'elle entraîne sur les courbures de la colonne vertébrale, la position debout accentue encore ces courbures. On se tasserait en fait toujours davantage si l'on ne surmontait pas constamment la pesanteur. Le dos, avec les courbures de la colonne vertébrale et la musculation qui s'y rattache, est devenu l'organe du redressement de soi, l'instrument du moi.

Les organes du nouveau-né, qui sont dans un premier temps le résultat de l'hérédité, ne sont pas transformés suite à une *maturation* déterminée génétiquement, mais par le *développement* de la volonté. Cette transformation porte la marque du moi. Il s'agit d'un processus de développement au cours duquel tout ce qui vient de l'hérédité s'individualise. Jusque dans le détail des formes, le moi s'approprie le corps dont il a hérité. Nous montrerons plus loin (voir le chapitre « La naissance du corps éthérique ») comment la même chose s'accomplit aussi avec l'organisation des jambes et des pieds.

L'entourage exerce une forte influence sur tout ce processus, car l'impulsion intérieure de ce développement vient pour l'essentiel de l'imitation de l'enfant. En imitant, l'enfant s'efforce de reproduire activement la démarche, les gestes et les mouvements de ceux qui l'entourent, principalement sa mère. Prenant appui sur ces modèles, il saisit en lui l'impulsion de toujours dépasser ce à quoi il est déjà parvenu. C'est ainsi que l'imitation est la force motrice intérieure du développement du petit enfant.

Lorsque les modèles à imiter sont déficients[58], il y a suffisamment d'exemples où le développement est perturbé ou freiné pour nous montrer clairement quelle est la tâche de l'éducation dans la petite enfance. Il s'agit d'une part de créer une atmosphère imprégnée d'amour, qui n'empêche pas l'enfant de s'abandonner à l'imitation ; les éducateurs devraient d'autre part toujours veiller à ce que leur tenue, leurs gestes, et tout leur comportement valent d'être imités. Pour Steiner, l'éducation du petit enfant signifie dans une mesure non négligeable l'auto-éducation de l'éducateur qui prend conscience de l'effet que ses actions produisent sur l'enfant imitateur.

Dans les premières phases du développement cognitif, alors que l'enfant s'éveille à la conscience des objets, d'autres processus sont à l'œuvre que ceux qui lui ont permis de se mettre debout. L'enfant apprend à percevoir les choses à l'aide de l'activité représentative de son âme. L'activité représentative ne se développe pas comme le fait la volonté lors de l'acquisition de la marche ; elle se déploie en réponse aux impressions que l'entourage fait sur les sens. Avec l'aptitude qui lui vient de la préexistence, l'enfant apprend en quelques mois à saisir les formes (*Gestalten*) du monde extérieur. Ce déploiement des représentations est encore un apprentissage.

Cette activité provoque, elle aussi, certaines modifications dans le corps de l'enfant. Dans les parties du cortex cérébral qui jouxtent les zones de projection sensorielle, les cellules nerveuses encore simples font croître leurs multiples prolongements (dentrites et axones) en créant d'innombrables contacts (synapses)[59]. Simultanément, la myéline – qui représente au cours de la petite enfance une part de plus en plus importante de la substance cérébrale – se dépose autour des fibres nerveuses. Le cerveau devient ainsi l'organe qui permet à l'âme pensante de percevoir les objets et, plus tard, de former librement des représentations, et à l'esprit pensant d'acquérir des concepts à propos du monde extérieur. Ces processus de structuration qui s'opèrent dans le cerveau ne sont pas plus déterminés génétiquement que la transformation de la colonne vertébrale[60]. Ils sont l'expression d'un développement de forme qui mène au-delà de ce qui, chez le nouveau-né, dépend du patrimoine génétique.

Là encore, la compréhension du développement débouche sur certains principes éducatifs. On favorisera l'évolution de l'enfant en stimulant le plus possible son activité intérieure pour qu'elle devienne vivante. Observer des objets immobiles ou mécaniques fige l'activité représentative dans la perception. Quand on donne au contraire à l'enfant un jouet dont les formes laissent une certaine ouverture et qui, par sa mobilité, permet aux représentations de ne pas se figer, on aide au développement postnatal du cerveau[61].

Les faits qui viennent d'être évoqués nous orientent vers une réponse à cette question tellement importante pour la pratique de l'éducation : le développement de l'enfant est-il continu ou procède-t-il par phases? Il n'y a pas que dans le cerveau et dans le système statique du corps que l'on observe une modification des formes. Chez le nouveau-né, les autres organes comme la cage thoracique, les poumons, l'estomac, les reins ou le foie ont des formes beaucoup plus simples que chez l'enfant d'âge scolaire. Au cours des premières années, ces organes sont métamorphosés à l'aide de forces modelantes (forces formatrices) qui n'agissent pas encore chez le nouveau-né[62] (voir chapitre : «La naissance du corps éthérique»). Au niveau des organes durcis que sont les dents, cette métamorphose générale se manifeste extérieurement dans la production de nouvelles formes. Jusqu'à l'âge de sept ans – si l'on fait abstraction des dents de sagesse –, les couronnes des dents définitives se forment dans la mâchoire et viennent prendre la place des dents de lait. Mais cette nouvelle formation des dents n'est pas la seule à s'achever; c'est tout le processus de modelage des formes qui s'atténue alors fortement dans l'organisme de l'enfant. À partir de ce moment, la plupart des organes conserveront les formes qu'ils auront acquises. Le corps de l'enfant perd donc en grande partie l'extrême malléabilité qui le caractérisait jusque-là. Ainsi s'achève la première phase du développement biographique, phase que la pédagogie Steiner-Waldorf appelle le premier septenaire. Pour la pédagogie Steiner-Waldorf, cette discontinuité est la clef qui permet de comprendre la suite du développement de l'enfant et les tâches éducatives qui en découlent.

Du changement de dentition à la puberté.
Image – art – autorité

Les modifications de la vie psychique chez l'enfant de 6-7 ans – surtout en ce qui concerne les facultés cognitives – sont sans doute ce qui a été le plus étudié par les psychologues. L'enfant peut désormais se représenter à volonté, dans le souvenir, les expériences qu'il a vécues. La faculté du souvenir qui, jusque-là, était instable et plutôt épisodique, devient continue et durable. L'enfant est capable de faire passer une représentation dans une autre et de revenir de celle-ci à la première, c'est-à-dire qu'il peut manier plus ou moins librement des représentations. Il prend ainsi conscience de certaines relations qu'il ne pouvait pas appréhender tant que sa conscience était trop fortement liée à la perception sensorielle et donc aux différences des formes. On pourrait évoquer d'autres symptômes, qui auraient tous en commun le fait que les images des représentations deviennent plus concrètes et que l'enfant peut désormais commencer à les manier librement.

La façon d'interpréter ces modifications est, certes, très controversée et ne peut que rester spéculative tant qu'on cherche une explication au plan psychologique, car on voit apparaître dans la vie psychique certaines facultés qui n'y étaient pas auparavant[63]. C'est pourquoi l'anthropologie anthroposophique élargit ses considérations à l'être entier de l'enfant pour y trouver le domaine d'où proviennent les nouvelles forces qui animent à présent les représentations.

La faculté modifiée du souvenir puise sa source dans un percevoir lui-même modifié. « Lorsque nous regardons une forme avec beaucoup d'intérêt, nous dessinons ses contours [...] à l'aide de mouvements imaginaires »[64]. Ce percevoir, qui est en même temps un dessiner, un reproduire intérieur, commence aux environs de la septième année. À partir de cet âge, l'enfant dispose, dans son percevoir, de forces créatrices de formes et il peut manier ces forces de l'intérieur. C'est pourquoi ses représentations sont mieux contourées et plus consistantes. Elles sont d'abord formées avec la perception, mais ensuite elles s'en détachent et deviennent des formes psychiques structurées personnelles.

Ce sont des forces formatrices qui s'animent alors dans l'âme de l'enfant. En même temps, l'élaboration des formes s'atténue dans le corps. Des forces formatrices qui ont agi des années durant pour modeler les organes et leur donner leur forme se dégagent partiellement du domaine où elles travaillaient jusque-là. Steiner parle à ce propos d'émancipation.

L'enfant peut désormais employer et manier *dans son âme* les forces formatrices qui se libèrent de son corps. Les modifications de la vie psychique que nous avons caractérisées reposent donc sur une métamorphose de l'action des formes formatrices. La pédagogie Steiner-Waldorf parle beaucoup du « changement de dentition », parce que la poussée des premières dents (incisives) définitives est le signe extérieur de cette métamorphose (voir p. 115). (Les recherches de Krowarz et Lienert [1959], Ilg et Ames [1965] et Silvestro [1977] confirment que le changement de dentition est bien en rapport avec les critères psychologiques et somatiques de la maturité scolaire.)[65]

Au cours des transformations du corps de l'enfant qui se produisent jusqu'à la septième année, la cage thoracique et les poumons ne modifient pas seulement leurs formes. Chez le nouveau-né, la cage thoracique est rigide ; le bébé ne respire tout d'abord qu'avec son diaphragme. La pulsation rythmique de la cage thoracique ne commence qu'avec la seconde moitié de la première année et s'intensifie durant la troisième année. La cage thoracique et les poumons ne deviennent des organes rythmiques que progressivement au cours de la petite enfance, de telle sorte que la base corporelle nécessaire à la vie des sentiments et à son évolution n'atteint son complet développement qu'au début de l'âge scolaire.

Ces transformations ont d'importantes conséquences pour la conception de l'enseignement. Si l'on transmet aux enfants des matières scolaires trop « chosifiées », les forces formatrices qui se développent dans leur âme ne peuvent pas s'exercer de façon juste. Ils doivent alors se soumettre à des formes rigides, achevées, et réprimer leur besoin d'élaborer activement les choses. C'est pourquoi la pédagogie Steiner-Waldorf considère que la façon habituelle d'enseigner ne convient pas vraiment à l'enfant des classes primaires. Par contre, lorsque l'enseignant présente les choses de façon telle que l'enfant forme lui-même des images intérieures à partir de ce qu'il reçoit, il fait appel aux forces formatrices modelantes. L'enfant a une tout autre relation avec ce qu'il élabore ainsi par lui-même qu'avec ce qui se présente à lui sous une forme achevée. Il se relie directement à la production des images intérieures parce qu'il est « l'artiste » qui les crée. Quand on a produit les choses par soi-même, on connaît leurs lois internes. Dans cette mesure, les images intérieures sont un important moyen d'accéder à la compréhension. Ce que l'on regarde simplement comme un objet placé devant soi ne contient pas encore la part spirituelle des choses (voir p. 27). La conscience n'atteint pas encore à la dimension de la vérité. Mais quand l'enfant forme lui-même une image grâce à ses forces modelantes vivantes, il peut aussi, en plus de leur extérieur, saisir l'esprit des choses. Pour la pédagogie Steiner-Waldorf, l'image est le moyen d'enseignement approprié à la phase du développement de l'enfant à partir de la seconde dentition, si l'on appelle « image », au sens de l'histoire spirituelle occidentale, « le se-manifester de l'être » (Schlüter, *Dictionnaire historique de la philosophie*). Une image est « un contenu spirituel qui se révèle » (Steiner), quelque chose dans quoi, par l'activité formatrice de l'âme, le spirituel devient visible en même temps que le concret qui est exprimé.

Quelques exemples illustreront la spécificité de l'enseignement par l'image. Un premier domaine introduit par Steiner dans la pédagogie amène l'enfant, dès les premières classes, à manier les forces formatrices (voir p. 151 et suivantes). Les enfants apprennent d'abord à dessiner certaines formes dynamiques – qui ne représentent pas des objets – d'abord simples puis de plus en plus complexes. S'exercer à tracer des formes avec la main incite en effet à ressentir en soi ces formes. L'enfant apprend ainsi à connaître les forces qu'il dessine en participant à leur genèse. Il développe en lui un regard qui ne se contente pas d'enregistrer passivement, mais est pénétré d'activité formatrice et parvient alors à une conscience des lois de la forme. Grâce à ce regard vivifié, l'enfant peut reproduire aussi les formes des choses et se lier à leur genèse.

C'est ici la tâche de l'enseignement des sciences de la nature. Se contenter de présenter les plantes et les animaux tels qu'ils apparaissent, en décrivant leurs principales caractéristiques, ne rend justice ni au vivant ni à ce qu'exige une compréhension imagée. L'enseignement des sciences de la nature dans le sens de la pédagogie Steiner-Waldorf se fonde sur la méthode développée par Goethe, qui voit l'organisme comme l'interaction des organes dans une unité vivante. Cette méthode examine comment les différentes formes végétales et animales proviennent de ce qu'un certain organe est devenu plus ou moins dominant dans l'ensemble de l'organisme[66]. En « re-produisant » activement le monde végétal ou animal, on pénètre les processus de formation qui y sont à l'œuvre. Les animaux et les plantes deviennent compréhensibles jusque dans leurs détails, parce qu'on saisit le principe même de leur genèse.

Cette connaissance active qui appréhende la formation des organismes est le fondement de l'enseignement des sciences de la nature dans les écoles Steiner-Waldorf. Les enfants apprennent à comprendre les animaux en reproduisant intérieurement leur forme jusqu'à voir que celui-ci tient son caractère particulier du fait que les pattes sont en lui l'organisation dominante (cheval), alors que chez celui-là ce sont les organes digestifs (bovin), ou encore le cou (girafe), les poumons (loup), le cœur (lion), etc. Sous la conduite de son professeur, l'enfant développe une vue claire des relations entre les formes en apprenant à saisir leur genèse. Le spirituel s'éclaire ainsi pour lui. Chaque espèce animale devient l'expression, l'image du principe formateur, c'est-à-dire d'un organe particulier.

Cette image englobe aussi le comportement de l'animal et la façon dont il s'insère dans la nature. Si l'on ignore que la méthode de connaissance goethéenne est le fondement de l'enseignement imagé des sciences de la nature, et si l'on méconnaît sa portée, on peut utiliser une brève remarque que Steiner fit un jour à quelques spécialistes dans un cadre bien particulier, pour faire croire que l'on enseignerait l'anthroposophie aux enfants sous couvert des sciences de la nature[67].

Si l'on nomme concept, ou idée, la loi – le principe interne – d'une chose, on peut dire que l'enfant saisit en même temps, par l'image, l'*idée* de l'animal qu'il étudie. Cette idée contenue dans l'image se distingue toutefois de la forme habituelle du concept, à savoir la détermination ressortant de la somme des caractères distinctifs. De la richesse des formes apparentes, le concept ne garde, en effet, qu'une représentation appauvrie, générale et abstraite, qui définit et permet de classifier, mais s'éloigne trop de la réalité pour pouvoir mener à une compréhension véritable.

Une image n'a pas du tout la même signification pour le développement psychique de l'enfant qu'un concept abstrait. L'observation qui fait appel aux images implique un don de soi actif à la nature et met en œuvre la vie affective. La compréhension qui s'éclaire dans l'image élargit les sentiments et les enrichit. La joie de regarder peut s'approfondir jusqu'à « vivre avec l'autre être ». Comprendre grâce aux images permet aux enfants de ne plus seulement ressentir ce qu'ils voient dans la nature, mais de ressentir aussi la réalité de la nature. Cet enseignement stimule un certain développement dans la sphère des sentiments, qui s'effectue dans le processus rythmique de la respiration. Nous avons vu précédemment (p. 36) que le ressentir s'élargit et s'approfondit lorsqu'il est pénétré de compréhension. Ce principe est transposé dans la pratique pédagogique lorsqu'on enseigne au moyen d'images. Quand elle accède à la dimension de l'image, la formation des facultés cognitives entraîne aussi un développement de la vie affective. Tant qu'on en reste à l'abstraction appauvrissante des concepts, on ne contribue aucunement à enrichir la vie du sentiment, parce qu'on n'amène pas les enfants à comprendre la nature.

En agissant ainsi dans le domaine des sentiments, l'enseignement par images joue aussi un rôle important lorsqu'il s'agit d'éduquer, chez l'être humain, la façon de voir le monde, de s'orienter dans la vie et de mobiliser ses forces d'action (p. 37-38). Le professeur raconte la vie, les faits et gestes, et le destin de certaines personnalités importantes qui seront choisies en fonction de l'âge des enfants. À travers les images, les enfants revivent les actions inspirées par la force de compassion, les actes de courage, les épreuves, les renoncements, l'action sociale par idéalisme, l'égoïsme destructeur, etc. Tout cela suscite et renforce en eux toutes sortes de sentiments d'étonnement, d'admiration, d'horreur, etc., qui les amènent à se sentir attirés par certaines choses et repoussés par d'autres. Vivre de telles expériences cultive chez les enfants une inclination pour la compassion, le courage, la grandeur d'âme, la sincérité... et au contraire une aversion pour la bassesse, l'égoïsme, le fanatisme, etc., conférant ainsi au sentiment des directions durables et à l'âme une orientation. Ces valeurs morales ne résultent pas d'un endoctrinement ni d'une exigence ; elles ne sont pas inculquées aux enfants de l'extérieur. Elles jaillissent, au contact des images, des dispositions individuelles de l'enfant. Les images n'ont en elles-mêmes aucune action, elles sont simplement nécessaires pour qu'un développement moral puisse se produire. L'orientation éthique émane de l'âme de l'enfant de façon autochtone ; ce n'est pas une détermination étrangère, une « importation » venue du catalogue de valeurs des autres hommes.

L'image n'appartient pas au domaine de la science, mais à celui de l'art. La science commence avec l'expérience, qu'elle cherche à interpréter par des concepts, des lois. Dans l'image, comme dans l'œuvre d'art, l'élément perçu et l'élément spirituel sont réunis. Plus précisément : dans l'art, ce qu'on perçoit est extérieur, en tant que couleur, pierre, son, etc., dans l'image, par contre, cela est intérieur. La création artistique est un constant exercice pour rendre le spirituel toujours plus fort et plus visible dans un matériau extérieur. L'enfant éprouve d'abord ce processus dans son être intérieur, puis dans les œuvres qu'il crée, la peinture, la musique, la poésie, etc. Le spirituel ne s'exprime pas sous forme de pensées neutres, comme dans la science, mais s'anime dans la sphère personnelle du sentiment. C'est pourquoi le ressentir peut être approfondi grâce à l'art. L'enseignement artistique conduit à la spiritualisation du sentiment, c'est-à-dire à un développement qui se conquiert par l'effort que l'on fait pour donner au matériau des formes toujours plus parfaites.

Dans les années d'école qui vont du changement de dentition à la puberté, l'accent sera donc surtout mis sur l'enseignement qui procède par images et sur les différents domaines artistiques. Apprentissage et éducation baignent entièrement dans le domaine artistique. C'est un préjugé largement répandu que d'attribuer une plus grande importance, pour l'enseignement et l'éducation, à la science qu'à l'art. Eu égard à sa teneur spirituelle, l'art ne le cède en rien à la science ! Dans notre civilisation technologique, c'est assurément la science qui détermine et façonne notre existence, et cette action a les effets destructeurs que l'on sait sur la nature et la planète. L'art, au contraire, est un facteur de progrès dans l'évolution humaine. Pour mettre en évidence toute l'importance et la signification des activités artistiques dans l'éducation, il suffit de voir comment les produits de la civilisation technologique satisfont les besoins et les plaisirs du corps, incitent l'âme à se disperser, et rendent l'esprit vide, alors que l'élément artistique accroît les forces de créativité et aide l'âme à se relier avec l'esprit. L'art prend en compte l'homme tout entier d'une façon adaptée à l'enfant d'âge scolaire.

L'enseignement par images confère au professeur une autorité naturelle, car les enfants éprouvent comment, grâce à lui, leurs forces formatrices s'activent, leur compréhension progresse, leurs sentiments s'élargissent et s'approfondissent. Le professeur devient pour eux quelqu'un d'important parce qu'il les incite à se développer humainement. Ce qu'il leur raconte ou ce qu'il leur explique répond chez eux à un besoin intérieur. L'autorité ne provient pas d'un pouvoir forcé ni d'une obéissance imposée ; elle s'appuie sur ce que les enfants reçoivent de leurs professeurs pour répondre à leur besoin de croître et de se développer. Prétendre que l'autorité du professeur Waldorf serait le fruit d'un « art de convaincre auquel l'élève ne peut répondre que par l'affirmative[68] » (Prange) dénote une incompréhension grave – et vient notamment de l'opinion que l'image n'aurait rien à voir avec le contenu de vérité de la connaissance ; il régnerait à l'école Waldorf, dit-on, une « aversion contre l'analyse explicative et l'examen rationnel des faits ». Enseigner par l'image demande en réalité beaucoup au professeur. Il ne peut pas simplement suivre les sentiers battus de la pensée analytique qui se contente de considérer les faits et, dans la plupart des domaines, passe à côté de la réalité, notamment de l'anthropologie de l'enfant.

L'enseignant qui veut utiliser des images doit s'efforcer de surmonter la tendance actuelle à réduire la réalité aux faits et à effacer de la vision du monde tout ce qui est spirituel afin que cette réduction de la réalité ne continue pas, par le biais de l'enseignement, à troubler la conscience.

Une autre source de malentendu est la suivante : on croit que ce qui est transmis à des enfants sans faire appel à leur réflexion consciente s'infiltrerait et agirait en eux sans qu'ils puissent le pénétrer clairement et le comprendre. Or ce qui reste précisément impénétrable pour l'enfant, ce sont les concepts abstraits, les représentations appauvries, qui ne lui permettent pas de *comprendre* le monde.

L'enseignement par l'image doit satisfaire aux exigences d'une double responsabilité : vis-à-vis de la réalité et vis-à-vis de l'enfant qui possède, dans ses forces formatrices, une disposition à comprendre le spirituel. Les choses sont fortement faussées lorsqu'on prétend juger l'ensemble d'après une seule partie. L'enseignement par l'image n'est valable que pour le milieu de l'enfance. L'entrée dans l'adolescence nous confronte à une situation anthropologique tout autre, qui exige une nouvelle forme d'ouverture au monde : celle du jugement dont certains prétendent, à tort, qu'il serait absent du domaine de la pédagogie Steiner-Waldorf.

L'éveil de l'âme avec la puberté et le développement du jugement

Les transformations qui accompagnent le passage de l'enfance à l'adolescence induisent chez le jeune être humain un nouveau rapport à lui-même et au monde. Ce nouvel élément a été souvent décrit, à partir de différents points de vue. L'enseignant se trouve alors confronté à de nouvelles tâches qui, trop souvent, ne se révèlent que par les difficultés insurmontables que l'école rencontre avec les jeunes et les problèmes non moins insurmontables que les jeunes rencontrent avec l'école! Tant que l'on ne refondra pas l'enseignement et l'éducation sur une compréhension anthropologique de ce que la puberté signifie pour l'être humain, on ne pourra pas non plus venir à bout du conflit des générations qui se pose de façon si cruciale à l'école. Avoir pour seul but de donner des qualifications – de toute façon très problématiques – ruine manifestement toutes les intentions éducatives. C'est pourquoi Steiner a voulu libérer l'enseignement qui s'adresse aux adolescents de toute fixation aux prétendues exigences d'un enseignement supérieur autant qu'à l'idéologie éducative bourgeoise, en lui donnant des bases anthropologiques[69].

On présente en général la puberté comme une succession de transformations marquantes au niveau psychologique et physiologique. Or pour atteindre la dimension anthropologique, qui doit prendre en compte l'homme dans son intégralité, il faut considérer ensemble l'âme et le corps.

La puberté (éventuellement la prépuberté) débute par une brusque accélération de la croissance des membres qui, en partant de la périphérie, les pieds et les mains, atteint finalement le tronc[70]. Ce phénomène, s'il est bien connu, n'est pourtant pas suffisamment pris en considération. Les membres s'alourdissent, leur inertie augmente, et l'on voit disparaître la légèreté, la fluidité et l'harmonie des mouvements particulièrement caractéristiques chez l'enfant à partir de 9 ans. Le jeune homme, la jeune fille, devient fortement dépendant de la pesanteur et de la force d'inertie, surtout dans les jambes et dans les pieds. Tout mouvement demande désormais une nouvelle intensité de la volonté. La croissance des membres devient l'occasion d'accroître l'activité de la volonté et de saisir les membres plus fortement que ce n'était le cas auparavant.

Par cette nouvelle confrontation avec la pesanteur, l'être humain s'éprouve davantage comme un être agissant à partir de lui-même. C'est là qu'il faut voir l'origine de ce renforcement du sentiment d'indépendance qui se manifeste à la puberté. Cette brusque poussée qui accompagne la puberté rend le jeune plus indépendant dans sa volonté. Les anciennes attaches sont vécues comme problématiques et l'entourage devient maintenant un « vis-à-vis » qui s'oppose à l'opinion devenue personnelle.

Au plan des sentiments, le jeune découvre en lui une intériorité qu'il ne connaissait pas jusqu'alors. Il ne se réjouit plus simplement au contact des choses comme c'était le cas autrefois, mais il éprouve en même temps, dans cette joie, la plénitude, la profondeur de son âme propre. Son vécu gagne en intensité autant qu'en intimité ; sa relation au monde devient à la fois plus personnelle et plus confuse.

Ce passage du ressentir de l'enfant au ressentir de l'adolescent n'est pas le résultat d'une « évolution ». Si l'on observe les adolescents, on voit bien que cette nouvelle intensité de leur vécu subjectif n'est pas simplement un développement de la joie, de la tristesse, de l'espoir et de l'amour de l'enfant. La profondeur de l'âme personnelle restait cachée à l'enfant, et le jeune n'en prend conscience qu'à la puberté, lorsque cette nouvelle intensité s'empare de sa vie subjective.

Nous avons montré (p. 58) que la dynamique et la profondeur des sentiments se manifestent dans le rythme de la respiration. Il existe toujours, dans la vie des sentiments, deux facteurs : le vécu intérieur, ce dont on a conscience, et le processus vital, qui reste presque entièrement dans l'inconscient. Quand les sentiments agissent plus profondément dans les processus vitaux, c'est-à-dire quand ils les pénètrent davantage, le psychisme exerce une action plus forte sur l'organisme vital. Mais il est aussi, du même coup, teinté par ce milieu dans lequel il agit. La vie inconsciente du corps atténue l'intensité du vécu intérieur. Dans le visage, par exemple, les sentiments pénètrent si profondément dans les processus vitaux que les sentiments se manifestent dans les expressions de la mimique. Ils plongent alors totalement dans l'inconscient. Personne n'éprouve ses sentiments dans les traits du visage ! De même, lors de certaines maladies psychosomatiques, certains sentiments peuvent plonger dans les processus vitaux inconscients et échapper ainsi au vécu de la conscience.

Entre le changement de dentition et la puberté, surtout à partir de la dixième année, on peut observer une plus forte intervention du psychisme dans les processus de croissance du corps juvénile, en particulier dans les transformations des traits du visage, et moins nettement dans les caractères sexuels secondaires. Le corps entier se pénètre d'âme. La vie intérieure des sentiments agit profondément dans certains processus vitaux et s'en trouve comme assourdie et atténuée. Quand cette pénétration d'âme a atteint son point culminant à la puberté, le psychisme s'émancipe et est alors vécu dans sa pleine intériorité (voir chapitre : « L'adolescence et la naissance du corps astral »).

Le vécu psychique, plus ou moins riche de tensions, s'étend dans deux directions. D'un côté, il se tourne vers le corps d'où émergent, avec parfois beaucoup d'intensité, des désirs, des pulsions, des passions. De l'autre côté, l'adolescent prend conscience de ses idéaux. Il ressent que sa dimension humaine dépasse largement ce qu'il est en réalité, et ce sentiment enflamme en lui un besoin d'idéal et un enthousiasme pour les valeurs spirituelles plus hautes. De la tension dramatique qui se crée entre ces « deux âmes » jaillit la question des véritables buts et du sens de la vie, c'est-à-dire de la juste orientation et du développement de soi. L'aspiration à progresser et à se développer ne s'oriente plus, comme auparavant, vers l'imitation ni vers l'acceptation d'une autorité extérieure. Le jeune cherche les buts de son évolution à l'intérieur de lui-même. Ce qu'il vit auprès des autres hommes, les idées qu'il rencontre, ne le déterminent plus, mais éveillent, par contre, ses propres idéaux.

L'adolescent parvient à saisir, dans sa pensée, des concepts de plus en plus abstraits. À l'aide de ces concepts purs, il peut raisonner logiquement et parvenir à des affirmations sûres sans avoir besoin de l'appui des perceptions. La pensée se dégage de ses liens avec le concret pour se mouvoir dans la libre sphère de l'hypothétique, du possible, de l'ordonnance des idées. Le jeune être humain devient ainsi à même de comprendre comment, dans certaines conditions, on parvient à certaines conclusions. La pensée conceptuelle donne la possibilité d'une réflexion méthodique, c'est-à-dire d'une disposition à conduire soi-même sa faculté de penser et de connaître.

Après le changement de dentition, la pensée de l'enfant possédait encore le caractère de l'évidence concrète ; elle était mêlée aux forces formatrices d'images. À présent, elle s'émancipe de ce lien et commence à fonctionner sous forme pure. C'est sur cette transformation que repose le passage, longuement décrit par Piaget, de la phase des opérations concrètes à celle des opérations formelles.

La puberté voit se modifier le rapport que l'âme humaine entretenait jusque-là avec le corps, ses processus vitaux et les forces formatrices libérées au moment du changement de dentition. L'âme est alors amenée à faire l'expérience de sa propre intériorité : la volonté éprouve son autonomie, le sentiment son intimité et son intensité propre, tandis que la pensée peut élaborer et relier librement des concepts. Du fait qu'elle s'émancipe ainsi et se dégage partiellement de ce qui la rattachait si fortement à la vie et à l'activité du corps, l'âme s'éveille. Bien entendu, l'âme reste liée aux processus vitaux du corps !

Ce processus d'émancipation, cet éveil de l'âme, commence vers 12 ans et se prolonge au-delà de 14 ans. Le monde de l'enfance n'est pas séparé du monde de l'adolescence par un passage abrupt. Le premier se prolonge encore un certain temps dans le second. C'est ce qui peut faire penser que le développement, même à la puberté, est un processus continu. Il semble continu tant que l'on ne fait que suivre les différents changements. Mais si l'on considère ceux-ci au plan anthropologique, on voit bien qu'il s'agit, en profondeur, d'une modification du rapport entre l'âme et le corps et donc, de ce fait, d'une discontinuité, d'un passage, qui s'opère progressivement.

À partir de ces nouvelles forces qui s'éveillent en son âme, l'adolescent cherche désormais à créer un nouveau rapport avec son entourage. Les attaches anciennes se défont. Les valeurs du passé perdent leur force. Dans la nouvelle orientation des intérêts, des buts et des valeurs, souvent plus que chancelante, ce qui faisait autorité jusque-là ne joue plus, de toute façon, qu'un rôle secondaire. Même si elle ne peut plus rester ce qu'elle était durant les phases précédentes de l'enfance, la tâche de l'enseignement et de l'éducation n'en devient pas moindre pour autant. Comment satisfaire aux exigences de cette âme qui s'éveille, au moment où les anciennes valeurs et attaches sont de toute façon devenues problématiques ?

La démarche qui conduira vers une compréhension du monde – thème de la plupart des matières de l'enseignement – devra compter avec ce besoin d'autonomie, cette recherche d'une relation personnelle, et cette capacité à élaborer librement des concepts. L'autonomie ne pourra se faire valoir que si l'adolescent considère d'abord les phénomènes, les faits, tels qu'ils se déroulent devant lui, c'est-à-dire, sous la forme dans laquelle ils se manifestent. C'est seulement si les phénomènes qui lui sont présentés sont aussi libres que possible de l'interprétation des autres qu'il pourra ensuite élaborer, en pensant *par lui-même*, des concepts exprimant l'« essence », la cohésion interne de ces phénomènes. Dans la pédagogie Steiner-Waldorf, c'est donc maintenant le jugement qui prend la place de l'image. Si l'enseignement se contente de véhiculer et de transmettre aux élèves, preuves à l'appui, des affirmations, des théories ou des modèles considérés de toute façon comme valables, il ne remplit pas sa tâche. Se voir simplement retransmettre des savoirs achevés n'intéresse pas l'adolescent. Ce qui lui importe et l'aide à se développer n'est pas la prétendue vérité ni des théories soi-disant justes, mais plutôt le cheminement ; non pas le jugement achevé, mais le processus qui *mène* à ce jugement. Car c'est ce chemin qui permet à l'âme qui s'éveille de se développer.

On reproche alors à la pédagogie Waldorf de s'appuyer sur une conception dépassée de l'évolution dans le temps. Les enfants peuvent déjà élaborer des jugements bien avant la puberté, remarque-t-on, et l'on en déduit que l'enseignement Waldorf s'y prend trop tard et ralentit ainsi certains processus importants du développement. Il est évident que l'enfant se fait déjà des jugements à propos de nombreux faits qui se déroulent dans son entourage. On peut donc lui donner aussi l'occasion, à l'école, d'exprimer son opinion sur le plus de choses possibles, et d'émettre des jugements. Mais ce n'est pas ce genre de jugements que la pédagogie Waldorf a en vue ! Quand il s'agit, en effet, non plus seulement de juger mais de *cultiver* la faculté de juger, il faut remplir certaines conditions. Au départ, il importe de disposer d'une connaissance suffisante des faits. Il faut ensuite avoir la possibilité d'une réflexion méthodique (p. 80), et enfin être en mesure de contrôler si le jugement que l'on a posé rend bien compte des faits. Or ces deux dernières conditions d'un jugement autonome manquent aux enfants avant la puberté et plus précisément avant la douzième année, qui marque le début de la pensée hypothético-déductive. Pour que la faculté de juger puisse devenir, conformément à son essence, une affaire personnelle et indépendante, il faut avoir conscience de la *façon* dont on procède pour raisonner. Or cette conscience ne s'éveille qu'avec la puberté. Avant, l'enfant parvient certes à des jugements, mais il manque à leur élaboration des dimensions essentielles. En provoquant prématurément la formation de jugements chez l'enfant, l'école pose le germe d'une dégénérescence de l'aptitude à juger.

Le point de départ du chemin qui mène à savoir juger est une attitude ouverte et attentive aux faits. Il s'agit de pratiquer avec les élèves l'*épochè* au sens de la phénoménologie de Husserl, c'est-à-dire une observation dénuée de tout jugement préconçu, à laquelle s'enflamment les questions. Les années précédentes, grâce à l'enseignement par images, les élèves ont appris que les choses ne se limitent pas à leur apparence et qu'elles renferment un élément spirituel qui, précisément, nous rend le monde compréhensible. Grâce à l'image, ils ont pu entrer individuellement en relation avec cet élément spirituel. Lorsqu'ils sont maintenant placés devant une expérience et observent certains faits, ils peuvent ressentir que ce qui n'est encore qu'une apparence ne constitue pas la totalité de la chose. Le monde devient alors énigmatique. Il est important de pouvoir ressentir l'aspect énigmatique des choses avant de commencer à réfléchir à leur propos[71]. Quand on ressent une chose comme une énigme, la pensée s'oriente vers la dimension spirituelle dont elle n'a pas encore trouvé l'accès. Lorsqu'on procède correctement, juger ne consiste pas seulement à échafauder des hypothèses, mais à déchiffrer le réel.

La dimension éducative de cette formation de la faculté du jugement apparaît en outre si l'on considère que juger n'est pas un processus seulement logique, mais aussi psychologique. De nombreux facteurs psychiques peuvent en effet corrompre le processus du jugement, comme par exemple l'opinion préconçue, l'immobilisme de la pensée, le manque d'imagination, la tendance aux spéculations plus ou moins fantaisistes, la légèreté des arguments, la paresse de l'esprit, l'impatience, l'autoritarisme, l'autosatisfaction, etc.[72] L'enseignant peut les remarquer chez ses élèves et parcourir le chemin qui conduit des faits aux jugements de telle façon que les jeunes gens apprennent peu à peu à se maîtriser et à dépasser leurs limites.

Cette formation du jugement doit s'opérer de façon appropriée. Quand on ne fait pas seulement de la chimie un système de formules moléculaires, mais qu'on y voit une phénoménologie des substances, il faut faire appel à une autre façon de penser que celle qui s'applique à la physique (Primas, Julius, von Mackensen, Kranich). En biologie, il importe de cultiver un penser modelant qui pénètre les lois des processus formateurs des organismes et permette de dépasser les interprétations insuffisantes du darwinisme et de la biologie moléculaire (Schad, Kranich, Julius, Kipp). L'histoire (Lindenberg), la sociologie (Leber) ou la littérature (Guttenhöfer, Göpfert, Schirmer) posent encore d'autres exigences. Une faculté de juger largement déployée – le but de la pédagogie Steiner-Waldorf pour la phase du développement humain qui commence à la puberté – vise à l'acquisition d'une multitude de méthodes et de modes de penser qui soient conformes à la richesse du réel. Dans la mesure où, au contact des phénomènes, le jeune exerce pendant plusieurs années cette multiplicité dans la pensée, celle-ci n'est pas seulement logique ; elle apprend à se conformer au réel.

Cela mène le jeune à comprendre les jugements qu'il porte sur les choses. Comprendre n'est pas simplement examiner les choses de façon neutre ; celui qui comprend cultive un lien chaleureux avec la réalité qu'il reconnaît (p. 38). La vérité prend alors pour lui une signification personnelle ; elle se lie à son ressentir personnalisé. La compréhension devient conviction. La *vérité* vécue dans le jugement, c'est-à-dire l'esprit, devient orientation intérieure de la vie. Les convictions génèrent un ressentir où le spirituel peut agir. Lorsque l'enseignement se limite, au contraire, à donner des explications sans que celles-ci puissent être comprises, il ne trouve aucune relation avec le ressentir personnel de l'élève et reste donc dénué de sens. La simple transmission de savoir ne répond ni aux besoins de la connaissance ni à ceux de l'éducation.

À partir de l'âge de 12 ans, l'enseignement a donc pour tâche d'apprendre aux élèves à comprendre le monde en développant leur faculté de juger. Il prend désormais un caractère scientifique. La science est toujours plus que ses résultats, en particulier ceux qui ressortent d'une restriction positiviste de l'approche de la réalité. C'est pourquoi, dans la pédagogie Steiner-Waldorf, les théories et les modèles scientifiques ne jouent pas le même rôle que celui qu'on leur donne ailleurs. Les élèves doivent, bien sûr, comprendre ces modèles, mais sans que ceux-ci se fixent dans leur pensée comme autant d'opinions toutes faites sur une prétendue réalité, car on aboutit ainsi à un sinistre blocage des esprits et non à leur autonomie spirituelle.

Nous illustrerons encore l'étendue et la variété des processus inhérents à l'exercice du jugement en faisant allusion à l'observation d'œuvres d'art qui joue un rôle important à l'école Steiner-Waldorf après la puberté. L'observation d'une œuvre d'art (peinture, sculpture, poésie, musique, architecture) exige davantage, de la part de l'adolescent, que l'observation d'un objet naturel. Lors de la contemplation esthétique, l'œuvre doit être recréée et revécue intérieurement. Contempler et ressentir deviennent « don de soi » actif et se pénètrent donc de la volonté autonome de l'adolescent. Plus l'œuvre d'art est significative, plus elle exige d'efforts. Le jeune homme, la jeune fille doit activer les forces les plus puissantes de son ressentir pour que l'œuvre puisse exprimer, dans le vécu, sa réalité sensible-suprasensible. L'appréhension esthétique de l'art présuppose une certaine profondeur du ressentir personnel dont elle élargit, vivifie et intensifie encore les forces. Elle est indispensable dans la mesure où l'enseignement doit stimuler et favoriser les processus du développement du sentiment qui, dans l'âme en éveil, devient de plus en plus personnel. En intensifiant la vie intérieure, l'approche active des œuvres d'art permet de réagir contre l'abandon aux sensations qui, au contraire, creusent l'âme et n'y laissent que du vide.

Nous avons signalé que l'adolescent doit de nouveau saisir ses membres avec sa volonté. Cela, il peut seulement le faire grâce à l'enseignement pratique. La gymnastique et le sport, pas plus que l'eurythmie, n'y suffisent. C'est pourquoi il faut qu'à la formation du jugement s'ajoutent aussi la pratique d'activités manuelles et la confrontation à certains matériaux. En sculptant le bois, en rabotant, en sciant, en reliant un livre, etc., l'élève cultive dans sa volonté, dès la prépuberté, une aptitude différenciée à manier l'outil, c'est-à-dire de nouvelles habiletés. La réalisation d'un meuble, par exemple, aide à développer la prudence, l'attention et le contrôle lors de différentes phases du travail, de l'esquisse à l'ouvrage accompli. Le jeune apprend à conduire consciemment sa volonté dans les nouveaux savoir-faire qu'il acquiert et dans la suite des opérations qu'il doit saisir dans la pensée (p. 35). Ce qui est ainsi fabriqué devrait ensuite pouvoir être réellement utilisé dans la vie. Il manque, sinon, une composante essentielle de l'apprentissage, à savoir l'expérience que le travail humain n'a finalement de sens que si ce qu'il produit répond aux besoins et aux exigences de la vie.

Toutes ces activités pédagogiques aident l'âme qui s'éveille à exercer ses forces. La culture de la pensée et l'apprentissage du jugement sont particulièrement importants parce qu'ils provoquent une évolution et une métamorphose dans la totalité de l'âme, de sorte que celle-ci trouve un nouveau lien avec le monde. L'esprit que le jeune être humain appréhende dans sa pensée existe aussi dans les choses. Du fait qu'il se familiarise ainsi spirituellement avec les choses, le jeune se sent lié avec le monde. Cette expérience d'un lien spirituel développe en lui un sentiment de responsabilité, de responsabilité existentielle, au sens de Danner[73] à l'égard de ce à quoi il se sent lié.

Nous avons montré plus haut que tout développement, dans le domaine de l'âme, consiste à amener les différentes forces psychiques à interagir plus intensément. Après la puberté, le développement du jeune homme, de la jeune fille, repose sur le maniement judicieux de ce principe conformément aux besoins des nouvelles forces intérieures qui s'éveillent.

Développement et éducation durant la petite enfance

Depuis ses débuts, la pédagogie Steiner-Waldorf a toujours souligné l'importance de la petite enfance pour l'ensemble de la vie. Dans son premier exposé sur l'éducation[74] rédigé en 1907, Steiner consacre une place importante à cette première phase de l'existence. Cette présentation se distingue des autres travaux sur le développement de l'enfant parus à l'époque, du fait qu'elle est en mesure, grâce aux méthodes d'investigation de la science spirituelle anthroposophique[75], de décrire l'entité psychique et spirituelle de l'homme en devenir aussi concrètement que la méthode scientifique décrit le corps humain. L'élargissement des connaissances scientifiques aux domaines de l'être humain qui restent inaccessibles à l'observation sensorielle s'est révélé particulièrement fécond en ce qui concerne la pédagogie de la petite enfance.

Tout chercheur qui étudie les vingt premières années de la vie humaine se trouve confronté à la grande énigme que constitue l'apparition progressive du psychisme et de l'esprit au cours de l'enfance et de la jeunesse. Ces nouvelles forces psychiques et spirituelles, ces facultés, ces aptitudes qu'il voit apparaître chez l'enfant peu à peu au cours du temps, le chercheur sera tenté de les faire dériver de ce qui existait auparavant. Or une telle déduction n'est pas satisfaisante pour celui qui reste critique et s'efforce d'éviter les préjugés. On voit en effet comment l'enfant évolue, mais on ne trouve pas l'*origine* de ce qui apparaît au cours de ces changements, si bien que l'on fait appel, pour l'expliquer, à des hypothèses invérifiables. Les recherches de Rudolf Steiner sur la petite enfance mettent en évidence le fait que l'âme et l'esprit existent déjà, dans leur pleine réalité, chez le petit enfant. Mais leurs forces sont tout d'abord intimement liées au corps qui grandit. Ces forces psychospirituelles ne parviennent que progressivement à se libérer de ce lien jusqu'à pouvoir agir vers l'extérieur, dans l'environnement extérieur et social.

Notre intention est ainsi dirigée sur des transformations qui s'opèrent en profondeur dans la structure de l'être humain. Une transformation particulièrement radicale s'effectue vers 7 ans, si bien que l'on peut considérer les six à sept premières années comme une période formant un tout. Nous examinerons cette phase de la petite enfance dans les pages qui suivent. Il est clair qu'une telle connaissance du développement de l'enfant débouche immédiatement sur une compréhension des méthodes et des contenus de l'enseignement.

C'est surtout à partir de 1919 que Steiner, dans de nombreuses conférences pédagogiques, a présenté de façon toujours plus large sa conception de l'anthropologie et de la pédagogie de la petite enfance. Par rapport à la profusion des domaines auxquels Steiner s'est consacré et où il a apporté de nouvelles façons d'envisager les choses et, partant de là, une nouvelle pratique, il faut dire que les exposés qu'il a consacrés à la petite enfance sont souvent très condensés. Ses indications ont été ensuite élaborées et développées par ses continuateurs.

Les fondements anthropologiques

La petite enfance impose à l'éducateur certaines tâches bien précises. Pour la pédagogie Steiner-Waldorf, les contenus et les méthodes de l'éducation ressortent de la compréhension des particularités et des conditions mêmes du développement du petit enfant. Il suffit d'observer comment le bébé gauche et malhabile des premières semaines croît et se transforme, pour constater qu'au début de l'enfance l'être humain se modifie beaucoup plus vite et de façon plus profonde qu'à tout autre moment de sa vie. Les traits flous du visage du bébé deviennent plus caractéristiques ; ils modèlent une physionomie de plus en plus individuelle. Une vie intérieure toujours plus riche s'exprime dans le jeu de la mimique. Les mouvements non coordonnés du début sont progressivement conduits avec des intentions précises, tandis que l'expression plus ou moins convulsive du plaisir et du déplaisir donne lieu à des gestes des bras et des mains. Dans le même temps, l'enfant se redresse ; grâce à la force de sa volonté, il saisit son corps de plus en plus adroitement et de plus en plus complètement, jusqu'à pouvoir se mettre debout sur ses pieds, exprimant ainsi la plus totale maîtrise de lui-même. La formation de sons articulés donne progressivement à la voix une tonalité plus intériorisée, où l'âme s'exprime davantage. En apprenant à parler, l'enfant parvient à former des mots et des phrases toujours plus structurées, grâce auxquelles il extériorise son vécu, ses questions, ses désirs et ses pensées, autrement dit le contenu de sa vie psychique et spirituelle qui s'étend sans cesse.

Tous ces changements sont révélateurs du phénomène central de ce développement du petit enfant, et c'est de là qu'il nous faudra partir pour interpréter de façon juste ce qui s'accomplit là sous nos yeux. Il s'agit en fait de voir que, à travers ce corps qui grandit, un être psychospirituel se manifeste de façon toujours plus marquée et plus complexe. Le développement corporel et le développement psychospirituel s'accomplissent en étroite relation. Ils sont imbriqués l'un dans l'autre et forment une unité. Or cette unité n'est plus perçue dès lors que l'on traite séparément, d'un côté la psychologie de la petite enfance, et d'un autre côté l'anatomie et la physiologie du développement. Le corporel et le psychospirituel sont alors traités comme deux processus qui ne laissent pratiquement entrevoir aucun rapport interne. Ce dualisme cache ce qui représente pourtant l'essentiel, à savoir qu'une réalité psychospirituelle parvient à se manifester dans toutes les métamorphoses du corps de l'enfant.

En observant les réactions des nouveau-nés, notamment les toutes premières manifestations de l'imitation, on a pu déceler que le bébé est déjà d'emblée un être psychique individuel[76]. Dès le début des années 40, F. Stirnimann a insisté sur le fait que, contrairement à l'opinion répandue à l'époque, le nouveau-né dispose de facultés psychiques individuelles et que l'on n'a pas affaire à « une psychogenèse postnatale, mais à un développement[77] ». Au bout de quelques semaines, l'âme de l'enfant cherche à établir un contact avec son entourage. Dans la parole, les mouvements et les gestes, il éprouve surtout la dynamique de ce qui s'exprime au plan psychique – le calme, l'excitation, l'emportement, la superficialité, etc. –, et absorbe tout cela profondément en lui. C'est ce que l'on appelle les « effets de vitalité ». Il s'avère que ce contact est nécessaire pour que se déclenchent en l'enfant les élans intérieurs et les efforts qui seront à la base d'un développement sain. C'est pourquoi la pédagogie Steiner-Waldorf s'édifie sur une anthropologie de la petite enfance qui met en évidence la relation du développement corporel avec l'âme et l'esprit.

Une condition essentielle de ce développement tient à la configuration spécifique du corps humain. Comparés à ceux de la plupart des mammifères, les organes de l'être humain ont des formes plutôt simplifiées. Il n'y a pas que les bras et les mains qui, par rapport aux membres correspondants des mammifères, en restent à un stade de développement ontogénique primitif; c'est aussi le cas pour beaucoup d'organes internes comme le larynx, les poumons, le cœur, l'estomac, ainsi que la pilosité, etc. Dans le crâne, notamment, la partie faciale et la partie cérébrale restent chez l'être humain dans un rapport correspondant à un stade de développement que les primates et les autres mammifères dépassent largement.[78] Ces faits, qui sont d'une importance capitale pour la compréhension de l'être humain, ont été d'abord découverts et décrits par R. Steiner[79] et L. Bolk[80]. Le développement plus poussé des organes conduit chez les animaux à des spécialisations qui leur permettent de s'adapter de façon spécifique à la nature extérieure. Le corps humain, par contre, du fait d'un ralentissement du développement pré- et postnatal, s'arrête *avant* d'en venir à une adaptation trop poussée. Les différents organes sont façonnés de telle sorte qu'ils ne vont pas jusqu'à se lier d'une façon déterminée et spécifique avec les conditions extérieures (comme c'est par exemple le cas des animaux chez lesquels l'estomac surdéveloppé entraîne un puissant besoin de nourriture). Le corps humain reste en deçà de ce genre d'adaptations.

Cette rétention, qui se manifeste de façon particulièrement nette dans la physionomie par le recul de la mâchoire, marque le corps humain dans son entier. On prétend fréquemment que le fort développement du cerveau viendrait contredire cet état de fait. Mais ce n'est pas juste. La taille importante du cerveau de l'homme montre bien, justement, que celui-ci n'est pas prédisposé à être déterminé par des processus organiques, mais par des pensées, c'est-à-dire à partir de l'esprit.

Par son évolution prénatale, au cours de laquelle les organes ne se structurent pas jusqu'à aboutir aux différentes formes d'adaptation qu'ils atteignent chez les autres vertébrés supérieurs, le corps humain préserve en lui, en quelque sorte, des caractéristiques plus juvéniles. Ce ralentissement du développement, qui se poursuit après la naissance, explique pourquoi l'homme a une si longue enfance.[81]

On voit que, chez l'homme, le psychisme se trouve dans un autre rapport avec le corps que chez les autres mammifères. Chez eux, en effet, la vie émotionnelle, les sensations de plaisir ou de déplaisir, les pulsions, les désirs, et les instincts émanent directement de certains processus organiques et sont donc entièrement déterminés par la structure des organes. Le psychisme est d'emblée mêlé au développement corporel qui tend à prendre un caractère spécifique. Il n'autorise aucun développement individuel et peut apparaître sans apprentissage et dans toute sa perfection, dès lors que les organes parviennent à maturité et deviennent fonctionnels (comme le vol chez l'oiseau ou le mode de locomotion spécifique chez les mammifères). Chez les vertébrés supérieurs, ces capacités innées connaissent encore tout au plus une différenciation en se confrontant à l'expérience. Si les jeunes animaux aiment jouer, c'est parce que leur corps est encore immature. Ce comportement disparaît généralement dès que leur organisme parvient à maturité.

Le corps humain s'arrête dans son développement *avant* que de tels comportements stéréotypés ne s'installent. Cette indétermination nous apparaît clairement dans la totale incapacité du nouveau-né à se tirer d'affaire. Lorsque l'enfant parvient ensuite à se servir plus adroitement de ses membres ou de sa voix, il a encore besoin d'un long apprentissage pour développer les forces qui conféreront à ses mouvements leur détermination. Par le caractère spécifique de son évolution, le corps de l'enfant reste ouvert à l'action qui émane du psychisme et du spirituel. C'est ainsi que le corps devient porteur d'un être psychospirituel.

Durant les premières années, le corps reste particulièrement malléable. La teneur en eau des tissus est plus importante et la circulation de l'eau dans les organes plus rapide que par la suite, ce qui rend l'organisme plus mou et plus réceptif aux influences formatrices. La vitesse inhabituelle de cicatrisation des plaies signale que la régénération s'effectue avec beaucoup plus d'intensité que pendant l'enfance ou l'adolescence. La forme des organes n'est pas encore rigide. Bien souvent, on ne remarque pas qu'ils n'existent en fait que parce qu'ils sont sans cesse reconstruits. Ce renouvellement est un des processus vitaux fondamentaux. Il agit simultanément dans tout l'organisme, avec des intensités variables selon les organes, tandis que ceux-ci restent interdépendants. L'organisation de ce processus formateur différencié interactif est une manifestation du corps que Steiner appelle éthérique, lequel agit dans la formation et la croissance du corps physique visible[82]. Le corps physique du petit enfant n'est encore que peu densifié et durci ; le corps éthérique y agit plus fortement qu'il ne le fera par la suite. Le métabolisme basal particulièrement élevé[83] est une conséquence physiologique de cette puissante activité formatrice.

Le petit enfant apprend par imitation

Les faits qui viennent d'être exposés vont nous permettre de mettre en évidence l'importance de l'imitation pour l'évolution du petit enfant. D'innombrables observations scientifiques – parmi lesquelles on peut citer les travaux de W. Stern, K. Bühler, J. Piaget, P. Spitz, A. Nitschke et J. Uzgiris –, mais aussi tout simplement le contact personnel avec les petits enfants montrent clairement comment ceux-ci sont dans un rapport d'imitation avec le monde qui les entoure. À la profusion des réactions d'imitation, il faut aussi ajouter le fait que les deux grandes acquisitions que sont l'apprentissage de la marche et celui de la parole reposent aussi sur l'imitation. La pédagogie Steiner-Waldorf considère que l'apprentissage par imitation représente pour le petit enfant la principale forme d'apprentissage, et la force de développement la plus efficace.

L'imitation part de la perception sensorielle. Le petit enfant, lorsqu'il perçoit, s'abandonne avec toute son âme à ce qui se passe autour de lui. De ce fait, ses perceptions ont un autre caractère que chez l'enfant d'âge scolaire ou chez l'adulte. Du fait que le petit vit intérieurement avec les choses, elles font toutes sur lui une impression « physionomique » ; ce n'est pas seulement le cas pour le visage et les gestes des gens qui l'entourent, mais aussi pour les couleurs, les formes, et tous les objets en général[84]. Ce « vivre avec » un mouvement, par exemple, déclenche un mouvement similaire dans les bras et les mains de l'enfant. Celui-ci reproduit ce qu'il voit parce que, chez lui, la perception déclenche immédiatement l'activité volontaire des membres. Perception, abandon de l'âme et activité volontaire forment une unité qui ne se déliera que plus tard, lorsque l'action procédera d'une décision. Dans cette unité, l'enfant est tellement ouvert à l'entourage que ce qu'il perçoit pénètre son corps et y agit jusque dans les régions où il actionne inconsciemment sa volonté[85]. Si l'on veut décrire les choses de façon plus précise au plan psychologique, on peut dire que la représentation qui se forme lors de la perception, représentation grâce à laquelle l'enfant devient apte à appréhender les personnes et les choses autour de lui, pénètre directement ce qui commande son agir volontaire.

On peut aussi se rendre compte à quel point l'organisme est profondément pénétré par ce qui se passe autour de l'enfant dans le cas où celui-ci imite l'expression psychique de l'adulte jusque dans les processus de son métabolisme. Le souci et le chagrin d'une mère peuvent provoquer, le cas échéant, la paralysie du système digestif de l'enfant au niveau de l'estomac et le rejet de la nourriture qu'il vient d'absorber. Il s'agit là d'une conséquence psychosomatique de l'imitation.

Différents chercheurs ont, eux aussi, interprété l'imitation comme l'interaction immédiate de la perception et du mouvement. Les différences de conception proviennent essentiellement de la précision de leur approche. Piaget, par exemple, qui voit l'adaptation comme un équilibre entre l'assimilation et l'accommodation, avec toutefois une prédominance de cette dernière, prend surtout en considération les progrès que l'enfant fait en imitant[86]. Pour Steiner, l'imitation est le geste fondamental avec lequel le petit enfant se tourne vers le monde ; c'est comme s'il était entièrement organe sensoriel[87]. Il s'agit alors d'indiquer que les processus qui se déroulent dans l'œil, par exemple, lors de l'acte de perception, sont étendus à tout l'organisme du petit enfant. L'œil prend en lui les couleurs qui émanent d'un objet; il les laisse entièrement pénétrer en lui. Mais pour qu'il puisse parvenir à percevoir l'objet, il faut encore que l'œil *reproduise* la forme de cet objet en faisant de subtils mouvements qui, normalement, passent inaperçus. Les représentations qui nous sont indispensables pour percevoir un objet se forment grâce à ces mouvements. On ne peut voir une chose que si l'on en reproduit la forme avec les mouvements oculaires. De même, on ne peut entendre une mélodie que si l'on accompagne intérieurement les sauts des différents intervalles. Percevoir implique toujours, dans l'organe sensoriel concerné, une subtile activité volontaire qui imite les formes et les mouvements.

Ce processus que l'adulte n'accomplit en général qu'avec ses organes sensoriels, dans cette activité à la fois perceptrice et motrice, s'étend chez le petit enfant à l'ensemble du corps lorsque, dans ses mouvements, dans son attitude et dans les modifications de son métabolisme, il reproduit les gestes, l'attitude et les expressions des modèles humains qui sont autour de lui. Cette conception du petit enfant comme un être tout organe sensoriel est essentielle dans la pédagogie Steiner-Waldorf. Elle met notamment en évidence le fait qu'un petit enfant subit fortement l'influence des perceptions, et des représentations rattachées à ces perceptions, qui lui parviennent par sa tête. Lorsque l'enfant imite, les perceptions et les représentations – issues de sa tête – agissent dans tout son organisme.

Le rôle dominant de la tête se révèle déjà quand on regarde la forme du corps. À la naissance, les trois parties du corps se trouvent à des stades de développement très différents. La taille de la tête nous indique déjà qu'elle en est à un stade avancé. Le tronc est moins développé. Les membres, quant à eux, surtout les jambes et les pieds, sont encore très éloignés de leur taille et de leur forme définitives. Cela exprime une loi générale, à savoir que la formation du corps humain se fait à partir de la tête. On peut montrer jusque dans le détail comment l'ébauche, puis la structure des différents organes s'effectue dans le sens cranio-caudal [88].

Les faits qui viennent d'être décrits nous permettent de faire une constatation fondamentale. Du point de vue du contenu, ce que l'enfant imite provient du monde environnant. Les forces grâce auxquelles il réalise ce contenu dans son corps sont essentiellement celles de la volonté. Il s'avère donc que l'imitation ne peut pas remonter à l'hérédité. C'est aussi l'opinion de Delacroix [89]. Le zoologue Pierre-Paul Grassé écrit dans un de ses livres : « Dans l'ontogénèse, trois éléments fondamentaux se combinent : le terrain ou structure génétique, l'effet social, et l'action ou effort personnel. [...] Sans sa participation active à sa propre évolution, l'Homme ne serait pas ce qu'il est [90] ». Cela s'applique tout particulièrement à la phase au cours de laquelle le petit enfant apprend par imitation [91]. La théorie qui ramène le développement humain à une interaction entre la détermination génétique et l'influence du milieu social est beaucoup trop simpliste. Elle néglige – ou elle préfère ignorer – ce qui s'effectue par exemple lors de l'imitation.

L'imitation saisit le corps de l'enfant en profondeur. Tout ce qui, tant dans le mouvement que dans l'attitude ou dans l'expression, provient de l'imitation, dégage en fait le corps de l'enfant qui grandit de ses liens exclusifs avec l'hérédité. Cette constatation attire notre attention sur l'importance de la petite enfance pour le développement de l'être humain. Les trois activités qui vont permettre à l'enfant d'acquérir la forme spécifiquement humaine – l'apprentissage de la posture verticale, du langage et de la pensée – montrent cela concrètement [92].

La posture érigée et la parole

Pour se mettre debout, l'enfant doit se saisir de la totalité de son corps, grâce à sa volonté, et cela avec un maximum d'intensité. Lorsque E. Straus écrit, dans son étude sur la posture érigée, qu'il s'agit d'une « victoire de bout en bout »[93], il attire l'attention sur le fait qu'à chaque moment l'enfant doit développer à nouveau la force de sa volonté, de ses pieds jusqu'à sa tête, pour vaincre la pesanteur et conquérir son équilibre. Pour se tenir debout, il faut reposer en soi-même grâce à une activité volontaire sans cesse renouvelée. Cette volonté, qui n'est pas stimulée de l'extérieur comme lorsqu'elle suit un désir, mais se développe à partir d'un centre intérieur, est un produit du « moi » individuel. Lorsque l'enfant se redresse et se met debout, lorsqu'il marche, son « moi » saisit et maîtrise son corps de plus en plus sûrement et adroitement.

Cette maîtrise est liée à d'importantes modifications du système nerveux, de la musculature et du squelette. Les courbures se dessinent dans la colonne vertébrale quasiment droite du nouveau-né : la lordose de la partie cervicale, la cyphose de la partie dorsale et la lordose – qui n'est d'abord qu'esquissée – de la partie lombaire. Lorsque, suite à un trouble grave, un enfant est empêché de se mettre debout, sa colonne vertébrale reste droite. La métamorphose de la colonne est un résultat du processus de redressement. Par suite de ces courbures de la colonne, le dos a tendance à s'affaisser légèrement sur lui-même sous l'effet de son poids. Il se crée donc ainsi un organe grâce auquel le « moi », en s'opposant à cet affaissement, peut devenir actif de façon permanente.

La métamorphose de la colonne touche aussi les vertèbres elles-mêmes. Chez le nouveau-né, les vertèbres avaient pratiquement toutes la même taille. Désormais, celles du bas vont nettement grossir. Du fait de l'augmentation de la charge qu'ils doivent supporter, les corps vertébraux des lombaires en particulier deviennent de plus en plus puissants. La transformation de la colonne vertébrale est donc, dans sa totalité, l'effet du redressement, et plus précisément l'action du « moi » qui se redresse activement.

Des transformations analogues ont lieu dans les autres parties du système stato-dynamique. La voûte plantaire se creuse progressivement et, après quelques années, les jambes prennent la forme de colonnes porteuses.

Avec sa volonté qui l'incite à imiter, le moi de l'enfant se saisit du corps qui grandit. Il se réalise ainsi en imitant des modèles humains. Les transformations dont nous avons parlé ne sont pas des effets de l'hérédité. Dans le corps issu de l'hérédité apparaissent certaines formations qui permettent au contraire à ce corps de se libérer des déterminations de la seule hérédité. Ce faisant, il s'adapte plus ou moins fortement à ce qui le détermine, mais cette fois à partir de l'individualité. Chez l'homme, l'adaptation du corps au moi remplace l'adaptation à certaines circonstances de l'environnement telle qu'on la trouve chez les animaux.

La pédagogie Steiner-Waldorf distingue le moi – ce noyau individuel, volontaire – de la conscience du moi. Le moi se manifeste déjà longtemps avant que la conscience du moi n'apparaisse vers l'âge de trois ans. La confrontation active du moi avec la pesanteur et l'acquisition de l'équilibre permettent à l'être humain de faire l'expérience de son autonomie. C'est le fruit de tout ce processus de redressement. Qu'un homme ait, au long de sa vie, une plus ou moins grande force d'autonomie, remonte dans une certaine mesure à sa petite enfance. Par l'imitation, le processus de redressement peut en effet être influencé d'une façon ou d'une autre. Quand un enfant a eu pour modèle une mère nerveuse, qui mène une vie agitée, il risque de souffrir plus tard de graves troubles du comportement. Le futur adulte ne pourra pas développer dans son attitude et ses mouvements la sûreté et la maîtrise qui fourniront un fondement à une autonomie pleine de force. Les germes en sont posés, par contre, quand l'intérêt plein d'amour pour l'enfant qui apprend à se mettre debout et à marcher encourage ses efforts et leur donne des ailes. Ce qui servira plus tard de fondement à l'autonomie peut se former lorsque l'enfant imite des adultes qui se meuvent et s'occupent devant lui avec circonspection, énergie et bonne humeur. L'enfant éprouve le caractère, le tempérament et l'activité d'âme qui s'expriment dans les mouvements et les divers travaux qu'il voit accomplir et qu'il imite.

C'est sur cette base et non sur le savoir ou l'intelligence que repose l'éducation du petit enfant. En imitant ses modèles, l'enfant peut édifier un moi plus ou moins solide et fortifier l'autonomie dont il aura besoin plus tard pour penser, faire face aux épreuves de l'existence, maîtriser ses élans affectifs, et agir. De bons éducateurs l'aideront à se construire de solides fondations pour la vie. Quand le comportement des adultes, par contre, est tel que l'enfant ne peut pas s'identifier à ce qu'il fait, comme c'est le cas lorsqu'il a une double attache *(double bind)*, cela peut entraîner chez lui une schizophrénie, c'est-à-dire de graves perturbations dans la conduite de la vie psychique par le moi.

Grâce à la posture érigée et aux libres mouvements des bras et des mains qu'elle permet, l'enfant peut créer les conditions qui lui seront ensuite nécessaires pour apprendre à parler. Le fait que les enfants, en général, ne commencent à parler – c'est-à-dire à prononcer des mots en imitant un adulte – qu'après s'être mis debout, est le signe qu'il existe un rapport intérieur entre les deux activités. L'enfant apprend certes à parler par imitation, mais cette activité d'imitation est stimulée par la mobilité et l'habileté des bras et des mains. C'est ainsi que l'on peut accélérer l'apprentissage de la parole chez des enfants en les amenant à se mouvoir plus vivement et plus adroitement [94]. On peut aussi observer comment certains aspects caractéristiques de la façon de parler ont leur origine dans des manières particulières de mouvoir les bras et les doigts par exemple, ou encore de marcher [95]. Comme Gehlen le souligne, parler, c'est d'abord se mouvoir [96]. Lorsque, au cours de la deuxième année, l'enfant commence à parler, il apprend à coordonner de façon très différenciée ses mouvements volontaires et son souffle (expiration) avec ceux de l'articulation des sons. C'est seulement grâce à cette coordination, ainsi qu'à certaines modifications de la cage thoracique et du pharynx et à de nouvelles structurations au niveau du cerveau (centres de Broca et de Wernicke), que l'organisation de la parole parvient à se mettre en place entre la deuxième et la septième année. Mais ce développement est l'*effet,* et non la cause, de l'apprentissage ! Là encore, comme lors du redressement et de la marche, certaines parties du corps de l'enfant sont transformées de telle sorte qu'elles ne sont plus, désormais, sous la seule emprise de l'hérédité.

Quand l'enfant commence à parler, un changement se produit aussi dans sa façon d'imiter. Non seulement il reproduit immédiatement les mouvements, mais il perçoit sa propre parole. Ce faisant, il se détache déjà un peu plus de son lien étroit avec le modèle. Il commence alors à imiter indirectement, ou de façon décalée. La perception prolonge en lui son effet et l'incite à imiter seulement après un certain temps.

Pour l'enfant, le langage est d'abord une expérience purement sensorielle. Dès les premiers jours qui suivent la naissance, il perçoit les gestes sonores des paroles qui sont prononcées dans son entourage[97]. Bien avant que l'enfant apprenne à parler et comprenne le sens de ce qu'il entend, il éprouve la chaleur, le calme, l'assurance, l'agitation, la violence, etc., qui émanent de la voix, et ces impressions provoquent immédiatement des modifications de sa respiration et de son rythme cardiaque. Elles ont une profonde influence sur la première phase du développement de l'affectivité. L'enfant plonge profondément dans l'âme de l'adulte telle qu'elle résonne dans la voix. La parole chaleureuse et pleine d'amour de la mère est déjà un facteur d'éducation bien avant que l'enfant ne comprenne le sens des mots qu'elle prononce.

Pour l'enfant, les mots sont autant des gestes sonores que ce qui désigne les choses. Quand un petit garçon de quatre ans affirme tout bonnement que « lumière » ne veut pas dire *Licht*, mais *Schimmer* (lueur), il montre par là qu'il ressent tout à fait le caractère plus estompé, plus sombre, des sonorités du mot français par rapport à celles du terme allemand. L'enfant est plus sensible que l'adulte aux gestes sonores des mots parce qu'il ne s'attache pas encore aussi fortement à leur contenu conceptuel. Le caractère de chaque sonorité parle de façon riche et nuancée à la sensibilité de l'enfant. Il faut évidemment, pour cela, que les éducateurs parlent une langue riche et expressive. Écouter puis imiter un langage affecté ou réduit à l'état de jargon ne permet au sentiment qu'un piètre développement. Parler et apprendre à parler exercent donc une influence sur l'évolution du sentiment et de l'affectivité, de la même façon qu'apprendre à marcher agit sur le moi.

En apprenant à parler, l'enfant devient un être social. Du fait qu'il assimile sa langue maternelle et se forme lui-même grâce à elle, il entre en rapport avec les hommes qui parlent aussi cette langue. Il peut s'ouvrir à eux et prendre part à ce que d'autres expriment de leur intériorité. Cette faculté se développe quand l'enfant participe à des échanges, quand on lui raconte quelque chose, et quand les adultes écoutent avec intérêt ce qu'il a à dire.

Le langage a aussi, bien entendu, une grande influence sur le développement de la pensée.

Le développement de la pensée

Après la marche et la parole, la pensée est la troisième acquisition grâce à laquelle l'enfant conquiert sa forme d'existence pleinement humaine. En prenant en compte la totalité du développement humain, l'anthropologie, et avec elle la pédagogie, échappe au danger de trop considérer la petite enfance sous le seul aspect de l'intelligence.

L'enfant ne prend en général conscience du fait qu'il pense qu'à partir de quatre ou cinq ans, quand il commence à réfléchir à propos des choses et des événements de son entourage. Mais l'enfant pense en réalité dès la première année, lorsqu'il prend conscience des objets. Il élabore des représentations à partir des sensations de couleurs, de sons, de toucher, etc., représentations grâce auxquelles il commence à percevoir ce qui l'environne. Cette activité représentative est formatrice. Elle organise les sensations et leur donne la configuration grâce à laquelle l'enfant peut devenir conscient de la forme, du mouvement et de la signification des choses. La pensée représente donc une force active dans le développement de la conscience chez le petit enfant. Elle intervient aussi dans le développement postnatal du cerveau[98]. On sait que les aires de projection du cerveau antérieur – celles qui procurent les sensations internes du corps, les sensations des couleurs, des sons et des autres qualités sensorielles – sont déjà formées à la naissance de l'enfant. Ce n'est pas le cas, par contre, des connexions qui constituent ce qu'on appelle les champs secondaires et tertiaires, c'est-à-dire les zones où ce qui, dans les champs de projection primaires, est l'expression des sensations, s'associe de multiple façon. Ces champs secondaires et tertiaires ne se forment qu'en relation avec l'activité pensante.

Si le nouveau-né ne voit pas les objets qui l'environnent, ce n'est pas parce que sa pensée reste inactive, mais parce que son cerveau manque des structures grâce auxquelles sa pensée peut s'activer jusque dans les sensations. Quand on constate que le développement postnatal du cerveau se fait sous l'influence des impressions sensorielles, il faut aussi considérer le fait que, de l'intérieur, la pensée intervient pour former les représentations. Lors de ce développement postnatal du cerveau, le corps de l'enfant se forme, là encore, sous l'influence de l'être psychospirituel. La pédagogie Steiner-Waldorf favorise ce processus de développement en rendant l'activité de représentation de l'enfant – et donc la formation des structures cérébrales supérieures – aussi vivante que possible. On y parvient par exemple en donnant à l'enfant des jouets dont les formes ne sont qu'esquissées. Une poupée de tissus qui ne reproduit que de façon très générale la forme humaine incite l'enfant à compléter par lui-même les détails à partir de ses propres représentations. En jouant, l'enfant aura tendance à puiser à sa propre imagination pour donner tantôt telle signification, tantôt telle autre aux objets. Il s'agit ici de saisir cette tendance au moyen de l'éducation. De cette façon, la représentation ne se fixe pas à la forme de l'objet ; elle préserve la mobilité et la vie intérieures de l'enfant.

Cela est particulièrement important pour toute la suite du développement de la pensée, en particulier pour l'intelligence qui s'éveille pendant la deuxième année. Au contact des choses, l'enfant s'éveille, par exemple, au rapport entre le but et le moyen d'atteindre ce but. Or cela n'est possible que si l'activité représentative se dégage partiellement de la perception et saisit ainsi quelque chose qui n'est pas contenu dans chaque perception concrète. L'intelligence repose sur une certaine libération du processus de la représentation. C'est précisément cette libération qu'il s'agit de stimuler dans la pédagogie.

Jusqu'à la septième année, la pensée est largement liée aux choses et aux événements que l'enfant perçoit autour de lui[99]. Il est fortement stimulé lorsque ce qui se passe devant lui est conduit par des pensées, par exemple lors d'actions pleines de sens, ou quand il voit des adultes travailler. Quand l'enfant ressent comment une certaine activité découle d'une autre, il prend conscience, grâce à sa pensée, du rapport qui les relie. C'est pourquoi un environnement social où des adultes s'adonnent à des travaux et des activités sensés constitue pour le petit enfant un facteur important de développement spirituel. Encore faut-il que la succession des actions soit visible ! Plus l'enfant est entouré de machines dont le fonctionnement échappe à son regard, moins il est incité à imiter, et du même coup à penser.

Certaines activités de l'esprit se développent essentiellement à partir du langage. Un mot ne désigne pas une chose particulière, mais une classe d'objets souvent très différents les uns des autres (fleur, maison, etc.). Grâce aux mots, l'enfant peut saisir l'élément *commun* à différentes choses. Ils le préparent à former des concepts et des idées. Quand l'enfant approche des trois ans, il apprend à construire des phrases et prend ainsi conscience, grâce aux flexions, aux pronoms, aux prépositions, etc., des relations que les choses ont entre elles ; grâce aux formes de la conjugaison, il s'éveille au déroulement des événements dans le temps. Un peu plus tard, il s'ouvre à la logique grâce aux propositions subordonnées avec leurs conjonctions et pronoms relatifs. Dans sa structure grammaticale, la langue renferme une grande quantité de lois spirituelles. En écoutant et en apprenant sa langue maternelle, l'enfant éduque sa pensée. C'est pourquoi, chez les enfants sourds, le développement de l'esprit est très compromis s'ils n'apprennent pas le langage des signes. Leur pensée reste sinon attachée aux choses particulières qu'ils voient, et aucune activité spirituelle supérieure – généralisation, appréhension des relations, logique propositionnelle – ne peut apparaître.

Ces faits montrent, eux aussi, que le développement du petit enfant dépend de ce qu'il perçoit, c'est-à-dire de ce que les organes sensoriels de son corps physique lui communiquent. À cet âge, éduquer veut donc dire : organiser les choses dans l'environnement – et le comportement de l'éducateur en fait partie – de telle sorte que l'enfant puisse, à ce contact, déployer activement et cultiver de façon variée ses forces psychospirituelles. Si l'on veille à cela, on évite toute contrainte et tout dressage qui ne pourraient que porter préjudice à ces forces. L'éducateur compte ensuite sur le fait que l'enfant se développera librement, à partir de lui-même.

Cela met en évidence un des caractères fondamentaux de la pédagogie Steiner-Waldorf. Le moi, qui donne l'impulsion au redressement vertical, les forces qui forment la parole, les sentiments qui se développent grâce au langage, et la pensée elle-même, agissent et travaillent dans le corps encore malléable de l'enfant. Les transformations qui s'opèrent ainsi *individualisent* alors plus ou moins fortement le corps physique construit grâce aux forces de l'hérédité. Le corps reçoit ainsi, plus ou moins nettement, une empreinte dans les formes de laquelle l'individualité psychospirituelle de l'enfant se manifeste. L'individualité en tant que telle vient d'une existence purement spirituelle où elle vivait avant la naissance. Par les différents processus qui ont été évoqués, elle vient s'unir au corps qui grandit. Les transformations qui s'opèrent sont les différentes étapes de cette incarnation. L'étude de l'existence prénatale constitue un vaste domaine de la recherche anthroposophique auquel on ne peut que faire allusion dans le cadre de cet exposé[100].

Le jardin d'enfants Waldorf

Les trois premières années, avec le redressement du corps dans la verticale, les premières phases du mouvement libre[101], l'apprentissage de la langue maternelle et les prémices de la pensée, sont certainement celles où l'enfant se transforme le plus. Ceci vient du fait que l'enfant au début de sa vie est encore intensément relié à sa mère – ou son éducateur – qu'il imite (imitation directe). Au cours de ces dernières décennies, plusieurs chercheurs ont parlé d'une évolution de l'imitation. Il s'agit en fait d'une métamorphose au cours de laquelle l'imitation tend à faiblir. Dès la deuxième année, lorsque l'enfant commence à imiter indirectement, il se libère partiellement de son lien étroit avec l'adulte. Il développe déjà un agir plus individuel, où il peut réaliser ses propres intentions à côté de ce qui lui est proposé par les modèles. Sans cette libération, l'enfant ne pourrait jamais en venir à jouer[102], ni à exprimer, lorsqu'il parle, son vécu et ses intentions personnelles. L'imitation évolue encore de façon décisive au cours de la troisième année lorsque l'enfant, après avoir traversé une phase où il devient contestataire, s'éveille à la conscience de soi. Il s'éprouve désormais comme un moi et se démarque de son entourage. L'imitation, et avec elle le lien à l'éducateur, perd de son intensité. L'enfant devient capable de s'insérer dans un groupe et il peut désormais vivre certaines phases ultérieures de son développement avec d'autres enfants, dans un jardin d'enfants.

Peu après la fondation de l'école Waldorf à Stuttgart en 1919, un jardin d'enfants a été ajouté. Aujourd'hui, presque toutes les écoles Steiner-Waldorf ont un jardin d'enfants, si bien que l'enfant peut bénéficier de cette pédagogie de sa troisième à sa dix-huitième année.

Les principes du travail éducatif au jardin d'enfants reposent essentiellement sur ce qui vient d'être exposé. Il en résulte évidemment un refus de toutes les intentions qui, ces dernières années, ont voulu introduire des méthodes et des contenus d'apprentissage scolaire à l'école maternelle sans tenir compte des conditions anthropologiques[103]. Une des tâches éducatives du jardin d'enfants Waldorf est de stimuler chez les enfants une riche capacité à jouer. Le jeu n'est pas, comme le pense Piaget en se fondant sur sa conception de l'accommodation et de l'assimilation, le contraire de l'imitation ; il en est bien plutôt une métamorphose conforme à cet âge. Ses contenus se nourrissent de tout ce que l'enfant a vécu en observant les activités des adultes. L'enfant s'identifie entièrement avec son jeu : il est la mère qui prend soin de son bébé, ou le pilote qui transporte des voyageurs dans son bateau. En se métamorphosant grâce à la conscience du moi, la tendance fondamentale du tout-petit à imiter devient une activité dans laquelle l'enfant reforme de façon libre ce qu'il voit faire autour de lui par ceux qui lui servent de modèles. Avec les moyens les plus simples (supports, tissus, planches, etc.), la faculté de représentation créatrice des enfants va produire une chambre, une maison, un bateau, etc. En construisant et en donnant ainsi forme aux choses, l'enfant se trouve placé dans maintes situations qui favorisent son intelligence et son habileté.

Les objets et la matière avec lesquels les enfants jouent ont ces formes simples à peine ébauchées, et qui ne font qu'indiquer les choses, dont il vient d'être question. L'enfant ne réalise dans ses jeux que la part d'activités des adultes qui correspond à son vécu direct. C'est le déroulement même de l'action qui l'intéresse, pas son but. Quand l'adulte travaille pour fabriquer quelque chose, il s'oriente vers un but qui réside au-delà de l'activité en question. C'est pourquoi il ne peut se lier à ce qu'il fait que de façon limitée. L'enfant qui joue, lui, plonge entièrement dans l'activité elle-même. Il aspire en outre à améliorer et à embellir sans cesse ce qu'il fait.

On voit que l'enfant qui joue développe précisément les forces grâce auxquelles tout apprentissage et tout travail ultérieurs pourront atteindre leur pleine signification humaine : la capacité à se relier totalement à ce que l'on fait, en s'efforçant de l'intensifier et de l'améliorer sans cesse. En jouant, les enfants pénètrent leur activité volontaire d'un contenu riche de sens, d'imagination, d'intelligence et de joie ; ils accompagnent leur activité en chantant et en parlant. Toutes leurs facultés sont sollicitées et se stimulent les unes les autres. À cet égard, on peut observer une nette évolution entre la quatrième et la septième année. Le tout petit enfant se laisse encore fortement stimuler par les circonstances ; il change souvent de thème. Des enfants plus âgés, lorsqu'ils ont entrepris la construction d'une maison ou d'un bateau, se mettent à l'œuvre de façon planifiée et s'y tiennent, le cas échéant, plusieurs jours de suite. Le moi déploie toujours davantage sa force dirigeante dans toute la nature de l'enfant. On se rend compte de l'importance du jeu lorsqu'on observe des enfants chez qui le besoin d'activité n'aboutit pas à des actions riches de sens, donnant forme aux choses, mais débouche au contraire sur une hypermotricité.

Pour que les enfants reçoivent suffisamment d'incitations à jouer – incitations qui font terriblement défaut dans la façon dont on vit aujourd'hui à la maison –, les éducateurs exécutent eux-mêmes nombre d'activités qui vont du jardinage à la cuisson des plats. Au cours de l'année, les enfants apprennent quantité de tâches en y collaborant eux-mêmes, par exemple fabriquer le pain, depuis la récolte des épis, en passant par le battage, le broyage et le pétrissage, jusqu'à la cuisson. Ils voient comment on file la laine pour ensuite la tisser ou encore comment, dans l'atelier de l'école, les « grands » travaillent le cuivre ou le fer forgé.

Chaque jour, un jeu de rôle vient s'ajouter aux jeux libres au cours desquels les enfants façonnent et transforment à leur guise ce qui les entoure. Les vingt enfants d'un groupe jouent un conte ou, au moment de l'Avent par exemple, un jeu de la crèche. Ils apprennent les chants ou les versets qui, la plupart du temps, ont des rythmes simples, ainsi que les mouvements et les gestes, en imitant l'éducateur ou l'éducatrice. En jouant ainsi, les enfants s'identifient à des personnages qui ne font pas partie de leur environnement habituel. Devenant tantôt un roi, tantôt un gnome ou encore l'un des sept corbeaux, ils vivent chaque fois une expérience différente au cours de laquelle leur expérience humaine s'enrichit et s'approfondit.

Parmi les nombreuses stimulations qui sont apportées aux enfants, citons encore la peinture, la musique et l'eurythmie. En peignant à l'aide de couleurs liquides, les enfants affinent et différencient leur sensibilité à la qualité de chaque couleur et à leurs relations mutuelles. En entendant les sonorités discrètes et subtiles du xylophone ou de la lyre, ils exercent leur écoute musicale. Avec l'eurythmie, le geste, lui aussi, se pénètre d'âme.

Pour terminer la matinée, les enfants se rassemblent encore une fois autour de l'adulte pour entendre un conte. Du fait que la même histoire leur est racontée plusieurs jours de suite, ils s'imprègnent fortement de son contenu. On peut observer comment, à l'écoute des contes et de leur langage différencié, le propre langage de l'enfant s'enrichit (au plan du vocabulaire et des capacités grammaticales). Le principal facteur de ce progrès linguistique vient du fait que l'éducateur s'efforce de parler de façon nuancée et imagée, et qu'il représente ainsi un exemple vivant pour les enfants.

La seconde dentition et la fin de la petite enfance

Si cette transformation du corps physique est si importante pour le petit enfant, c'est parce qu'elle accompagne l'incarnation de son individualité psychospirituelle. L'éducation dont nous avons esquissé les grands principes vise en effet avant tout à favoriser et à conduire cette incarnation. Or cette transformation physique ne concerne pas que le système nerveux, le squelette et la musculature. Il s'agit d'un processus qui touche en profondeur tout l'organisme de l'enfant. Des observations radiologiques montrent que les poumons, par exemple, ne prennent leur forme allongée, avec leurs deux lobes latéraux, qu'à la fin de la septième année, et que la forme, au début fort étrange, de la cage thoracique du nouveau-né ne devient en tout point semblable à celle de l'adulte que chez l'enfant de sept ans. Le rein prend sa forme définitive au cours des sept premières années, après un puissant processus de métamorphose, et il en va de même pour l'estomac dont la cavité acquiert tout son volume, tandis que se dessine le coude entre la grande courbure et la partie pylorique. On peut remarquer cette transformation en profondeur dans la plupart des autres organes. Cela montre que des forces *formatrices* agissent dans l'ensemble du corps physique pour modifier la forme des organes[104]. Jusque dans son aspect extérieur et ses proportions, le corps physique parvient ainsi à un niveau supérieur d'organisation.

Comme nous l'avons vu, cette action des forces formatrices modelantes va permettre au moi et à la pensée de s'imprimer dans le squelette et dans le cerveau antérieur. L'individualisation du corps de l'enfant devient alors possible. Ce processus d'élaboration des formes s'achève pour l'essentiel autour de la septième année. Dans la boîte crânienne, dans la plupart des régions du système nerveux et dans les organes sensoriels de la tête, la croissance s'interrompt alors presque totalement. On voit donc que la tête, à l'exclusion toutefois du visage, se développe entièrement sous l'influence de ces forces formatrices. C'est aussi la partie du corps qui est la plus fortement modelée.

Le changement de dentition, c'est-à-dire la poussée des incisives définitives vers sept ans, est le signe visible que cette période s'achève. La dent est trop minéralisée, sa forme trop fixée, pour qu'elle puisse subir, elle aussi, les transformations dont nous avons parlé. Là, il n'y a pas trans-formation, mais re-formation. Les couronnes des secondes dents naissent dans les maxillaires supérieur et inférieur. Comparées à celles des dents de lait, elles sont plus grosses, plus nombreuses, plus dures, et leurs formes sont plus caractéristiques. Dans la croissance et la métamorphose des autres organes, ce qui s'exprime dans ce changement de formes reste beaucoup plus vivant. Vers sept ans, lorsque le processus de structuration des formes s'achève dans le corps, toutes les couronnes des secondes dents – à l'exception des dents de sagesse – sont achevées dans la mâchoire. Puis elles percent et sortent des gencives les unes après les autres, pour prendre la place des dents de lait. Pour le pédagogue qui connaît ces relations, le changement de dentition est l'expression du fait que la première période de la vie s'achève dans l'ensemble de l'organisme. Cette première période est donc celle où les forces plastiques ont réalisé ce remodelage en profondeur qui transforme de fond en comble le corps humain.

À l'aide d'une capacité d'observation spirituelle exercée, on peut suivre cette activité des forces formatrices et voir comment, lorsqu'elles cessent d'œuvrer dans le corps physique, elles commencent à agir au plan psychique[105]. La psychologie du développement met en évidence, de différents côtés, un changement décisif dans la conscience de l'enfant vers l'âge de sept ans. Jean Piaget a parlé de façon complète et détaillée de ce moment qu'il caractérise comme le passage de la pensée intuitive symbolique à la pensée logique concrète. Il s'agit essentiellement d'une transformation de la vie des représentations.

Avant cinq ans, lorsque l'enfant regarde les choses, les représentations qu'il se forme disparaissent très rapidement. Sa capacité de se souvenir reste précaire. À partir de sept ans, par contre, l'enfant peut garder en lui ses représentations après avoir perçu les choses, et il est désormais capable de faire resurgir ces représentations à sa guise, c'est-à-dire de les reformer dans son souvenir. Cette faculté du souvenir consiste à former intérieurement des images – ce que le jeune enfant réalisait en fait déjà, mais seulement à l'instant où il percevait les choses – afin de pouvoir ensuite fixer en lui ces images. Les représentations reçoivent désormais une forme plus durable du fait qu'une force formatrice pénètre leur vie fluctuante[106].

Le changement qui s'accomplit alors dans la conscience de l'enfant provient d'une *métamorphose* qui se joue dans les profondeurs de son organisme : les forces modelantes qui étaient jusque-là dans son corps se dégagent de ses organes et déploient désormais leur action formatrice dans la vie des représentations. C'est cette métamorphose que la pédagogie Steiner-Waldorf appelle la naissance du corps de vie (ou corps éthérique), parce que certaines forces de ce corps de vie qui, jusque-là, modelaient le corps de l'enfant à l'abri du monde extérieur se mettent à présent en rapport avec les impressions qui viennent de ce monde environnant, comme le corps physique de l'enfant l'a fait au moment de sa naissance.

Lorsque l'enfant, en observant les choses, s'en forme des représentations, il prend davantage de distance par rapport au monde. Le contenu de ses perceptions est alors saisi plus consciemment ; ce contenu ne peut plus agir inconsciemment dans sa volonté comme c'était le cas dans la phase d'imitation. C'est pourquoi l'imitation cesse à ce moment-là. L'enfant peut, bien sûr, continuer d'imiter, mais il doit alors, de plus en plus, le faire intentionnellement. Grâce aux images qui lui permettent de réactualiser son vécu dans sa mémoire et de se représenter par l'imagination ce qu'il n'a encore jamais vu, l'enfant édifie un univers intérieur qui vient s'ajouter aux perceptions et aux expériences intérieures qu'il reçoit directement du monde extérieur. Jusque-là, l'enfant jugeait des choses en fonction de ce qu'il avait sous les yeux. Désormais sa conscience et sa pensée s'élargissent du présent immédiat de la perception au passé et au futur. Certaines relations qui restaient auparavant cachées à l'enfant peuvent alors lui apparaître. Sa vie affective s'en trouve élargie et approfondie ; sa volonté peut viser de nouveaux buts. Le changement de dentition est le signe d'un profond changement dans l'être qui passe de la première phase de l'enfance, celle du premier septénaire, à la phase du milieu de l'enfance : le deuxième septénaire.

Les forces qui forment le corps et leur métamorphose en faculté de se représenter des formes. La naissance du corps éthérique

La conscience de la forme et son apparition au cours de l'enfance

On sait depuis longtemps que le vécu de la forme se modifie dans la vie intérieure de l'enfant lorsqu'il approche de ses sept ans. Depuis sa première année, l'enfant apprend à voir les choses qui l'environnent, donc à reconnaître leurs formes et – selon son âge – à les comprendre. Mais c'est seulement vers six ans qu'il s'éveille véritablement à l'univers des formes. Auparavant, il ne connaissait que des choses concrètes. La forme pure lui restait cachée. Il percevait le cercle dans l'image du soleil, le triangle dans celle d'un toit ou le rectangle dans celle d'une boîte à chaussures. Cette tendance à « chosifier » s'estompe progressivement dans les derniers temps avant la maturité scolaire, quand l'enfant dit d'un cercle qu'il est « comme le soleil » ou « comme une roue ». Mais à ce moment-là il ne perçoit pas encore la forme en tant que telle ; sa conscience est encore entièrement tournée vers ce qu'il perçoit dans le monde à l'aide de ses sens. C'est pourquoi Volkelt a pu dire que le petit enfant reste « aveugle aux formes ». De nombreux psychologues contestent cette affirmation sous le prétexte que l'enfant voit effectivement les formes et parvient à les distinguer. Elle est pourtant juste, car, comme le dit Aristote, il ne faut pas confondre la forme en tant que telle et ce qui est formé, autrement dit les choses matérielles. Sans cette différenciation, on ne peut pas interpréter correctement certains processus du développement de l'enfant.

Dans les années 60, Neuhaus[107] a observé qu'avant le milieu de leur cinquième année, les enfants ne sont pas encore en mesure de reproduire correctement des figures géométriques simples en respectant leur forme, même de façon approximative. La forme concrète échappe à la conscience de l'enfant dès qu'il détourne d'elle son regard. À partir de la seconde moitié de la cinquième année, les enfants appréhendent quelques éléments caractéristiques de la forme, mais pas encore sa totalité. La plupart des enfants ne le peuvent qu'après six ans. C'est ce qui ressort aussi des travaux que Nickel a menés quelques années plus tard[108]. Il demanda notamment à des enfants de chercher, parmi quatre images, laquelle correspondait exactement à un certain modèle. À cinq ans, les enfants commencent à peine à pouvoir comparer les formes. Parmi ceux de six ans, une partie seulement est capable de réussir cet exercice, et ce n'est que chez ceux de sept ans que la faculté de comparer les formes est pleinement efficace.

Ces faits attirent notre attention sur les conséquences psychologiques de cette nouvelle faculté d'appréhender les formes. Dans les premières années, quand le petit enfant perçoit, il se fait des représentations et prend alors involontairement conscience des choses. Les représentations qu'il se forme s'unissent à ses impressions sensorielles et structurent celles-ci, lui permettant ainsi de percevoir des objets. C'est la raison pour laquelle la conscience du petit enfant reste tellement attachée à l'expérience extérieure, aux êtres humains et aux objets qui l'entourent, aux plantes, aux animaux, ainsi qu'à tous les événements perceptibles. L'univers des formes pures se révèle seulement à celui qui ne voit plus un objet rond comme l'image du soleil ou d'une roue, c'est-à-dire par référence à une chose extérieure, mais qui perçoit ce que cette forme a de régulier et de circulaire, qui saisit donc consciemment la loi à laquelle cette forme obéit. Cela ne se fait plus involontairement. Il faut alors saisir quelque chose par une activité intérieure.

Tentons de cerner plus précisément cette activité. Toute perception de forme repose sur des mouvements que l'observateur exécute et qu'il éprouve. Il s'agit essentiellement du mouvement des yeux avec lesquels on décrit la forme des choses que l'on regarde. Si l'on empêche quelqu'un de suivre par les mouvements de ses yeux le contour d'un objet, en immobilisant son regard d'une façon ou d'une autre, il ne perçoit plus la forme. L'enfant n'appréhende la qualité intrinsèque d'une forme, sa loi – le triangle en tant que tel, le cercle en tant que tel, etc. –, qu'à partir du moment où il prend conscience du mouvement quil' fait pour décrire la forme. Avant cela, ses mouvements restent inconscients, et il ne fait qu'imiter ; il ne peut encore ressentir les formes qu'en lien avec les choses extérieures qui suscitent en lui des mouvements involontaires. Ces mouvements ne sont pas activés – ni dirigés – de l'intérieur, et c'est pourquoi l'expérience du mouvement ne peut pas encore aboutir de façon sûre à l'appréhension de la forme pure. Pour pouvoir prendre conscience d'une forme, il faut être capable de reproduire cette forme par une activité intérieure.

La «psychologie de la forme» (*Gestaltpsychologie*) a redécouvert ce caractère actif de l'appréhension de la forme. La « loi de la prégnance » attire par exemple l'attention sur le fait que l'on voit un cercle lorsqu'on regarde une série de points situés à peu près sur une ligne circulaire. Les impressions extérieures ne sont pour nous que des occasions d'élaborer les lois des formes par notre activité intérieure. En s'observant soi-même, on peut facilement se rendre compte que, pour appréhender une forme, il faut élaborer consciemment celle-ci à l'intérieur de soi.

Cette activité intérieure capable d'élaborer des formes est une nouvelle faculté qui apparaît vers six ans dans la conscience de l'enfant. Elle est essentielle pour la suite de son développement psychique, et n'est pas seulement utilisée pour faire de la géométrie ! Elle permet notamment à l'enfant de se faire des images intérieures sans le support direct de perceptions concrètes. Quand l'enfant produit librement ces images en entendant par exemple les histoires racontées par les adultes, nous parlons d'imagination. Quand il fait remonter volontairement en lui le passé à sa conscience, il met en œuvre les mêmes forces pour façonner l'image du souvenir. Les nouvelles forces agissent dans chacune de ces deux activités de l'âme : l'imagination et la mémoire. L'enfant parvient en effet, dans les deux cas, à un vécu qui se déploie exclusivement à l'intérieur de lui-même, indépendamment de la perception.

Pour les psychologues, cette apparition dans l'âme de l'enfant d'une activité qui saisit les formes représente une énigme insoluble[109] ; on ne peut en effet d'aucune façon la déduire de ce que l'enfant a vécu et connu auparavant. On peut seulement affirmer que ces nouvelles forces qui sont désormais à disposition de l'enfant doivent puiser leur origine dans les régions inconscientes de son être et que là, dans ces zones que la lumière de la conscience ordinaire n'éclaire pas, certaines modifications se produisent, qui permettent précisément à ces forces de devenir conscientes. Pour la pédagogie, cette manière de voir est trop imprécise. Si l'on veut que l'enseignement parvienne à saisir les forces présentes dans l'enfant, pour les cultiver en favorisant les dispositions qu'elles contiennent, il faut les connaître dans leur nature intrinsèque. Il ne suffit pas de décrire simplement leurs effets comme le fait généralement la psychologie du développement. Il faut comprendre de quelle façon bien particulière elles agissent et partir à leur recherche pour découvrir où elles se cachent avant de surgir ainsi dans la conscience entre la cinquième et la septième année.

Nous devons donc étendre nos observations au-delà des limites de la recherche psychologique et pénétrer dans le domaine d'une connaissance plus large de l'être humain. En apprenant à connaître les forces créatrices de formes dans leur précédente activité, nous acquerrons une base pour comprendre aussi comment elles agissent plus tard, et mettrons ainsi en lumière ce qu'elles signifient pour le développement humain. Nous pourrons alors envisager de quelle façon ces forces peuvent être prises en main dans un sens pédagogique.

Les débuts de la croissance

En quelques années, le bébé maladroit et incapable de se tirer d'affaire est devenu un enfant qui maîtrise souverainement la station verticale et les mouvements humains, qui fait part aux autres de ses désirs, de ses expériences et de ses pensées, qui comprend ce qu'on lui dit, qui peut identifier les choses qui l'entourent, et commence même à réfléchir. En général, quand on étudie toute cette évolution, on s'intéresse à la façon dont l'enfant met toujours davantage en action certaines forces psychiques et spirituelles dans son corps. On observe comment, chaque fois que l'enfant fait un progrès et que son être psychospirituel s'exprime plus efficacement dans son corps, cela résulte de ses efforts pour reproduire ce qu'il voit faire autour de lui. Mais on remarque moins que, dans la petite enfance, tout développement est lié à des modifications du corps et de ses organes. Quand l'enfant conquiert la posture érigée, ses muscles se développent ; ils se différencient, au plan fonctionnel, en muscles à fibres rouges, à contraction lente, qui peuvent soutenir un effort prolongé (par exemple les muscles du dos ou des mollets), et les muscles à fibres claires (blanches), à contraction rapide, qui sont utilisés pour les mouvements rapides. D'un autre côté, des parties importantes du squelette modifient leur forme. Pendant que l'enfant apprend à parler, sa cage thoracique, sa gorge et certaines régions de son cerveau se modifient et se différencient. Des structures cérébrales complexes s'édifient quand il acquiert la faculté de voir les choses qui l'entourent, de les identifier et d'en saisir les rapports.

Le corps du petit enfant est plus souple, plus mou et plus malléable que celui de l'adulte. À mesure qu'il grandit, ses formes se modifient. Des forces psychiques et spirituelles individuelles s'animent et prennent vie en quelque sorte dans ces processus de transformation qui constituent un des phénomènes les plus importants du développement du petit enfant. La physiologie utilise le concept de « maturation » pour une fonction, mais on peut aussi parler de maturation pour une forme. Steiner attire l'attention sur ce fait fondamental dans son premier écrit pédagogique de la façon suivante : « Jusqu'au changement de dentition, le corps de l'enfant doit accomplir une tâche fondamentalement différente de celles de toutes les autres périodes de la vie. Au cours de cette première phase, les organes physiques doivent se donner leurs formes ; leurs structures doivent entrer en relation selon certaines orientations et certaines tendances. Plus tard aura lieu la croissance, mais ce sera, pour toutes les années ultérieures, sur la base des formes qui se seront constituées jusqu'à la septième année. Si des formes justes se sont développées, ce sont des formes normales qui grandiront ; si, par contre, des déformations se sont développées, ces déformations grandiront [110]. »

Selon les régions du corps, ce processus de remodelage prend un caractère très différent. On remarque une forte opposition entre les organes du système statique, grâce auxquels l'enfant se redresse et se met debout dans la direction où agit la pesanteur, et la tête qui, par sa forme fermée sur elle-même, échappe dans une grande mesure à cette action de la pesanteur. La posture verticale implique un lien important en même temps qu'une confrontation avec la pesanteur. Dans les principaux organes du système statique, les pieds, les jambes, la région du bassin, la colonne vertébrale, les forces formatrices agissent en relation étroite avec la pesanteur. Ce sont ces forces architectoniques qui, au cours de l'enfance, confèrent au corps humain sa stature parfaite. Les forces formatrices qui agissent dans la tête de l'enfant, particulièrement dans le cerveau, sont au contraire des forces modelantes. La différence entre l'action des forces architectoniques et celle des forces modelantes consiste en ceci que, dans tout ce qui agit de façon architectonique, il faut que « peser » et « soutenir » soient amenés dans une juste relation, alors que l'action modelante se fait en dehors de tout rapport avec la pesanteur, par l'intervention de principes formateurs purement intérieurs.

La pesanteur n'a qu'une faible influence sur les organes internes du tronc. Dans cette mesure, les forces formatrices y sont plus apparentées aux processus modelants de la tête qu'aux forces architectoniques qui travaillent dans les jambes et la colonne vertébrale.

Pour appréhender concrètement la qualité de ces différentes forces – que nous n'avons encore caractérisées que de façon très générale –, nous aurons besoin d'une méthode de connaissance bien particulière. La description anatomique s'intéresse aux formes physiques et à leurs modifications. On peut passer de ce mode d'observation à une vision plus artistique si, quand on regarde les formes, on les reconstruit aussi en soi de façon active. Grâce à une telle mobilité productive, on parvient à connaître les forces modelantes qui travaillent à édifier et à modifier les formes. Dans les formes, on découvre *ce qui forme*. Cet élargissement de la méthode de connaissance, que Steiner a esquissé dans nombre de ses exposés pédagogiques et médicaux, fait apparaître la forme de l'organe physique comme une manifestation des forces formatrices[111] qui produisent cette forme.

Les forces architectoniques

Les remaniements provoqués directement par le redressement commencent dans la colonne vertébrale (figure 1). Chez le nouveau-né, la colonne est encore pratiquement droite ; les courbures dorsales, cervicales et lombaires sont à peine esquissées. Dès le premier mois, quand le bébé commence à soulever sa tête et à se tourner vers son entourage, la courbure cervicale (lordose) se dessine. Vers le neuvième mois, l'enfant essaie de se mettre debout. Il déplie alors ses jambes verticalement sous lui, provoquant ainsi la rotation des hanches qui entraîne du même coup la courbure (lordose) de la colonne lombaire. Ces courbures s'installent peu à peu au cours de la première année. La courbure lombaire est pourtant encore peu marquée jusqu'à sept ans. On voit à quel point la colonne vertébrale du bébé est peu différenciée dans les premiers mois quand on constate que ses vertèbres ont toutes pratiquement la même taille. Lorsque l'enfant se met debout, les vertèbres du bas – et en particulier les corps vertébraux, qui sont les parties porteuses – deviennent de plus en plus grosses. Si l'on compare une vertèbre cervicale et une vertèbre lombaire chez l'adulte (figure 2), on a une idée de la différence d'action des forces formatrices en haut et en bas de la colonne humaine.

Ce remaniement de toute la structure se produit sous l'effet de deux actions contraires. D'un côté, la pesanteur agit avec force dans l'organisme de l'enfant. L'accentuation des courbures de la colonne entraîne un léger affaissement du tronc. La forme de la colonne, avec ses courbures, n'est

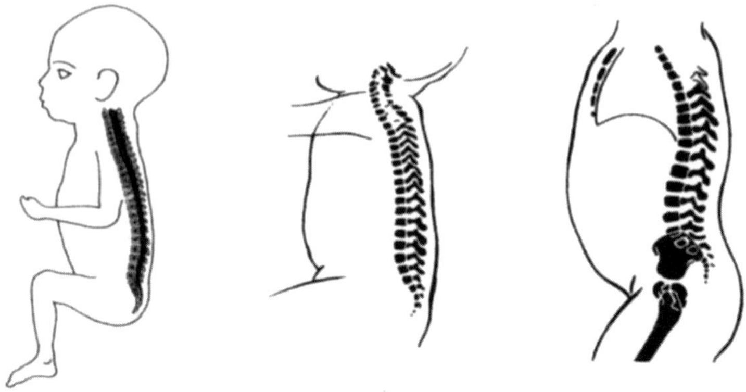

Figure 1 : *Gauche* : La colonne vertébrale du nouveau-né en coupe longitudinale (canal rachidien en noir). Les courbures sont à peine marquées ; les vertèbres du haut et celles du bas ont pratiquement la même taille (d'après Benninghoff, *Anatomie*). – *Milieu* : Un enfant de neuf mois assis. Il tient sa tête droite. Cette activité intérieure provoque l'apparition de la lordose cervicale, qui se stabilisera vers quatre ans. – *Droite* : Un enfant d'un an et demi. Le mouvement de bascule nécessaire pour se mettre debout provoque la lordose lombaire. Celle-ci se stabilisera vers cinq ans (d'après Rauber/Kopsch, *Anatomie humaine*).

en effet que partiellement stabilisée par des ligaments pour s'opposer au poids de la tête et du tronc. Le grossissement des vertèbres lombaires met en évidence le fait que la partie inférieure de la colonne doit assumer une charge plus importante. Mais on voit en même temps de quelle manière la pesanteur est surmontée. Les courbures ont précisément la forme qui permet à l'enfant de se saisir par lui-même de la pesanteur et de la vaincre ! Du fait qu'elles s'accentuent, la colonne, avec toute la musculature qui s'y rattache, devient l'organe du redressement de l'enfant. La forme arquée de la colonne permet que le poids du corps, d'un côté, et la force intérieure que l'enfant met en œuvre de l'autre côté pour se redresser, se saisissent et s'interpénètrent. Cela vaut aussi en ce qui concerne la différenciation

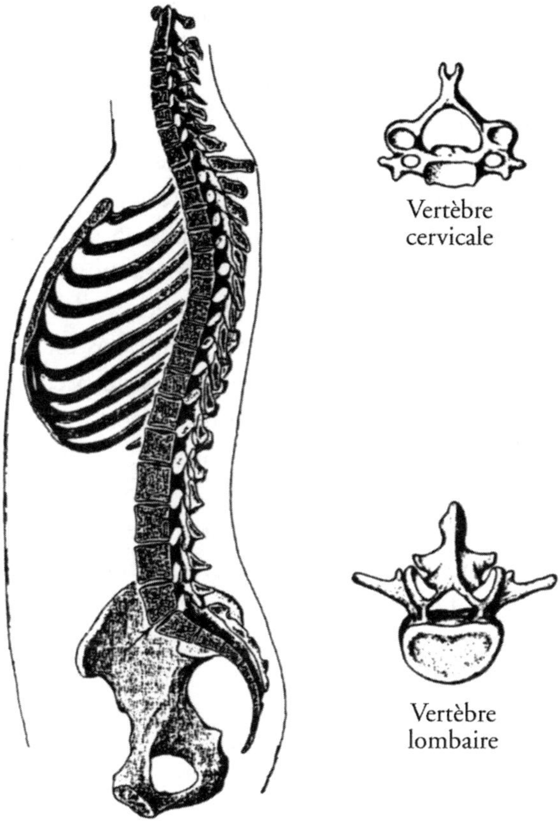

Figure 2 : Colonne vertébrale de l'adulte *(gauche)* avec les trois courbures (lordose cervicale, cyphose dorsale, lordose lombaire). À la naissance, l'angle entre la dernière vertèbre lombaire et la première vertèbre sacrée est encore faible (20°). Il grandit ensuite avec la position debout et devient définitif après 4-5 ans, atteignant 60° chez la femme et 64° chez l'homme. (D'après Rauber/Kopsch, *Atlas d'anatomie.*) – Par la différence de leurs tailles,et la forme de leurs corps (plateaux), les vertèbres révèlent la différence de la charge qu'elles ont à porter en haut et en bas de la colonne *(droite)*.

des vertèbres. Le fait que les vertèbres du bas soient plus grosses correspond à la charge plus forte qu'elles doivent assumer. On voit donc comment l'action des forces qui vainquent la pesanteur s'exprime jusque dans les détails anatomiques de la colonne vertébrale.

E. Straus note que « la station verticale est toujours une protestation contre les forces qui tirent vers le bas. Celles-ci sont constamment en action ; sans elles, la station verticale ne serait pas ce qu'elle est : une victoire de bout en bout[112]. » Or la force que l'homme doit déployer à chaque instant pour vaincre les forces qui le tirent vers le bas est la volonté ! La nature intrinsèque de la volonté consiste précisément en ce qu'elle renouvelle constamment son action. C'est pourquoi l'homme éprouve, dans la volonté, le centre de son être propre. L'enfant apprend à surmonter la pesanteur dans son corps et à se tenir en équilibre à partir de ce centre. Il peut ainsi faire l'expérience d'être entièrement actif à partir de soi-même et, ce faisant, de reposer en soi (en équilibre).

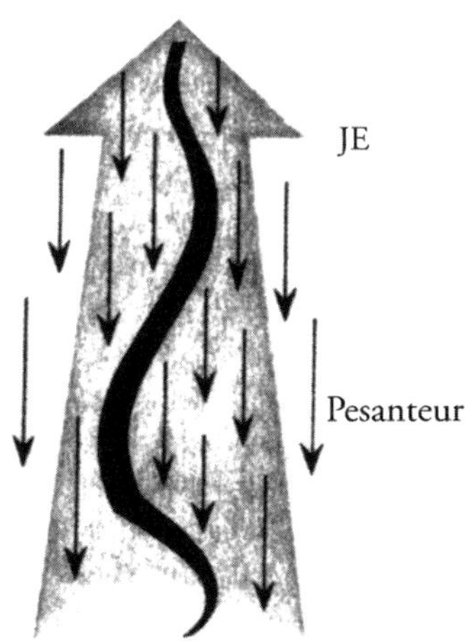

Figure 3 : La colonne vertébrale exprime l'interaction des forces de la pesanteur et de celles du « je ».

C'est l'expérience du moi. On voit donc quelles forces s'expriment, par ce remaniement de la colonne vertébrale, jusque dans la forme physique.

C'est le moi de l'enfant qui amène ses propres forces à agir dans celles de la pesanteur pour les vaincre (figure 3).

Tout d'abord, les vertèbres sont encore peu ossifiées. Elles sont surtout faites de cartilage. La transformation complexe du cartilage en os est toujours liée à un puissant remaniement de la forme. Ce processus s'accomplit dans la colonne vertébrale jusqu'à la septième année. Avant 2-3 ans, le corps vertébral et l'arc vertébral ne sont rattachés que par du cartilage. Jusqu'à 6-7 ans, ils se soudent progressivement en partant du milieu de la colonne.

Du fait que la colonne se compose d'un aussi grand nombre de parties, le redressement se fait par alternance d'affaissements et de résistances intérieures, de relâchements et de raidissements, dans lesquelles interviennent aussi la respiration et les vécus de l'âme comme la sûreté intérieure, le soulagement, la lassitude ou l'abattement.

Dans ses jambes et ses pieds, l'enfant vient en contact direct avec la terre; il s'insère beaucoup plus fortement dans les effets physiques de la pesanteur, alors que, dans la colonne vertébrale, il met en œuvre ses propres forces à l'intérieur de son corps. Dans les jambes et les pieds, l'homme pénètre directement dans le jeu des forces extérieures. On ne remarque encore rien de tout cela chez le nouveau-né. À la naissance, les jambes et les pieds sont les organes les moins développés. Même lorsqu'il commence à marcher, l'enfant ne peut pas encore déplier complètement ses courtes jambes au niveau des genoux. Il faudra de multiples et profonds remaniements structurels pour qu'elles deviennent les colonnes qui portent le corps. Les petits pieds sont encore relativement larges; la voûte plantaire, tellement caractéristique du pied humain, est à peine esquissée (figure 4).

Lorsque le développement est normal, elle se creuse jusqu'à la septième année. Cette forme de voûte est alors celle qui permet au poids du corps d'exercer une pression maximale entre la plante du pied et le talon, de sorte que l'homme a besoin de déployer un maximum de force pour

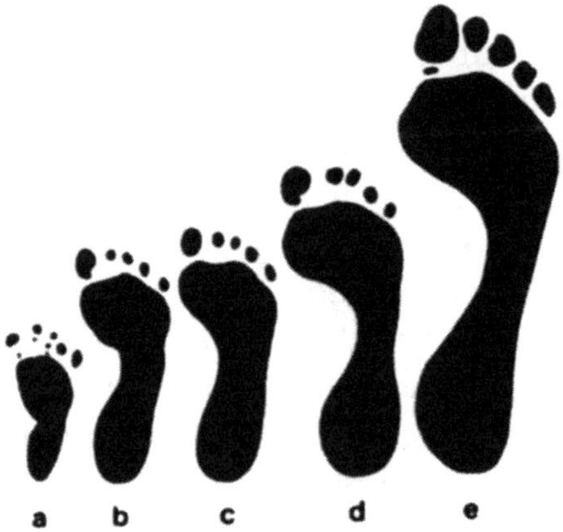

Figure 4 : Les empreintes des pieds montrent comment la voûte plantaire se développe au cours de la petite enfance. a : 3 mois, b : 2 ans, c : 3 ans, d : 7 ans, e : adulte.
Chez l'enfant de 7 ans, la voûte plantaire est formée. Ensuite, le pied ne fait plus que grandir (surtout à la prépuberté).

vaincre cette pression. L'architecture complexe de cette voûte est la base sur laquelle l'homme peut se tenir en équilibre.

Le processus de transformation qui s'opère dans la jambe, et en particulier le tibia (figure 5a) est très impressionnant. Chez le nouveau-né, la forme de l'os n'est pas encore très caractéristique. La croissance de la matière osseuse manifeste un puissant étirement à l'encontre de la pesanteur. Le sommet de l'os, qui supporte le poids du corps, prend une magnifique forme de chapiteau. Le tibia s'érige peu à peu selon une structure qui rend visibles les forces formatrices : la puissante élévation contre la pesanteur et le renforcement du soutien au sommet, à l'endroit où le poids venu d'en haut agit sur l'os. Les formes prennent un caractère artistique. On peut, en effet, parler d'œuvre d'art lorsque les forces et les lois invisibles qui travaillent dans cette œuvre la pénètrent si fortement qu'elles rendent ainsi leur propre nature visible, et que le spirituel donne alors son empreinte à la matière. En ce sens, on peut vraiment dire que le tibia se forme de façon artistique!

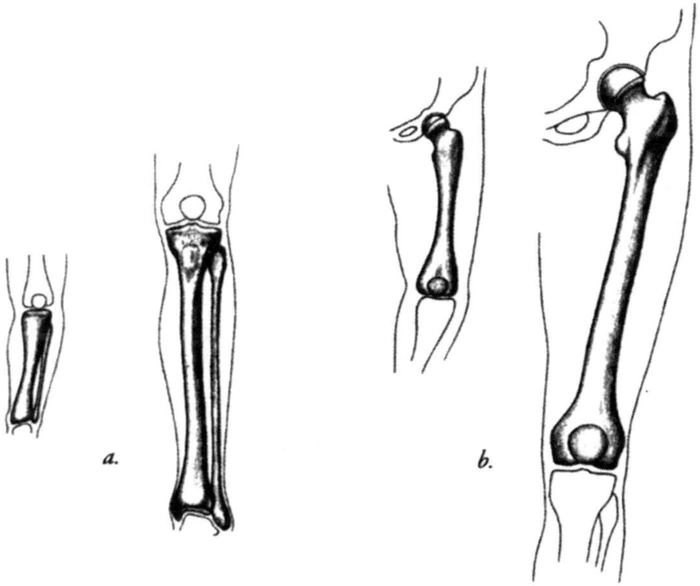

Figure 5 : a. Tibia et péroné du nouveau-né et de l'adolescent.
b. Fémur du nouveau-né et de l'adolescent.

Il en va de même pour le fémur (figure 5b). En s'allongeant, il dénote une forte tendance à s'opposer à la pesanteur; le col fait saillie, et l'angle qu'il fait avec le corps de l'os diminue, ce qui accroît encore la pression exercée de haut en bas par le tronc et, du même coup, la force qui doit s'y opposer. Chez le nouveau-né, le col du fémur fait un angle de 135° en moyenne. À partir de 2-3 ans, il diminue pour ne plus faire finalement que 125°.

Il existe une différence importante entre les processus formateurs qui touchent la colonne vertébrale et ceux qui s'appliquent aux jambes et aux pieds. Les forces intérieures qui surmontent la pesanteur n'agissent pas de la même manière aux deux endroits dans l'organisme de l'enfant. Dans la colonne, le moi de l'enfant se confronte à la pesanteur par le biais de la musculature dorsale. Là, le redressement est un processus vivant. Dans le remodelage qui fait des jambes les colonnes porteuses du corps, le moi agit entièrement dans l'édification de la forme. Les os de la jambe et l'architecture du pied deviennent ainsi, jusque dans leur forme physique, l'expression de l'action du moi dans la pesanteur. Le moi de l'enfant participe – inconsciemment – aux processus d'édification qui se déroulent dans le domaine des substances et des forces physiques.

On ne peut parler de transformation architectonique du corps de l'enfant – dans la véritable acceptation du terme – qu'au niveau des jambes et des pieds. L'architecture concerne en effet la construction d'un édifice stable. Or la colonne vertébrale conserve une certaine mobilité interne. Elle est, tout au plus, un début d'architecture. Les forces qui pèsent et qui portent n'y deviennent visibles dans la forme extérieure, c'est-à-dire en tant qu'édifice, que dans l'empilement des corps vertébraux. L'édification artistique architectonique du corps de l'enfant aboutit à un point culminant dans les pieds et les jambes qui se réunissent au niveau du bassin pour construire une voûte. Dans la colonne vertébrale, on n'en trouve plus qu'un écho, vers le haut, dans la pile des corps vertébraux.

Le remodelage des formes

Dans les jambes et les pieds, l'édification du corps de l'enfant est fortement déterminée par les forces de pesanteur qui rayonnent en provenance de la terre. On peut véritablement parler, à ce propos, d'un façonnage terrestre. C'est alors le moi qui organise ces forces dans l'ensemble du corps. La formation de la tête, par contre, s'opère de façon tout à fait différente. Vue de dessus, la tête du nouveau-né possède approximativement la forme d'un pentagone où l'on distingue cinq protubérances : ce sont les endroits où a commencé l'ossification des plaques crâniennes pendant la période fœtale. Vue de profil, la tête n'a pas encore la rondeur qui la caractérisera par la suite. Au cours des sept premières années, le crâne grandit jusqu'à atteindre sa taille définitive et prend alors seulement sa belle forme arrondie. Les plaques osseuses d'abord séparées les unes des autres se rapprochent et se rassemblent pour constituer une forme unique dans laquelle elles ne sont plus que les éléments d'une totalité supérieure. Ce processus de fermeture et d'isolement atteint son maximum dans la région du front. Les deux moitiés de l'os frontal viennent se rejoindre par-devant pour se souder et ne plus former qu'un os unique (figure 6). Il existe cependant certains cas exceptionnels où la suture se maintient. Ce modelage qui tend à former une sphère unique confère à la boîte crânienne une orientation vers la périphérie. La rondeur n'est déformée qu'à la base du crâne, là où s'articulent les autres parties osseuses. Quand on observe comment ce modelage se relie à la croissance, on comprend que les

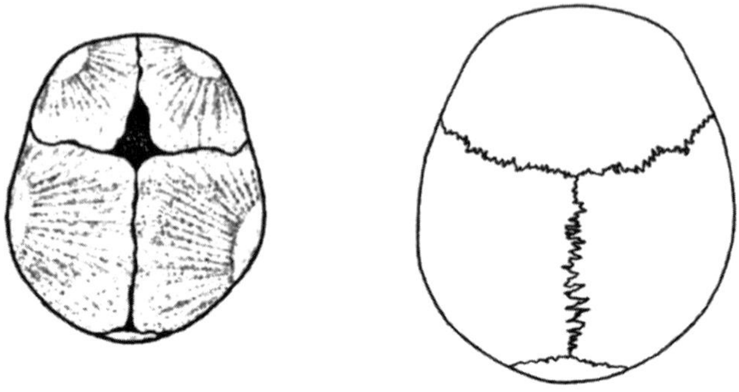

Figure 6 : Crâne du nouveau-né et crâne d'un enfant de 7 ans vus du dessus (d'après Langman).

forces formatrices – qui ont un mode d'action sphérique – tendent à dilater les formes. Elles sont orientées vers le cosmos. En même temps, elles tendent à pétrifier et à durcir en ossifiant.

Dans le tronc, les forces formatrices restent davantage dans le domaine de la forme malléable et vivante. On l'observe particulièrement si l'on examine les métamorphoses de la cage thoracique et des poumons. La cage thoracique du nouveau-né est très différente de celle de l'enfant d'âge scolaire (figure 7) : étroite et très ouverte devant, avec le sternum fortement incliné, elle reste simplement suspendue devant la colonne vertébrale, immobile, tel un objet rigide. Dans les premiers mois, l'enfant respire uniquement grâce aux mouvements de son diaphragme. Le remodelage débute au cours de la première année. La colonne vertébrale pénètre alors davantage à l'intérieur de l'espace thoracique. Le moi qui agit dans le processus de redressement du corps entre dans un rapport plus intime avec la respiration costale qui commence à s'animer d'une pulsation rythmique. En même temps, le sternum – et avec lui la cage thoracique tout entière – s'abaisse. Elle forme alors

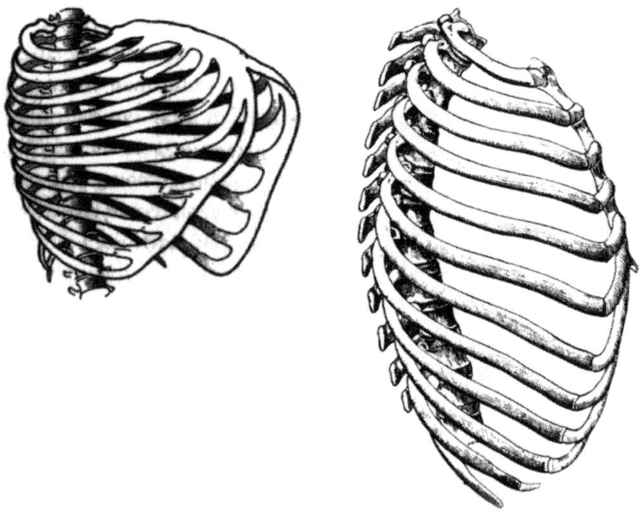

Fig. 7 : Cages thoraciques du nouveau-né et de l'adulte vues de profil.

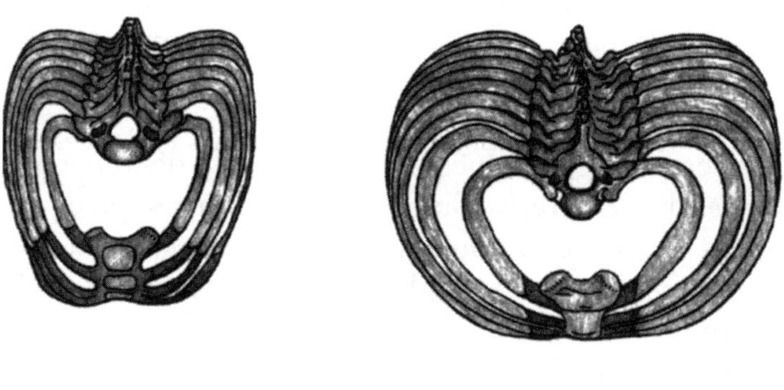

Fig. 8 : Cages thoraciques du nouveau-né et de l'adulte vues du dessus.

un espace refermé sur lui-même qui s'élargit des deux côtés. Ce remodelage confère aux côtes un bel arrondi (figure 8).

Du fait que la colonne vertébrale avance davantage à l'intérieur de la cage thoracique, alors que celle-ci s'élargit des deux côtés et s'étire dans la verticale, une plus grande symétrie s'instaure dans cette région du corps humain. On trouve aussi une structure symétrique à d'autres endroits, dans les membres, la position des yeux et des oreilles, le cerveau et la forme du visage. Mais nulle part la symétrie n'est plus expressive que dans le tronc, surtout quand l'homme, en se redressant, se met lui-même en action et fait l'expérience de son moi grâce à cet axe.

Tout cela devient encore plus parlant lorsqu'on voit comment les poumons s'insèrent aussi dans cette organisation symétrique avec leurs deux lobes (figure 9). Ils reposent d'abord sur l'arrondi du diaphragme comme une sorte de capuchon. En comparaison des autres organes, notamment le foie, ils sont encore petits. Jusqu'à 7-8 ans, ils prennent progressivement leur forme définitive, comme la cage thoracique qui devient alors en tout point semblable à celle de l'adulte. Leur forme se dilate puissamment vers le haut ; elle s'étend aussi de façon sphérique vers le côté. Devant et derrière apparaît une courbe puissante et large.

Ce remodelage, ici encore, met en œuvre des forces formatrices d'orientation sphérique. Mais d'autres forces participent aussi à cette métamorphose, notamment pour bomber fortement le diaphragme. Elles repoussent les poumons vers le haut en même temps qu'elles déforment la sphère vers le bas. Selon Rudolf Steiner[113], ces forces sont de nature physico-terrestre, comme la pesanteur qui agit dans les transformations architectoniques. L'évolution de la forme des poumons de l'enfant se fait donc sous la

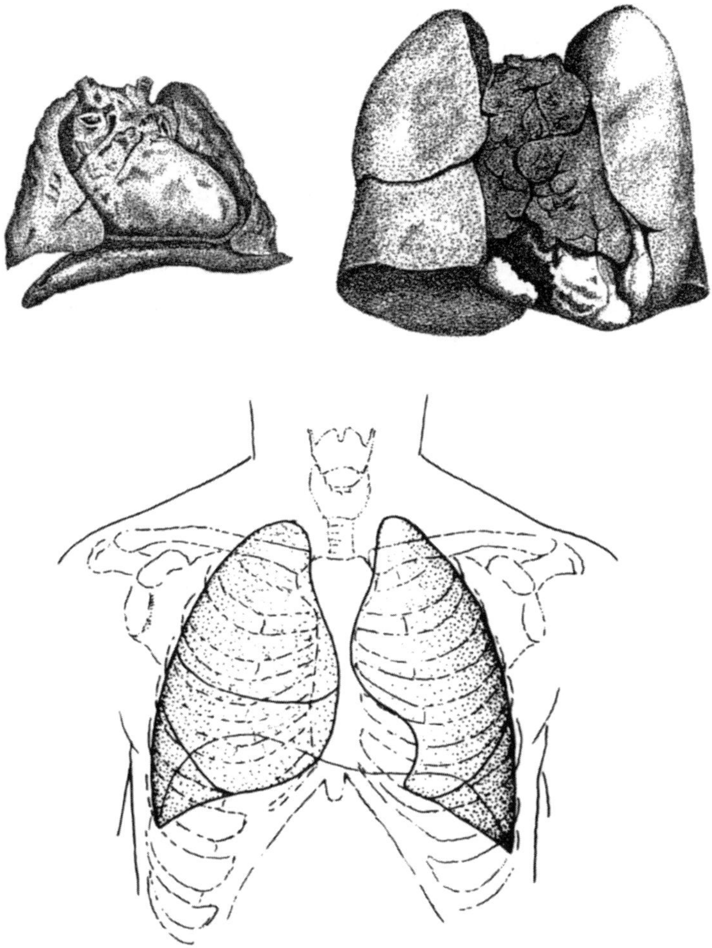

Figure 9 : *Haut* : poumons et cœur du nouveau-né et de l'enfant de 2 ans (chez ce dernier, le cœur est en partie recouvert par le thymus). La comparaison des deux images donne une idée de l'importance du remodelage que subissent les poumons (dessins de Sh. Mori d'après des préparations anatomiques). – *Bas* : les deux poumons de l'adulte.

double influence de forces sphériques orientées vers le cosmos et de forces de pression centrées vers la terre.

Ces deux forces opposées collaborent aussi au cours du développement postnatal pour modeler le foie. À la naissance déjà, le foie est plus asymétrique que les poumons. Cette asymétrie s'accuse encore du fait que les forces d'extension deviennent alors plus intenses dans le lobe droit que dans le lobe gauche. Mais elles n'aboutissent qu'à induire une courbure relativement plate. Dans l'ensemble, la poussée venue d'en bas est plus puissante que la dilatation sphérique ; c'est pourquoi la face inférieure devient un vaste creux qui se tourne vers les organes digestifs. C'est de là que les substances nouvellement ingérées s'écoulent de l'intestin vers le foie avec le sang de la veine porte.

On découvre la variété des forces formatrices modelantes qui travaillent dans l'enfant quand on observe d'autres organes comme les reins (figure 10).

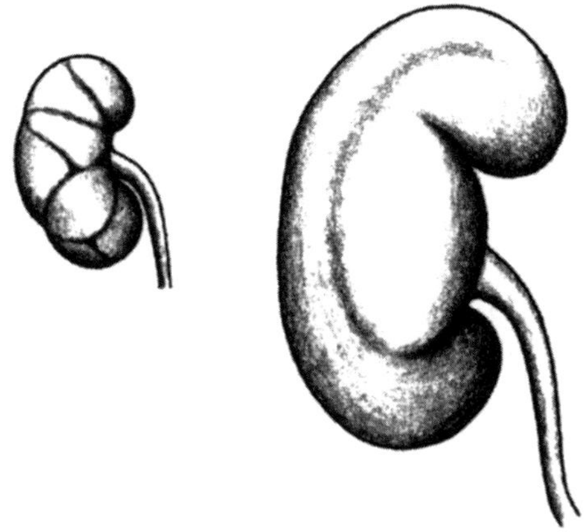

Figure 10 : Le rein droit du nouveau-né et de l'adulte (d'après Crelin et Benninghoff.)

Là encore, à la naissance, la forme est plutôt simple. Elle a un aspect étrange du fait que la subdivision en lobes transparaît sous la fine capsule. Le rein acquiert sa forme caractéristique vers 6-7 ans, avec ce double geste enveloppant au-dessus et au-dessous du hile. L'espace intérieur s'étend alors beaucoup plus fortement vers la périphérie. La capsule se durcit et s'épaissit, formant alors une limite franche, et la forme devient plus homogène. À la différence des poumons et du foie, les formes sont ici l'œuvre de forces essentiellement sphériques, dilatantes, orientées vers le cosmos, et qui agissent avec des intensités variables selon les différentes directions.

C'est ainsi que, durant la petite enfance, les organes du tronc sont remodelés selon des formes plus parfaites. Cela vaut d'ailleurs aussi pour l'ensemble du tronc. Les forces qui, à la façon d'un artiste intérieur subconscient, modifient les formes primitives et les remodèlent pour les élever à un niveau supérieur, sont de qualités très diverses. Elles peuvent être différenciées comme celles qui agissent dans les poumons ou simples comme celles qui confèrent à l'estomac sa forme définitive.

Ce remodelage ne concerne pas seulement la forme extérieure des organes. Les forces formatrices provoquent aussi une restructuration interne. Les os subissent des modifications profondes : l'os fibreux initial se transforme peu à peu en os lamellaire. Les fibrilles s'orientent parallèlement et les dépôts osseux se disposent en lamelles, et cela en relation avec le redressement du corps et la marche. Les os acquièrent leur structure et leur modelé « définitifs » (tubérosités, crêtes, apophyses) en fonction des pressions et des tractions qu'ils subissent. Dans les poumons, les alvéoles – ces minuscules sacs aériens aux parois extrêmement fines entourées de sang – n'apparaissent, pour l'essentiel, qu'après la naissance. Leur nombre croît constamment jusqu'à 8 ans, tandis que leur taille augmente encore jusqu'au moment où la cage thoracique atteint son développement maximal. Pendant plusieurs années, les structures les plus fines continuent de s'élaborer. Ensuite elles ne font plus que grandir. Les petits lobes du foie, qui mesurent de 1,5 à 2 mm, ne se développent, eux aussi, qu'après la naissance. C'est là que les substances issues de la digestion sont transformées et assimilées par l'organisme humain ; c'est là aussi qu'est formée la bile.

Un processus émanant de la tête

Quel est le lien entre les forces créatrices de formes qui agissent ainsi *après* la naissance et celles qui ont modelé l'embryon et le fœtus dans le cadre des conditions imposées par l'hérédité pendant la phase prénatale ? La façon dont on décrit habituellement la formation postnatale des organes laisse à croire que ces forces sont la simple continuation de celles qui ont agi avant la naissance. Cette hypothèse passe aujourd'hui pour évidente. On sait pourtant que les transformations qui s'opèrent dans la colonne vertébrale ou les pieds ne s'effectuent que si l'enfant se met debout par son propre effort et amène son moi à se manifester jusque dans sa stature. Ces transformations ne sont donc pas le résultat d'un développement déterminé génétiquement ! Cela devient encore plus évident lorsqu'on saisit par un sens artistique la façon dont le moi imprime son action dans tous ces processus de remodelage.

Après la naissance, la genèse des formes n'est pas une simple continuation de la formation embryonnaire et fœtale. Le corps du petit enfant ne croît et se développe que si l'hypophyse libère dans le sang la quantité adéquate d'adénohypophyse, une hormone de croissance. Dans le corps maternel, par contre, le fœtus se développe même quand l'hypophyse, et par conséquent l'adénohypophyse, fait défaut ! Cette action physiologique émanant de la tête ne détermine donc la croissance et la formation de l'enfant qu'après la naissance.

Cela ne fait qu'illustrer une loi beaucoup plus générale. De nombreux processus liés au développement se déroulent en effet dans le sens crânio-caudal : l'action formatrice commence dans la région de la tête et s'étend ensuite, de plus en plus loin, dans le reste de l'organisme. Qu'en est-il de cette action formatrice postnatale ?

Le corps de l'enfant s'édifie tout d'abord durant la phase prénatale. Les forces formatrices actives dans l'embryon et le fœtus portent en elles les spécificités génétiques. Puis, après la naissance, de *nouvelles* forces formatrices pénètrent de leur rayonnement cette organisation prédéterminée génétiquement. Elles viennent modifier la structure des forces formatrices embryonnaires. Ce processus se prolonge tout au long de la petite enfance, de telle sorte que, comme nous l'avons montré, une nouvelle organisation de forces apparaît. Celle-ci agit de façon architectonique et plastique pour *réorganiser* tout le corps de l'enfant et travaille, elle aussi, dans le sens crânio-caudal. Rudolf Steiner a décrit comment les forces qui remodèlent ainsi l'organisme partent de la tête, rayonnent de là dans le reste du corps, et agissent alors dans les différents organes pour leur imprimer leur forme[114].

Ce processus résulte de la configuration bien particulière du corps de l'enfant. La tête est en effet bien plus développée que le thorax et les membres. Chez le nouveau-né, elle représente le quart de la taille ; chez l'enfant de 6 ans, encore le sixième. Lorsqu'une partie du corps exerce ainsi une certaine prépondérance dans l'interaction vivante des organes, les forces qui émanent de cette partie ont tendance à influer sur l'ensemble de l'organisme. Or ce qui caractérise la tête, si on la compare aux autres parties du corps, c'est qu'elle apporte la forme. Cette forte influence de la forme se manifeste déjà dans la tête elle-même par l'ossification importante, la structuration poussée du cerveau, des yeux et des oreilles internes, mais aussi par le fait que la tête tout entière porte l'empreinte de la physionomie. Le développement du reste du corps se fait donc sous la forte influence des forces de forme qui agissent dans la tête et rayonnent d'elle. De tout ce qui se produit dans le corps du petit enfant, ce processus de remodelage de la forme est sans conteste l'élément déterminant.

La tendance de l'enfant à imiter est elle-même étroitement apparentée à ce qui vient d'être décrit. Lorsqu'un enfant imite, par exemple, les gestes de sa mère, les images qui apparaissent dans sa conscience à la vue de ces mouvements agissent involontairement jusque dans ses membres. L'imitation provient du fait que les images qui s'éveillent dans la tête au contact du monde extérieur descendent de la tête et pénètrent le reste de l'organisme. Elles vivent alors dans les mouvements et tout le comportement de l'enfant. Dans cette mesure, on peut dire que l'imitation est aussi une sorte de processus modelant par lequel l'enfant se saisit de son corps.

Il faut donc parler, chez le petit enfant, d'un rapport étroit entre la tête et le reste du corps, et d'une sorte de modelage de tout l'organisme par les forces issues de la tête.

La seconde dentition et l'achèvement de la genèse des formes

On voit que des forces formatrices modèlent et transforment le corps avant que l'enfant n'appréhende dans sa propre conscience, c'est-à-dire au plan psychique, ces forces génératrices de formes. Pour pouvoir juger en connaissance de cause du rapport qui existe entre l'activité formatrice qui travaille dans le corps de l'enfant et celle qui apparaît dans son âme, il nous faut considérer la formation de la seconde dentition. La genèse des dents (figure 11) occupe une place particulière dans l'édification du corps humain. On voit d'abord apparaître dans la gencive ce qu'on appelle les sacs dentaires et, à l'intérieur, le tendre organe de l'émail. Dans cette forme de cloche, la future couronne dentaire s'édifie : l'émail de l'extérieur vers l'intérieur, la dentine (l'ivoire) de l'intérieur vers l'extérieur. La forme n'évolue pas comme c'est le cas pour les autres organes, y compris – comme nous l'avons vu – les os. C'est la raison pour laquelle l'odontologie qualifie l'organe de l'émail de moule. Dans la genèse de la dent, le processus de la forme s'exprime de la façon la plus pure. Quand la dent apparaît, elle est entièrement « forme » : elle est figée, sans croissance, et presque sans vie. L'évolution des formes qui s'accomplit dans tout le corps de l'enfant doit donc apparaître de façon fortement modifiée dans les dents. Les forces qui confèrent aux autres organes leur nouvelle forme ne peuvent se saisir ici d'aucun matériau malléable pour le remodeler. La trans-formation fait place à une re-formation. Celle-ci débute avec les incisives et les

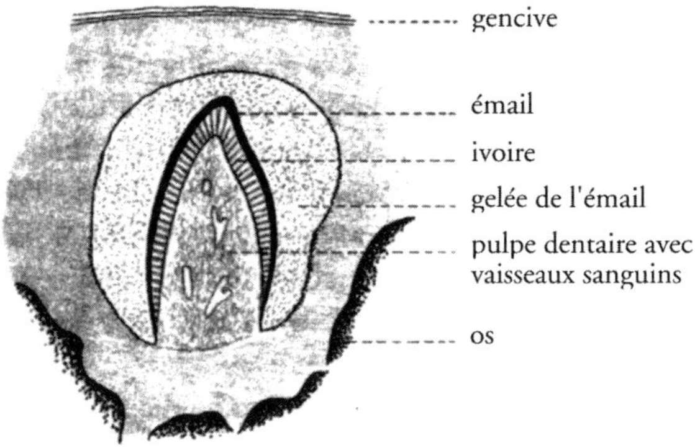

Figure 11 : Couronne d'une incisive au début de son développement (coupe). La dent « croît » à mesure que la forme se constitue à la base. La partie déjà formée de la dent a d'emblée sa forme et sa taille définitives.

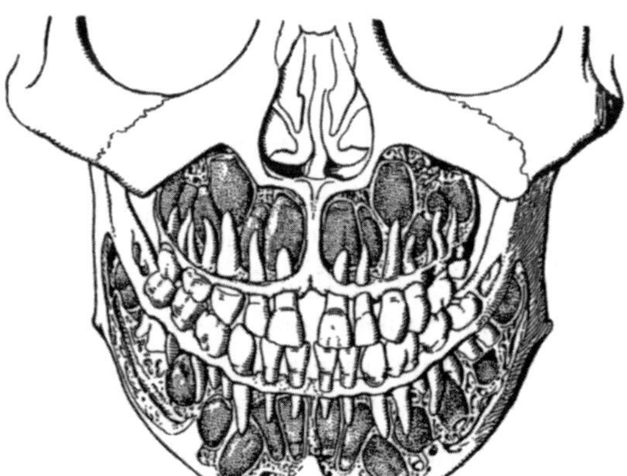

Figure 12 : Mâchoires inférieure et supérieure de l'enfant de 6 ans juste avant la percée de la seconde dentition. Les couronnes des dents définitives (en gris) sont entièrement formées dans les os des maxillaires (à l'exception des dents de sagesse).

canines dès la première année. Puis les molaires se reforment à leur tour pendant la troisième année, alors que les dents de lait ont déjà percé. De la première à la seconde dentition, on assiste donc aussi à une « croissance », et à une intensification du processus de forme, comme avec les autres organes : les dents définitives sont plus grosses, elles ont des formes plus caractéristiques, et une nouvelle sorte de dents, les prémolaires, vient se placer entre la canine et les véritables molaires. Entre 6 et 7 ans, les couronnes des secondes dents se sont complètement formées (figure 12). À l'exception des dents de sagesse, dont le développement est fortement retardé, les dents définitives sont alors pratiquement achevées. Puis vient ce moment particulièrement spectaculaire où les secondes couronnes dentaires, auxquelles s'ajoutent alors leurs racines, sont repoussées au dehors de l'organisme vivant.

Il n'y a pas d'image plus parlante pour illustrer la fin du processus de genèse de forme qui agit dans *tout* l'organisme de l'enfant. Nous avons là le signe d'une transformation qui s'est effectuée en profondeur. Dans la presque totalité des organes, l'évolution plastique et architectonique des formes s'interrompt alors. Partout, les organes garderont désormais la forme qu'ils ont prise. Dans certains d'entre eux, notamment le cerveau, la boîte crânienne, l'œil ou l'oreille interne, cette fixation de la forme s'accompagne même de l'arrêt définitif de la croissance.

Le développement corporel de l'enfant prend alors une nouvelle direction. Cette fixation de la forme a rendu les organes plus durs, et donc moins malléables. Les recherches de Scammon[115] ont mis en évidence le fait qu'entre 3 et 7 ans surtout, la croissance se ralentit toujours plus. Après la poussée des secondes dents, vers 7 ou 8 ans, par contre, la croissance reprend de plus belle.

Les années suivantes, surtout après la dixième année, on peut constater que le corps qui grandit se pénètre d'âme, par exemple lors de l'apparition des caractères sexuels secondaires. Cette imprégnation du corps par l'âme est la plus visible au niveau du visage, par exemple dans la transformation du nez. On assiste à un nouveau remodelage de tout le squelette facial, en même temps que la tête s'allonge. Il faut donc distinguer les transformations qui sont l'œuvre des forces formatrices architectoniques-modelantes et celles grâce auxquelles, dans une phase encore ultérieure du développement, l'élément psychique vient s'imprégner plus fortement dans le corps (voir à ce propos le chapitre « La naissance du corps astral »).

Le ralentissement de la croissance des organes et l'arrêt de ces modifications architectoniques et de ce remodelage sont le signe d'un changement en profondeur. La phase de genèse des formes, qui correspond à l'individualisation du corps physique, s'achève. Les forces formatrices ne rayonnent plus de la tête de l'enfant dans le reste de son organisme comme elles le faisaient jusqu'ici. Elles cessent dès lors d'agir dans les organes. Le changement de dentition est le symptôme visible de cet événement. Les dents qui percent et poussent à présent dans les mâchoires de l'enfant ont atteint l'état de forme qui est celui du corps humain dans sa septième année, et elles le conserveront pendant toute la vie. Leur forme figée, minéralisée, nous fait voir aussi que les forces formatrices se sont écartées de leur œuvre. Les secondes dents sont en quelque sorte des monuments commémoratifs de la genèse des formes qui s'est accomplie durant le premier septénaire.

Les forces qui travaillaient jusqu'ici à modeler le corps de l'enfant changent alors de domaine d'action. Rudolf Steiner a décrit cette métamorphose dans plusieurs de ses conférences pédagogiques[116] en la comparant à un processus bien connu des physiciens, à savoir la libération de chaleur lorsque de l'eau gèle. La chaleur agissait dans l'eau liquide sous forme d'énergie latente ; lorsque l'eau gèle et se solidifie, cette énergie sort de la matière. C'est elle qui provoquait la fluidité et la mobilité de la substance tant que celle-ci était liquide. De façon analogue, les forces formatrices s'émancipent ; elles sortent du corps de l'enfant, vers 7 ans, et deviennent dès lors actives dans son âme, dans sa conscience. Le rôle de l'éducation consiste à présent à inciter l'enfant à se saisir de ces forces et à les mettre en action conformément à leur nature. Or ces forces qui se libèrent des organes et quittent le corps pour s'élever dans l'âme « veulent en réalité se convertir en activité de modelage, de dessin, etc. [117] ». Ce qu'on appelle le dessin de formes est le moyen par excellence de permettre aux enfants, tout particulièrement dans les premières classes, d'exercer ces forces de nature formatrice en les vivant intérieurement.

La prise de conscience des forces formatrices

Différents phénomènes signalent l'émergence dans la conscience de l'enfant de ces forces qui agissaient auparavant pour donner leur forme aux organes. Le petit enfant voit la position verticale de beaucoup de choses autour de lui, mais il n'éprouve pas encore ce que cette orientation a de tellement particulier. Il n'a aucun mal à regarder des images penchées, voire renversées la tête en bas. Cela change entre la sixième et la huitième année. Les expériences de H. Witkin[118] sur la perception de la verticale dépendante ou indépendante du champ visuel ont montré que les petits enfants s'orientent essentiellement d'après ce qu'ils voient dans leur environnement. L'expérience intérieure de la verticale grâce au sens de l'équilibre ne joue chez eux pratiquement aucun rôle pour déterminer ce qui est vertical. C'est seulement à partir de 7 ans que l'enfant se libère de cette dépendance à l'égard de la perception extérieure. La verticale lui devient alors perceptible de l'intérieur. Il a acquis la position verticale en se redressant et en se mettant lui-même debout. Cette position a été imprégnée dans son organisme par les forces formatrices pendant plusieurs années, notamment lors des transformations de sa colonne vertébrale. La métamorphose de la cage thoracique qui s'en est suivie a permis aux bras de l'enfant de se déplacer davantage sur le côté, jusqu'à pouvoir s'étendre en formant une croix avec la colonne vertébrale.

Ces remaniements architectoniques cessent aux environs de la septième année. Qu'il soit voyant ou aveugle, l'enfant devient dès lors capable de faire intérieurement l'expérience de ces forces organisatrices qui agissaient jusqu'ici dans son inconscient et de vivre *en lui* la verticale et l'horizontale. Il est beaucoup plus conscient qu'auparavant de la verticale dans le monde qui l'entoure. L'expérience intérieure de la verticale qu'il doit à son sens de l'équilibre pénètre sa vision extérieure. Ce vécu intériorisé de la pesanteur devenu indépendant du monde environnant apparaît aux environs de la huitième année et s'intensifie jusqu'à 13 ans (Witkin). Certains enfants ne parviennent à distinguer avec certitude la gauche et la droite – non seulement lorsqu'ils sont debout, mais aussi lorsqu'ils marchent – que vers 9 ans[119]. Ils accèdent à l'expérience de la verticale qui les traverse en leur milieu et, de ce fait, à celle de leur propre symétrie. C'est seulement à partir de 9 ans que l'enfant parvient à percevoir correctement la symétrie, les formes en miroir de part et d'autre d'une verticale – ou encore l'asymétrie – dans les choses qui l'entourent.

L'enfant fait ainsi l'expérience des forces qui agissaient auparavant dans l'organisation de son système statique. Quand on l'incite à dessiner des lignes verticales ou horizontales, ou encore des figures qui combinent les deux (figure 13), il est amené à s'appuyer sur la sensation de ces forces. En dessinant, l'enfant saisit en lui les forces de sa propre organisation et les laisse se figer dans les lignes de l'image extérieure. On peut mettre en évidence par de nombreux exemples la façon dont les différentes directions agissent sur la sensibilité. Un carré aux côtés horizontaux et verticaux nous donne une impression de calme et de passivité. Tournons-le de 45°, et il se comporte alors comme un artiste en posture d'équilibre (figure 14). La force interne de la verticale est sollicitée de façon différente chez l'observateur.

Quand on fait dessiner à l'enfant des formes arrondies (figure 15), on s'adresse aux forces qui, avant le changement

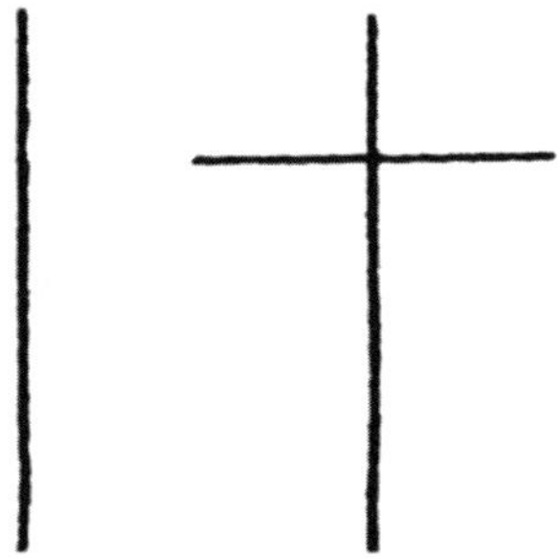

Figure 13

Figure 14

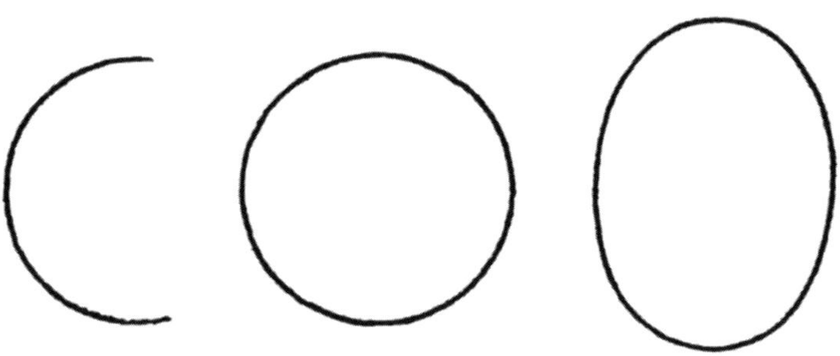

Figure 15

de dentition, ont travaillé à modeler les organes. Pour pouvoir tracer de telles courbes, l'enfant doit se relier à ces forces à l'intérieur de lui. La verticale et l'horizontale peuvent participer de diverses manières à ces formes, par exemple dans l'ellipse debout ou couchée.

Comment les forces formatrices débouchent sur la création d'images mentales et de formes libres

L'étude des forces formatrices modelantes et architectoniques actives durant toute la petite enfance nous a révélé leurs qualités artistiques. Cette découverte a une grande importance pour la pédagogie. La psychologie du développement décrit elle aussi le changement qui s'opère vers 7 ans dans la conscience de l'enfant. Elle s'attache alors essentiellement aux répercussions de ces transformations, qui se jouent dans les profondeurs, sur la vie de la représentation et de la pensée. Dès sa première année, l'enfant a appris, en regardant les choses extérieures, à élaborer des représentations qui lui permettent de saisir leur forme et leur signification. Mais ces représentations sont fugaces. C'est seulement quand elles sont pénétrées de forces formatrices que l'enfant peut fixer ce qu'il voit et le retenir sous forme de représentations-souvenirs même quand il ne l'a plus sous les yeux. L'enfant peut modifier ces images ; il peut les faire bouger et les remanier intérieurement. Sa pensée accède alors à de nouveaux domaines de compréhension que Piaget et ses collaborateurs ont décrit dans le détail. Leurs travaux présentent cette évolution de la conscience vers 7 ans comme un progrès au plan cognitif. Or les changements qui touchent la vie de la représentation et de la pensée sont l'effet d'un processus qui se joue bien plus en profondeur, dans le domaine des forces formatrices artistiques.

Quand on connaît ces forces, on sait qu'après 7 ans il est important d'amener l'enfant à dessiner et à ressentir artistiquement les formes. Ne pas le faire, c'est tout simplement ignorer la nature intérieure de ces nouvelles forces qui se tiennent dès lors à la disposition du développement de l'enfant. Quelques exemples simples montreront encore ce que l'on peut entendre ici par artistique eu égard à l'activité pédagogique.

On peut par exemple partir d'un cercle (figure 16) que l'on modifie ensuite en le creusant et en l'évasant légèrement en haut jusqu'à obtenir une harmonie intérieure entre la concavité au centre et les gestes d'élévation de chaque côté (en haut, à droite). Quand on retourne cette forme de 180°, elle semble vide et sans force (en bas, à gauche). Pour qu'elle réponde par un geste apaisant au geste ascendant de la troisième forme, il faut la transformer (en bas, à droite). Le sentiment artistique auquel on fait appel pour ressentir cela sollicite activement les forces formatrices à l'intérieur de l'être humain.

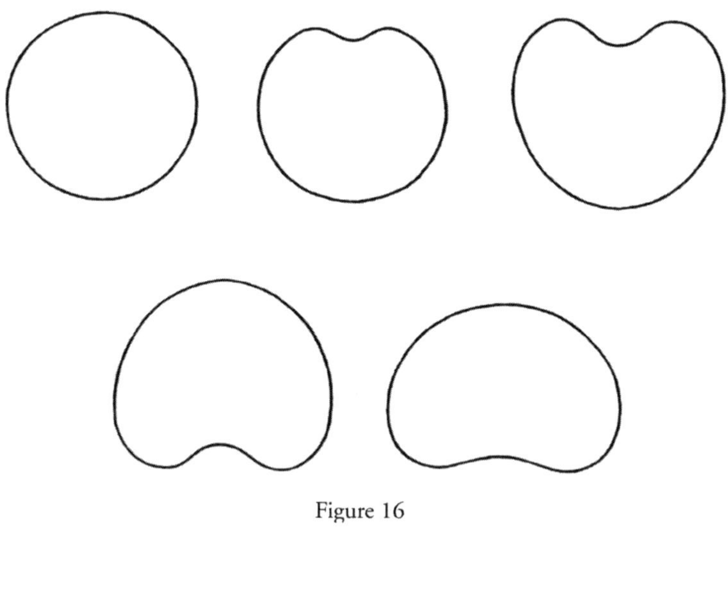

Figure 16

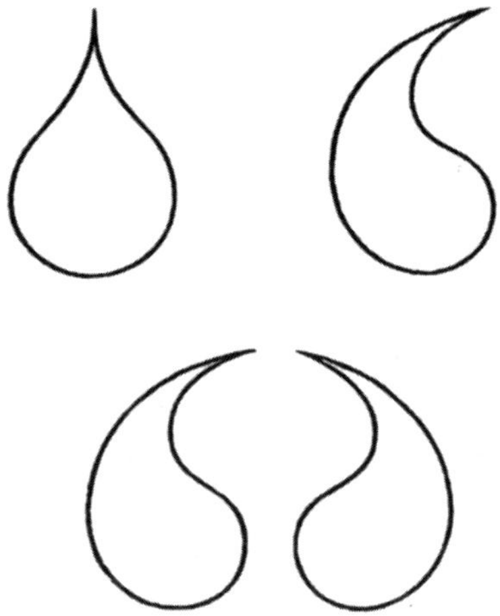

Figure 17

Le processus suivant est un peu plus complexe (figure 17). Quand on regarde cette forme de goutte, on peut éprouver le besoin de la modifier, à partir d'un sentiment artistique, de telle sorte qu'elle ne tombe pas de façon passive dans la pesanteur, mais qu'elle se maintienne au contraire activement. La nouvelle forme obtenue ne peut plus rester seule. Elle exige en quelque sorte d'être complétée par sa polaire. On parvient ainsi à une forme où la symétrie, le mouvement et le repos trouvent une harmonie nouvelle, sur un plan supérieur.

Si l'on veut que, dans les petites classes, le dessin de formes permette aux enfants de saisir intérieurement les forces modelantes et architectoniques, il ne faut pas leur faire dessiner n'importe quelle forme. C'est au professeur d'élaborer et de proposer aux enfants, à partir de son sens artistique, des formes qui conviennent. Si l'on trace, par exemple, une ligne courbe allongée de part et d'autre d'une verticale, on obtient une forme vide, peu artistique, car dépourvue de tension (figure 18, gauche). Il y manque un contraste entre le haut et le bas. Le sentiment artistique fera évoluer cette forme, par exemple, en la faisant d'abord se soulever légèrement, puis descendre en s'élargissant, pour finalement se redresser en bas et se retenir de plonger dans la pesanteur (figure 18, droite). Si l'on propose aux enfants la moitié gauche d'une forme en miroir de ce genre en leur demandant de la compléter, ils doivent alors tracer une forme dont l'origine procède d'un sentiment artistique ; toutefois, du fait qu'ils doivent s'orienter selon l'axe vertical, ils sont amenés à partir du vécu de leur propre moi. Une telle forme, plus que d'autres, demande que l'on saisisse en soi les forces formatrices directement à partir du moi.

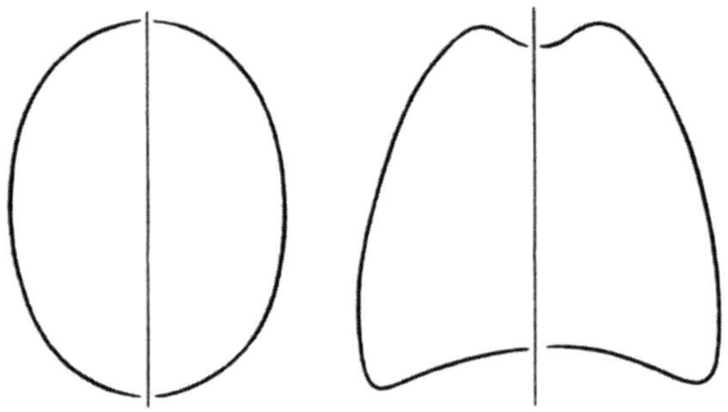

Figure 18

De cette façon, l'homme met en œuvre à l'intérieur de lui les mêmes forces qui, auparavant, ont modelé les divers organes du corps pour en perfectionner les formes. Le sentiment artistique nous ramène toujours à des figures où l'on retrouve les formes qui, au cours des six à sept premières années, ont été élaborées dans le corps de l'enfant. La dernière, avec ses deux parties symétriques (figure 18, droite), correspond grosso modo aux poumons vus de face. L'avant-dernière (figure 17, bas) aux poumons vus par-dessous.

Ce sont les forces modelantes et architectoniques elles-mêmes qui nous poussent à créer des formes artistiques. Cette création ne peut se faire, en effet, que si notre volonté participe pleinement à la conduite consciente du dessin, et si notre sentiment éprouve en même temps comment la forme vit.

L'importance du dessin de formes pour le développement de l'enfant

L'action éducative du dessin de formes se déduit de ce qui vient d'être dit[120]. Dans les premières années scolaires, quand les enfants sont amenés à tracer des formes simples, avec leurs métamorphoses, de façon à pouvoir en éprouver les lois, ils cultivent leur faculté de saisir intérieurement la vie d'une forme. Le jeune apprend ainsi à appréhender le geste des formes qui lui apparaissent dans les choses extérieures. Lorsqu'il regarde autour de lui, il n'en reste pas aux simples représentations qui lui ont permis jusqu'ici de percevoir la forme et la signification des « choses » ; ces représentations sont pénétrées et vivifiées par les forces formatrices modelantes et architectoniques. Les formes que l'enfant perçoit ne restent pas pour lui quelque chose de figé, de mort ; elles sont animées d'une sorte de mobilité interne. Percevoir devient pour l'enfant un processus actif au cours duquel il modèle en lui ce qu'il saisit extérieurement.

Ceci n'est pas sans conséquence sur la suite de son développement. Lorsque le jeune accompagne et vit en lui les gestes des formes de la nature – celles du paysage, des plantes, des animaux, celles des œuvres d'art et des autres ouvrages dus au travail des hommes –, son rapport au monde devient plus riche et plus concret. Le regard que l'on pose habituellement sur le monde, et qui n'est pas encore pénétré des forces modelantes-architectoniques, ne peut saisir que le « devenu », c'est-à-dire ce qui s'est figé dans la forme. Il enferme la conscience humaine dans les limites de ce qui, dans le monde, est mort. Un regard actif, modelant, permet au contraire à l'homme de ne pas s'arrêter à la surface de ce « devenu » et d'entrer dans la vie intérieure des choses. S'il apprend, par exemple, à reproduire en lui les formes du monde végétal [121] comme il l'a fait avec des figures simples en pratiquant le dessin de formes, il prend conscience des lois qui régissent la nature vivante, ainsi que des forces formatrices qui façonnent cette nature. Sa vision, qui s'apparente à l'activité de l'artiste, lui ouvre l'accès à la vie et aux forces spirituelles créatrices de l'univers. Le dessin de formes permet ainsi de développer des facultés qui peuvent conduire la connaissance humaine bien au-delà de la conception matérialiste de la nature.

Les représentations stimulées et vivifiées artistiquement grâce aux forces modelantes-architectoniques agissent également sur les processus vitaux inconscients de l'enfant. Après l'apparition de la seconde dentition, les organes du thorax, les poumons, le cœur, les reins, etc., se remettent à croître intensément. À la puberté, cette croissance faiblit de nouveau. Nous avons là l'expression d'un processus intérieur. Lorsque les poumons, les reins, etc., croissent, les processus vitaux comme la respiration, l'élimination, etc., augmentent. L'apparition de la dentition définitive marque donc le début d'une période où les processus vitaux se développent fortement. La phase de genèse des formes est suivie par une phase de « développement vital » (R. Steiner). Après le remodelage individuel du corps physique vient celui du corps de vie dont l'activité consiste notamment en l'interpénétration mutuelle des différents processus vitaux.

Chez l'enfant, le développement du corps de vie s'accomplit dans deux sphères très différentes : celle de la conscience et celle du subconscient. Les forces modelantes-architectoniques que l'enfant peut saisir et mettre en œuvre dans sa conscience après le changement de dentition appartiennent aussi, de par leur essence, au corps de vie. Elles ont travaillé dans le corps physique de l'enfant pour le façonner et sont toujours en affinité avec l'organisation vitale suprasensible qui reste active dans ce corps, même après qu'elles se soient émancipées comme nous l'avons vu. Lorsque l'enfant modèle et reproduit mentalement des formes, il fait pénétrer dans son activité intérieure les forces de son moi. Ses représentations s'animent alors d'une vie artistique. Grâce aux forces modelantes-architectoniques, elles deviennent vivantes, agissantes, et plongent alors dans les régions inconscientes de son être, celles de l'oubli. Elles sont là dans la sphère où les forces modelantes-architectoniques ont travaillé avant la chute des premières dents, c'est-à-dire la sphère des processus organiques. C'est dans ces zones profondes de l'organisme de l'enfant que se propagent les effets du dessin de formes et de l'appréhension vivante des formes. Cette culture artistique des représentations se relie ainsi, en plongeant dans ces profondeurs inconscientes où l'on oublie, à l'organisation vitale qui se développe dans les organes. Ce qui, grâce à ces représentations vivantes, descend alors dans le corps en pleine croissance provoque donc une triple action. Cet apport vivifiant est, en effet, pénétré par le moi de l'enfant et par les sentiments que ce dernier a pu relier aux formes en en faisant l'expérience intime. Le développement vital est donc stimulé par la vie des représentations, tandis que l'enfant, tant par sa sensibilité que par le caractère volontaire de son moi, se relie aux organes qui grandissent en lui.

Vivifier les concepts

Sur le chemin qui mène de la conscience liée aux sens à une conscience supérieure capable de découvrir les domaines cachés de la réalité, la première étape consiste à acquérir un penser fortifié de l'intérieur. Rendre le penser vivant est aussi une des principales exigences de la pédagogie Steiner-Waldorf[122]. « Savoir » doit devenir une force qui ne s'adresse plus seulement à la tête des enfants et des jeunes gens, mais éduque leur être tout entier, en animant leur sentiment et leur volonté, et en agissant en profondeur jusque dans leur corps. Encore faut-il, pour cela, que le savoir s'élève au-delà de la connaissance habituelle qui ne s'adresse qu'à l'intellect.

Développer le penser humain au-delà du niveau de la connaissance intellectuelle est de toute façon une des exigences majeures de notre époque. Dans de nombreux domaines, la pensée n'est plus à la hauteur des problèmes que pose la vie. Notre civilisation est entrée dans une phase de paralysie intérieure, parce que l'homme, avec les énormes possibilités que la technique lui confère, intervient dans la nature, la vie, le cosmos, sans pour autant comprendre cette nature, cette vie, ce cosmos. C'est pourquoi de nouvelles questions surgissent constamment. Et un abîme toujours plus grand se creuse entre ce que ces questions exigeraient de l'homme et ce que le penser humain est à même de comprendre et de réaliser. C'est pourquoi de plus en plus de voix s'élèvent pour montrer combien il est nécessaire de dépasser la simple réflexion intellectuelle. Nous sommes parvenus aujourd'hui au terme d'une évolution qui a débuté il y a plusieurs siècles.

Au XIIIe siècle, Thomas d'Aquin (1225-1274) écrivait à propos de la faculté humaine de connaître : « Même si l'amorce de toute connaissance provient de l'expérience, toute connaissance ne jaillit pourtant pas de la seule expérience. » Il voulait dire par là que l'homme possède un *intellectus agens*, c'est-à-dire un penser actif, qui participe de la sphère de la lumière divine, celle de l'éternelle vérité, et qui peut donc, de ce fait, appréhender directement la part de vérité contenue dans toute chose. La vérité des choses se reflète dans l'âme humaine : cette conception est le dernier reste d'une antique vision spirituelle. Quelques années seulement après la mort de Thomas, on voit surgir une conception toute différente et par conséquent un autre rapport de l'être humain au monde, avec Guillaume d'Occam (1280-1349). Pour Guillaume d'Occam, un moine franciscain profondément ancré dans l'univers de la foi chrétienne, l'expérience extérieure devient *notitia intuitiva,* c'est-à-dire l'unique source de certitude. Les choses isolées sont la seule réalité pour le penser humain.

L'homme n'en reste pas, néanmoins, aux choses isolées. Il élabore des concepts, autrement dit, il passe du particulier au général. Il ne se contente pas de regarder les choses, mais il veut en outre saisir ce qui convient à toutes les choses d'une même catégorie. Or, dans la pensée de Guillaume d'Occam, les seuls faits extérieurs sont les choses isolées ; il n'y a aucune vérité intérieure qui leur soit propre, aucune essence intrinsèque. De telle sorte qu'à ses yeux le concept n'est plus la vérité générale qui réside dans les choses, mais un simple produit que l'homme crée à l'intérieur de lui-même. Il écrit par exemple : « Je tiens pour acquis qu'il n'existe rien de général hors de l'âme humaine ; tout ce qui est général et peut être affirmé de plusieurs (choses) n'existe que dans la pensée humaine [123]. »

Le penser et les concepts deviennent ainsi quelque chose qui ne relie plus les hommes à l'essence du monde. Dans son penser et ses concepts, l'homme est séparé du monde ; il est comme enfermé à l'intérieur de son âme.

Quiconque porte aujourd'hui son attention sur la manière dont on forme généralement les concepts n'aura tout d'abord rien à objecter à cette conception. Comment forme-t-on par exemple le concept de chêne ? On commence par chercher à quelle « généralité » le chêne appartient. Il s'agit des arbres (à feuilles caduques). Puis on s'efforce de discerner ce qui distingue les chênes des hêtres, etc. On retient alors ces distinctions et on *néglige* le reste. En sélectionnant ainsi certaines propriétés, on parvient au concept. Qu'est-ce donc qu'un concept ? Une représentation générale abstraite, appauvrie, qui ne contient rien d'intérieur. On parvient au concept en regardant de l'extérieur ce qui se manifeste dans l'espace : le devenu. Les concepts de ce genre ne procurent qu'un savoir spatial, abstrait, par lequel le penser s'attache exclusivement au devenu.

Aux XIVe-XVe siècles, la façon de penser se modifie. La pensée perd toute force intérieure et ne sait plus que prendre appui sur les béquilles de la perception extérieure. Elle ne fournit plus que des indications formelles permettant de se mettre en rapport avec les contenus de la perception extérieure.

Dans la pensée de Thomas d'Aquin, on trouve encore une force et une vie spirituelles. Ses concepts sont pleins de lumière. Il ne reste rien de cette vie et de cette lumière, par contre, chez Guillaume d'Occam. Sa logique précise ne contient plus rien d'intérieur. Ses concepts s'éteignent en quelque sorte spirituellement. Ils se figent en représentations abstraites du *devenu*.

Depuis cette époque, les concepts se sont transposés dans le plan où l'homme développe sa conscience extérieure de l'espace. Ils se sont comme enlisés dans le domaine du corps physique; c'est pourquoi ils ont pâli et se sont figés (voir le chapitre « Une tâche de la pédagogie Steiner-Waldorf : apprendre à respirer », p. 200 et suivantes).

L'approche du monde à l'aide de ces concepts provoque un double effet. La vie formatrice qui agit dans le monde et, avec cette vie, l'essence intérieure qui l'anime, restent inaccessibles à celui qui pense dans des concepts figés. C'est pourquoi, quel que soit le domaine auquel il s'applique – le cosmos avec l'astrophysique, les processus vivants avec la physiologie, les êtres vivants eux-mêmes avec la génétique – ce mode de penser cherche à interpréter tout l'univers en termes de mécanique. Le penser fait ainsi l'impasse sur son incapacité spirituelle et introduit dans le vivant des explications mécanistes qui contredisent en réalité les lois propres à la vie.

Il est donc nécessaire de libérer le penser et les concepts de leur enchaînement à ce monde pétrifié, afin qu'ils deviennent capables de comprendre la vie et pas seulement les mécanismes. Or cela doit commencer à l'école! Rudolf Steiner voyait là une des tâches essentielles de la pédagogie[124]. Les pensées, les concepts doivent se pénétrer de forces vivantes, c'est-à-dire de forces qui proviennent de ce domaine humain où la vie elle-même agit dans l'édification et la croissance du corps. Ce domaine est celui de l'organisation vitale, le corps de vie ou corps éthérique, qui pénètre et imprègne tout le corps physique humain.

En 1921, Rudolf Steiner expliqua à des médecins de quelle façon on parvient à une compréhension concrète de ce corps éthérique :

« Il est tout à fait naturel que le corps éthérique ne soit pas pris en compte par la science purement physique. Mais si vous pouvez vous convaincre du fait que ce corps éthérique existe, vous devrez vous dire ce qui suit. Que serait-ce donc si l'on considérait le corps physique en disant : Voyons, l'estomac, le cœur, le foie, c'est finalement la même chose ; tout cela ne fait qu'un. Eh bien, c'est comme cela que l'on traite le corps éthérique quand on y voit simplement une sorte de nuage à peine différencié. Il faut l'étudier vraiment, et nous verrons aujourd'hui comment on parvient alors à une représentation tout à fait essentielle [...]. Quand on observe plus généralement l'éther, dont le corps éthérique humain est un élément, une sorte d'émanation, il s'avère que cet éther n'est pas indifférencié, comme on serait tenté de le croire, mais constitué de quatre sortes d'éther : l'éther de chaleur, l'éther de lumière, l'éther chimique et l'éther de vie[125]. »

Quelles sont les qualités spécifiques de ces quatre éthers, et lesquels peuvent transformer le penser et ses concepts figés ?

La chaleur – ou éther de chaleur – est le premier domaine de l'éthérique, celui qui avoisine en quelque sorte notre existence matérielle. La chaleur pénètre la matière : l'air, l'eau et le solide. Pourquoi considérer la chaleur comme un éther ? L'activité calorique se manifeste de la façon la plus explicite dans l'air. Elle dilate les gaz selon une loi stricte. Contrairement aux liquides, les gaz ne sont pas séparés de l'environnement par des surfaces ; ils ont toujours tendance à se volatiliser. Les gaz sont donc orientés vers le cosmos[126]. Or cette orientation cosmique est intensifiée par la chaleur. On se rend compte ainsi que les forces agissantes de la chaleur ne sont pas « centrées » sur la Terre, mais sur la sphère cosmique. C'est pourquoi la chaleur n'est pas de la matière, mais de l'éther[127]. À la différence de la matière, la chaleur est tout activité. Quand on approfondit sa nature, on comprend qu'elle n'est pas un état de la matière. Le « chaud » est encore un état de la matière, mais la chaleur elle-même est pour ainsi dire de l'ardeur constamment en action.

De là son rapport avec la volonté humaine. La volonté tire en effet son activité d'elle-même. Elle engendre elle-même à chaque instant la force de son agir. Dans l'homme, elle est cette activité créatrice qui se renouvelle en puisant constamment à elle-même. C'est pourquoi la volonté s'apparente à la chaleur. Celle-ci est le milieu à travers lequel la volonté déploie son activité dans l'homme (dans la musculature et dans le sang).

La lumière est un éther plus élevé. On s'en aperçoit déjà au fait qu'elle n'est plus accessible à l'homme par un organe sensoriel extérieur comme c'est encore le cas pour la chaleur. La lumière vit au-delà du monde sensible. Si l'on cherche quelle expérience de la lumière on peut faire dans le monde sensible, par exemple en regardant l'espace ensoleillé, on parvient à approcher la sphère de la lumière : c'est une puissance qui se trouve totalement à l'opposé de la matière. La clarté rayonnante propre à la lumière exprime que quelque chose se révèle pleinement. L'obscurité, par contre, apparaît là où des forces se concentrent sur elles-mêmes en se tournant vers l'intérieur. En ce sens, la matière, surtout la matière solide, est source d'obscurité, alors que les forces de la lumière se répandent à la périphérie, dans le cosmos. La lumière est de l'énergie, de l'activité qui, en se révélant, rayonne et se donne au cosmos. Dans son essence, la lumière est cosmique. Elle est de l'éther qui déploie son activité en se donnant à la périphérie cosmique.

Dans l'homme, l'éther de lumière est en relation avec le ressentir, cette force de l'âme qui permet à l'homme de se relier intérieurement à d'autres êtres et de faire rayonner sa propre intériorité vers ces autres êtres. La vie affective, le sentiment, vit dans les forces de l'éther de lumière. Dans les conférences qu'il a faites à propos de l'Évangile selon Luc, Rudolf Steiner dit que : « toute la vie psychique est faite de la substance de l'éther de lumière. Ce que nous appelons le sentiment s'exprime dans cette partie du corps éthérique qui correspond à l'éther de lumière. C'est la raison pour laquelle le clairvoyant voit les sentiments comme des formes de lumière[128]. »

L'éther chimique, ou éther de son, nous fait pénétrer dans un univers encore plus spirituel. On s'en rend compte quand on se concentre sur le monde des sons musicaux, des notes, qui nous communique des manifestations de l'éther des sons. Quand on se plonge dans l'écoute d'un son musical, on pénètre bientôt dans une sphère sonore plus ou moins vaste, où règne une certaine harmonie, une certaine tension, etc. L'expérience sonore qui, d'abord, s'écoule dans le temps, devient peu à peu celle d'un « espace » intérieur. Une des propriétés essentielles de l'éthérique, c'est précisément que le temps y devient de l'espace. Il faut ajouter qu'un son musical n'existe jamais isolément. Le son ne prend sa pleine réalité que par les harmonies qu'il provoque avec d'autres sons. La lumière, nous l'avons vu, est une entité éthérique intérieurement homogène. Ce n'est plus le cas du son. On passe donc de l'univers homogène de l'éther de lumière à une région où règne une multitude d'« espaces » sonores qui s'accordent les uns aux autres, et dont chacun possède une qualité, une largeur, une force, une tension, une coloration intérieures spécifiques. L'éther de son est un univers où résonnent une multitude d'êtres individuellement structurés (sons, notes…) qui sont chacun en relation d'harmonie avec tous les autres.

L'éther de son est, lui aussi, en relation avec la vie intérieure de l'homme, mais d'une autre manière que les éthers de chaleur et de lumière. L'éther de son s'apparente en l'homme à ce qui forme une sphère où de multiples éléments sont accordés les uns aux autres. Il s'agit du monde des pensées, que Steiner décrit de la façon suivante dans son essai *Une théorie de la connaissance chez Goethe* :

« Comment notre penser, observé pour lui-même, nous apparaît-il ? C'est une multitude de pensées entrelacées et liées organiquement entre elles de la façon la plus variée. Mais cette multitude, lorsque nous l'avons suffisamment pénétrée en tous sens, ne constitue pourtant plus, à nouveau, qu'une unité, une harmonie. »

Et un peu plus loin :

« Si une pensée isolée apparaît dans ma conscience, je n'ai de cesse qu'elle soit mise en accord avec l'ensemble de mon penser. S'il reste à l'écart du reste de mon univers spirituel, un tel concept séparé m'est absolument insupportable. Car j'ai conscience qu'il existe une harmonie intrinsèque de toutes les pensées et que le monde des pensées est une unité. C'est pourquoi toute séparation de ce genre me semble autant contre-nature que contre-vérité[129]. »

Une pensée isolée n'a pas plus de sens qu'un son musical isolé. L'harmonie qui constitue l'être intérieur de l'éther de son est de nature spirituelle. Elle est unité spirituelle dans la multiplicité. L'éther de son « reflète le monde des pensées » (Steiner).

L'éther de vie, « qui est à la base de la vie » (Steiner), dépasse encore l'éther de son. Qu'est-ce que la vie ? Goethe a écrit un jour : « Un être vivant n'est jamais singulier ; c'est toujours une pluralité ». La vie implique, en effet, un grand nombre de processus dont les différents facteurs interagissent d'une façon précise les uns avec les autres dans l'organisme. Chaque organe envoie sa force dans les autres organes et agit ainsi en les vivifiant, de telle sorte qu'un organe n'existe et ne vit que par le rapport qu'il entretient avec l'organisme entier. La vie d'un organisme est l'harmonie de l'activité conjuguée de ses organes. Il s'agit d'une harmonie supérieure encore à celle des sons musicaux, car s'accorder veut dire ici : agir en vivifiant. Ce processus unitaire s'effectue en rythmes, c'est-à-dire dans une alternance d'expansions et de contractions. Cette coopération, où l'un agit dans l'autre et en même temps grâce à l'autre, est la qualité même de l'éther de vie.

L'éther de vie est en rapport avec le domaine le plus profond du monde des pensées, ce domaine où l'on ne saisit plus seulement des relations entre les choses, mais leur sens, leur véritable signification. Quand on découvre le sens d'une chose, on apprend à connaître l'activité qui, émanant d'elle, va vivifier et favoriser l'existence des autres choses et des autres êtres. Le sens d'une action, par exemple, réside dans la qualité de vie qu'elle provoque dans le monde. L'éther de vie est ce domaine de l'éther qui a pour principe interne ce qui vivifie un être par un autre être.

On apprend ainsi à connaître et à comprendre le rapport entre le psychospirituel et le corps éthérique de façon différenciée :

Éther de chaleur	–	volonté
Éther de lumière	–	sentiment
Éther de son	–	monde de la pensée
Éther de vie	–	sens, signification

Une des tâches centrales de celui qui enseigne dans une école Waldorf sera d'élaborer ses cours de telle sorte que la faculté de représentation et de pensée des enfants se pénètre de forces éthériques, afin de lutter contre la tendance à se figer qu'ont les représentations et les concepts. C'est possible, du fait que, comme nous l'avons vu dans le chapitre précédent, les forces du corps éthérique qui travaillaient pendant les premières années pour modeler et construire le corps de l'enfant se libèrent partiellement des organes vers 7 ans. Ces forces qui se dégagent des domaines inconscients du corps appartiennent essentiellement à l'éther de vie. Ce sont elles que l'on peut alors introduire dans le penser, créant ainsi des concepts dont les différents éléments sont en relation vivante les uns avec les autres et qui possèdent une mobilité créatrice interne. Pour illustrer la manière dont on accède à de tels concepts, le mieux est de partir de l'observation des plantes et des animaux, puisque là il s'agit de comprendre les processus de formation des êtres vivants eux-mêmes. C'est pourquoi nous essaierons de décrire le caractère des concepts vivifiés par l'éther de vie en partant de quelques indications sur la zoologie et la botanique.

Quand on observe une plante ou un animal, on commence par en percevoir la forme (et chez l'animal le comportement). Or cette forme est d'abord devant nous comme une énigme. Qui peut dire en effet, devant une plante, quel est le rapport entre la forme des feuilles et celle des fleurs, ou bien s'il s'agit d'un mammifère, entre la forme de ses pattes et celle du tronc et du cou, voire des organes internes ? Pour élucider ce genre de relations, il faut d'abord élaborer une image générale – le « type » au sens de la méthode de connaissance de Goethe – de l'organisme végétal ou animal, afin d'étudier ensuite le processus par lequel cet organisme général se réalise dans les formes particulières concrètes du monde vivant[130].

Pour se former une image du type « mammifère », on partira par exemple des *organes sensoriels* ; mais il faut avant tout prendre conscience du rapport interne qu'ont entre eux les différents systèmes organiques. Dans les sens, l'organisme animal s'ouvre aux diverses qualités du monde environnant (lumière, couleurs, sons, odeurs, etc.) et les laisse agir en lui. Par ce qu'il ressent, l'animal participe ainsi à son environnement, grâce aux nerfs. Ce qui advient à la périphérie se poursuit à l'intérieur de son organisme jusqu'à son *cerveau* pour être intégré à l'ensemble des sensations éprouvées dans son corps. Le cerveau est l'organe des représentations et des images. Si l'on continue à pénétrer plus profondément dans l'intérieur de l'organisme, on trouve ensuite le système de la *respiration*. Là s'opère une métamorphose en direction de la matière. De la même façon que, dans l'œil, l'organisme animal accueille en lui les qualités de la lumière et de la couleur, il absorbe la substance de l'air à travers les poumons et les organes qui s'y rattachent. Puis vient l'organisation de la *circulation sanguine* avec ses différents organes, cœur, vaisseaux et capillaires. La vie de la circulation se déroule cette fois entièrement à l'intérieur de l'organisme. Cette vie intériorisée entre toutefois en relation avec les substances extérieures et s'en pénètre par la *nutrition*. La digestion, l'assimilation sont en fait une métamorphose de la respiration vers la matière plus dense et plus grossière. Et finalement, par son système moteur, son squelette et sa musculature, l'animal ne s'insère plus seulement dans la matière dense, il pénètre aussi dans les forces mécaniques terrestres. Dans ses *membres,* il se lie activement à la force de la pesanteur comme il s'abandonne, dans ses sens, aux qualités du monde qui l'entoure.

On obtient ainsi une image générale de l'organisme dans laquelle les éléments de l'ensemble sont mis en relation intérieure les uns avec les autres ; chacun apparaît comme une métamorphose de l'autre. Il est important de prendre conscience de l'interaction des organes, par exemple de comprendre comment la respiration agit par l'intermédiaire du sang dans le système moteur et donne l'impulsion du mouvement dans les muscles, et comment inversement le mouvement impulse la respiration. Ou bien comment la respiration vivifie les nerfs et les sens et permet donc à l'organisme d'être réceptif à l'environnement, alors qu'en même temps les sens et le système nerveux ont une action sur le processus de la respiration.

Cette « image » est intérieurement mobile ; tout en elle garde une cohésion vivante. C'est l'image – on peut dire aussi le concept – du type. L'éther de vie, dont nous avons décrit les propriétés, en imprègne toutes les pensées et crée entre ses éléments une relation pleine de sens.

Comment ce concept déploie-t-il, par la suite, sa vie interne ? Comment passe-t-on de l'image générale aux diverses formes animales ?

Dans une note à la *Première ébauche d'une introduction générale à l'anatomie comparée basée sur l'ostéologie de Goethe,* Steiner écrit :

« L'organisme, dans son ensemble, consiste en la coopération harmonieuse des parties. Ces parties se manifestent et apparaissent plus ou moins dans l'espace. De là vient que les animaux sont différemment constitués. Du point de vue de l'idée, tous les animaux sont identiques (Goethe : type). Dans leur manifestation cependant, une partie d'eux-mêmes peut se mettre au premier plan et dominer toute la forme. L'organisme entier doit alors se construire conformément à cette partie. Les autres parties ne seront qu'indiquées et resteront à l'arrière-plan[131]. »

Ces quelques phrases nous indiquent une méthode. Il s'agit d'observer comment, chez tel ou tel animal, certaines parties se mettent au premier plan et, par leur développement excessif, en viennent à modifier toute la structure de cet animal.

Le pied et la patte arrière par exemple peuvent prendre une importance excessive. Cet hyperdéveloppement aura pour conséquence un contact intense avec le sol et une prise d'appui puissante sur celui-ci. Ceci agit par contrecoup sur toute la partie arrière de l'organisme, de sorte que la queue devient exceptionnellement grosse et vigoureuse. Cette concentration du processus formateur à l'arrière de l'organisme réagit alors sur l'ensemble. Grâce à ses longs pieds étroits et à sa queue, l'animal repose solidement sur le sol et peut redresser le reste du corps qui est suspendu entre les cuisses. Du fait que l'organisme se développe si puissamment vers l'arrière et vers le bas, il reste faible au niveau du tronc et de la tête. Vers le haut, le tronc s'amenuise et les pattes avant restent frêles, courtes et chétives. Le cou porte une tête étonnamment petite par rapport au reste du corps. Quand le tronc se redresse, la tête peut entrer librement en relation avec le monde environnant, de sorte que les organes sensoriels, les yeux, les oreilles, sont bien développés. L'animal ne marche habituellement que sur deux pattes, mais ne pouvant pas se tenir debout librement comme l'homme, il reste accroupi et se déplace par bonds. Tout cela est la conséquence du développement unilatéral des pieds et de la partie inférieure des pattes arrières.

C'est ainsi que l'on peut suivre intérieurement comment, à partir de l'image générale du mammifère, le kangourou se développe lorsqu'il y a hypertrophie du pied et de la partie inférieure de la patte arrière (fig. 19 et 20). Pour comprendre comment le type mammifère se spécialise et

Figure 19 : Kangourou géant
(Macropus rufus ; tiré de E.-M. Kranich : *Wesensbilder der Tiere*.)

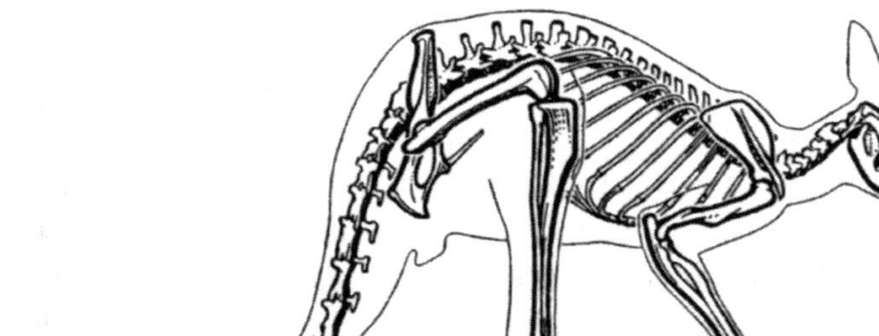

Figure 20 : Silhouette et squelette de kangourou géant en position horizontale (tiré de W. Tank : *Tieranatomie für Künstler*.)

devient kangourou, il faut reproduire en soi toutes ces transformations. On peut suivre ces processus jusque dans l'organisation interne en étudiant par exemple comment le puissant développement de la musculature des pattes et de tout l'arrière du corps nécessite aussi la formation d'organes digestifs forts[132].

Demandons-nous maintenant comment l'organisme animal général se structure quand il y a hypertrophie de la partie la plus antérieure du système digestif, à savoir les dents de devant : les incisives. La partie antérieure des mâchoires, où sont implantées les incisives, ressort nettement. La formation des dents devient elle-même si intense que leur croissance se poursuit sans trêve.

La genèse des dents implique, comme nous l'avons vu, un fort processus de durcissement, sans pour autant qu'il y ait de véritable croissance. Lorsqu'un organe croît, il se dilate dans son entier. C'est pourquoi il ne peut y avoir de croissance que là où les organes sont mous. Lorsque les dents « croissent », de la substance dentaire neuve vient simplement s'ajouter, comme lors d'un dépôt de sédiments ou une cristallisation. Il s'agit donc d'une genèse de forme poussée à l'extrême, sans véritable croissance. Si les forces génératrices de forme agissent intensément dans tout l'organisme comme elles le font pour former la dent, celui-ci grandit peu. Il reste petit. Seule la tête est relativement grosse, à cause du développement des dents. Les dents font partie du système digestif. C'est pour cette raison que la tête est intimement rattachée au tronc, là où se déroule principalement la digestion. Ce ne sont pas les organes sensoriels qui prédominent dans la tête ; sinon il faudrait que celle-ci se détache du tronc pour s'insérer dans l'espace environnant au bout d'un cou long et mobile, comme c'est par exemple le cas pour les oiseaux.

Les forces formatrices de notre animal se concentrent dans la région de la tête, vers les dents ; en conséquence de quoi l'arrière du corps reste faible et peu modelé. On y trouve essentiellement les organes qui vont à l'inverse de la forme et du durcissement, c'est-à-dire les membres. En les observant, on se rend compte que leur structure est déterminée, là aussi, par le processus qui agit dans les incisives tout à l'avant de la tête : la prise de contact avec les objets extérieurs grâce aux petites pattes sensibles. Le peu de développement de l'arrière du corps est particulièrement frappant ; les pattes sont si faibles qu'elles ne portent pas librement l'animal, si bien que l'arrière du corps se recourbe et semble raccourci. La queue, par contre, devient un organe grâce auquel l'animal entre intensément en contact avec le sol, donc avec la matière solide. C'est vrai aussi pour le ventre qui est recouvert de poils tactiles. Ce qui caractérise les incisives, à savoir le contact sensible avec la matière dure, est répandu en quelque sorte sur l'animal entier.

Quand on fait naître ainsi une forme animale en la tirant du type, on met en évidence de quelle façon un certain organe ou un système d'organes agit dans l'ensemble de l'organisme vivant et le modifie. On réalise alors activement comment l'image générale du type, animée par l'éther de vie, se spécialise dans une direction précise pour donner naissance à une certaine forme animale. On apprend donc à connaître cet animal jusque dans les détails de son organisation et de son comportement, car on a soi-même participé spirituellement à sa genèse à partir du type.

Observons un rat ou une souris (figures 21 et 22) ; nous pouvons ressentir comment la formation intensifiée des dents est en rapport avec la petite taille de l'animal, le peu de développement et la faiblesse de ses pattes, son besoin de nourriture dure et concentrée, etc. En partant du

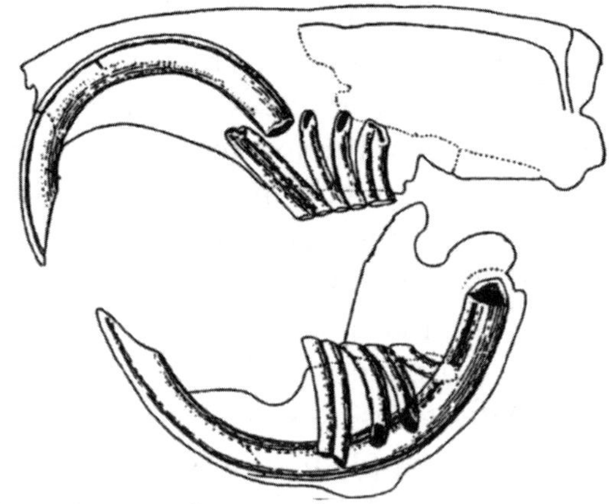

Figure 21 : Crâne de rat, avec les incisives et avec les molaires sans racines, qui grandissent en permanence.
(Tiré de Remane / Storch / Welsch : *Systematische Zoologie.*)

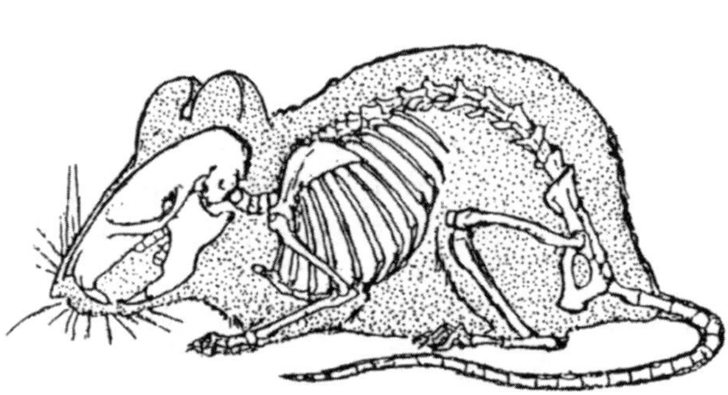

Figure 22 : Silhouette et squelette de souris
(*Mus musculus* ; tiré de E.-M. Kranich : *Wesensbilder der Tiere.*)

concept vivant du type, on parvient au concept vivant de l'animal particulier.

Une certaine formation est vivante quand chacun de ses éléments est, comme le tout, pénétré d'activité formatrice. Or c'est précisément ce qui caractérise un concept vivant. Quand toute relation vivante cesse entre les organes et quand, en même temps, l'action formatrice s'arrête, c'est la mort de cette formation. Il ne reste plus alors que la forme morte, sans vie, dans laquelle les différentes parties ne sont plus que juxtaposées extérieurement. Dans ce sens, la plupart des concepts que l'on utilise habituellement sont morts. Sans véritable nœud spirituel pour les relier entre elles, les définitions et autres caractéristiques qu'ils nous donnent sont simplement juxtaposées de façon à pouvoir être classifiées, mais elles ne sont animées d'aucune activité formatrice.

Dans les conférences pédagogiques de R. Steiner, on trouve à propos de l'enseignement de la zoologie certaines formulations qui peuvent dérouter celui qui n'est pas familiarisé avec la méthode de connaissance goethéenne. On lit par exemple :

« On peut dire que l'oiseau est entièrement poumon, parce que tout le reste de son corps est atrophié. On peut dire que le lion est entièrement circulation sanguine et cœur ; que le bovin est entièrement estomac. On peut caractériser ainsi les différentes espèces que l'on trouve dans la nature en se rattachant aux différents organes [133] ».

Il s'agit donc de former des concepts vivants au moyen desquels on puisse comprendre la vache, par exemple, jusque dans les détails de son organisme et de sa vie, en suivant par la pensée la façon dont un estomac hyperdéveloppé – et donc tout le processus de la digestion – donne à l'animal sa configuration si particulière, comme les incisives le font chez la souris. Avec l'enseignement de la zoologie, on peut amener les enfants – par un chemin simple – à une telle compréhension, autrement dit, leur donner des concepts vivants. Le penser perd alors son caractère abstrait et on ne peut plus dire : Je réfléchis à propos de la vache, du rongeur, etc. Au lieu de simplement « réfléchir », penser devient en effet « créer », c'est-à-dire produire activement des formes.

Dans les *Disciples à Saïs*, Novalis écrit : « Pour comprendre la Nature, on doit la laisser, intérieurement, se former selon sa propre logique, se développer en toute intégrité ». Et quelques phrases plus loin : « L'homme, en pensant, retourne à la fonction originelle de son être, à l'observation créatrice ; il revient à ce point où produire et savoir se tiennent le plus merveilleusement embrassés l'un l'autre et en rapports réciproques, à ce moment, créateur entre tous, de la jouissance essentielle, de la profonde et intérieure auto-conception[134]. » Lorsque produire et observer sont une seule et même activité, la création artistique et la connaissance scientifique se réunissent en l'homme. Dans le penser vivant, les forces intérieures de la science et de l'art se rejoignent parce que les qualités de l'éther de vie pénètrent le penser.

Quand on a compris un grand nombre d'animaux de la façon qui vient d'être esquissée, la pensée éthériquement vivifiée en vient à voir que chaque espèce est une forme particulière que prend le type dès que l'un ou l'autre organe domine. Tous les animaux ne sont donc finalement que les aspects particuliers d'une même entité. Ensemble, ils forment un immense organisme répandu sur toute la Terre. Ce qui reste à peine ébauché chez l'un se trouve au contraire fortement développé chez l'autre. Un animal nous aide à en comprendre un autre. Et dans la mesure où l'on parvient à une vue d'ensemble, ils nous apparaissent tous comme un seul être, qui manifeste à travers eux la richesse intérieure de son pouvoir formateur.

Le concept vivant élargit notre conscience au-delà de l'étroitesse du particulier. Il nous aide à comprendre les grandes relations qui relient les êtres. Grâce à lui on sent que l'on fait soi-même partie, en tant qu'être humain, de cet ensemble. Le concept vivant nous relie en profondeur au monde, car il contient en lui les lois d'après lesquelles la nature elle-même travaille.

Cette approche d'une connaissance créatrice, dont nous venons de donner deux exemples, correspond à la méthode de connaissance que Rudolf Steiner a présentée dans sa *Théorie de la connaissance chez Goethe* : « Pour appréhender un être vivant, [...] il s'agit de développer chaque forme particulière qui se présente à notre expérience, à partir du type que nous devons d'abord avoir conçu. » Un peu plus loin, la démarche se précise : « Si l'on voulait avoir une science rationnelle, il faudrait admettre à titre d'hypothèses certaines formes que le type peut prendre. Ensuite, il s'agirait de montrer comment ces aspects hypothétiques peuvent toujours être rapportés à une forme précise, qui est donnée à notre observation [135]. » On travaille alors entièrement dans la sphère de l'intuition. L'adulte – et le jeune qui est parvenu à la fin de son parcours scolaire – peut commencer à développer cette faculté. Mais pour les enfants, le chemin vers les concepts vivants doit être différent. Il faudra en rester beaucoup plus à l'observation. La méthode consiste alors essentiellement à « caractériser [136] ». Pour caractériser, il ne faut pas se contenter de décrire ; il faut en outre pouvoir formuler ce qui, dans le phénomène, exprime un être intérieur. Quand on caractérise un animal dans son ensemble puis dans les détails et quand on le compare à d'autres animaux, on trouve le concept vivant, autrement dit ce qui relie intérieurement cet être au reste du monde.

Le concept vit encore d'une autre manière que celle dont il vient d'être question. Il ne doit pas conserver indéfiniment la forme qu'il a prise dans un premier temps, sinon il aura vite fait de se figer. Il faut, disait Steiner, que les concepts croissent au cours du temps, qu'ils s'enrichissent, prennent de l'ampleur, et se transforment.

Quelque temps après avoir dépeint la souris comme nous l'avons fait, on attirera par exemple l'attention des enfants sur sa fourrure fine, mais particulièrement épaisse. Le pelage se forme suite à un processus de sécrétion de protéines concentrées et mortes. Un poil « pousse » parce que, dans la peau (dans la papille dermique), la substance cornée continue de se déposer à la base du poil déjà formé. Les poils « poussent » à la manière des incisives ! Le développement important du pelage est donc en rapport, au niveau de la peau, avec la puissante poussée des dents.

Ce nouveau fait n'est pas simplement rajouté de l'extérieur à ce que l'on savait déjà. Il s'insère de façon organique dans le concept vivant, si bien que celui-ci croît et prend de l'ampleur[137].

Il en va de même lorsqu'on parvient à comprendre comment l'organisme plus gros du kangourou appartient, par son système moteur si particulier, à certaines régions très ouvertes d'Australie dont il parvient à digérer la maigre végétation grâce à son puissant pouvoir digestif.

En s'élargissant, le concept vivant pénètre toujours davantage les rapports que les choses ont entre elles. Cette tendance réside en lui. Un concept est toujours un membre du tout que forme le cosmos des pensées. Et sa vie même le dispose à s'insérer toujours davantage dans l'harmonie du monde des pensées. Quand les enfants et les adolescents font d'une manière ou d'une autre l'expérience de cette vie intérieure des concepts, ils sentent s'enflammer en eux l'intérêt pour le monde ; ils ont envie de comprendre ce monde toujours plus en profondeur. Les concepts vivants deviennent des forces qui éveillent et stimulent la vie spirituelle de l'homme.

Les concepts vivants ont une autre dimension, plus profonde encore, que l'on apprend à connaître en approchant l'univers des plantes. En observant les plantes, on découvre en effet comment celles-ci se développent à partir de la relation qu'elles ont avec le soleil et les autres forces naturelles. La plante, comme l'animal, nous permet de saisir la loi générale interne de sa formation. On peut par exemple observer avec les enfants une plante à bulbe (jonquille, narcisse, tulipe, etc.). On remarque comment la plante est d'abord concentrée sur elle-même, non déployée, dans le bulbe fortement renflé, puis comment les feuilles longues et minces s'étalent peu dans l'atmosphère environnante. Cette rétention dans le développement se manifeste jusque dans la formation de la fleur. Celle-ci reste étroite, avec des pétales minces, de consistance assez grossière. À l'inverse, le colza se présente comme un jaillissement bourgeonnant vers le haut avec une telle force que de nouvelles fleurs n'en finissent pas d'apparaître, même une fois le stade de floraison atteint. La plante ne parvient pas à stopper son bourgeonnement par une fleur terminale, cette fleur dans laquelle la plante se donne en quelque sorte totalement au soleil. Quant aux ombellifères (le cerfeuil, la carotte sauvage, le fenouil, l'angélique, etc.), elles nous montrent comment la croissance végétale tend à culminer en se donnant à la périphérie. Dans l'inflorescence en ombelles, la tige centrale disparaît complètement ; l'inflorescence rayonne dans la lumière et la chaleur du plein été. Les feuilles s'y dispersent aussi ;

elles deviennent comme des plumes. Et si l'on observe enfin la sauge, le thym ou une autre labiée, avec les enfants, on remarquera qu'alors tout se concentre : les feuilles simples alternent le long de la tige; les petites fleurs bleues aux tubes étroits s'agrègent en inflorescences compactes. Un processus de concentration s'empare de la plante à la fin de l'été, lorsque les forces desséchantes, celles qui apportent partout la maturation, règnent dans la nature.

Ces observations et ces réflexions nous amènent, là encore, à saisir un concept vivant. Les nombreuses espèces et variétés de plantes nous apparaissent maintenant comme un seul être à différents stades de son développement. Là encore, le concept vivant introduit notre âme dans un vaste ensemble de relations. Nous commençons à comprendre comment, au début du printemps, lorsque la force rayonnante du soleil n'a encore que peu d'effet sur la vie de la nature, la plante reste resserrée sur elle-même comme un bourgeon retenu. Puis nous voyons la plante dominée par les forces de bourgeonnement lorsque l'activité solaire s'intensifie avec l'arrivée de l'été. Quand le soleil culmine au cœur de l'été, la plante rayonne et se donne tout entière à la lumière et à la chaleur; et quand la lumière commence à décliner et que la vie se rassemble avec le mûrissement des graines, des forces de concentration se saisissent des formes végétales.

Ce rythme correspond à nos régions tempérées, où la végétation dispose de suffisamment d'humidité même l'été. Au sud de l'Europe déjà, cette alternance est fortement perturbée par la chaleur torride de l'été.

Si nous en restons aux conditions que les enfants connaissent sous nos latitudes, nous découvrons alors une grande loi. Goethe dit une fois que chaque animal est un (petit) monde en soi. Les plantes, elles, appartiennent à la terre ; elles sont en quelque sorte des organes du grand organisme de la terre. Les différentes facettes de l'entité plante nous montrent donc comment, plus on approche de l'été, plus la plante s'unit au soleil, pour ensuite se replier de nouveau sur elle-même. L'enfant peut alors faire une expérience importante. Il peut, en effet, découvrir le sens des nombreuses formes végétales : c'est le rythme par lequel la terre vivante s'ouvre toujours et encore au soleil, s'unit à lui et, après cette fécondation, se concentre sur elle-même.

Quand des enfants et des jeunes gens comprennent le sens de ce processus grandiose, cela ne reste pas sans conséquences. Saisir le sens des choses touche l'être humain dans les zones les plus profondes de son être, celles où il se sent relié à la nature en ayant lui-même sa place dans cet ensemble. Dans les concepts vivants, les lois qui régissent le monde deviennent conscientes. Lorsque ces concepts s'élargissent jusqu'à saisir le sens qui emplit ces lois, ils atteignent la source créatrice de la nature. L'âme est alors comme traversée de chaleur spirituelle. Le cœur est stimulé dans ses profondeurs. En se liant ainsi intérieurement à la grandeur et à la profondeur de l'existence pénétrée de sens, le ressentir et le vouloir développent des forces non égoïstes, et l'âme est alors comme ensoleillée. En saisissant le sens, elle éprouve – sans le savoir – la force divine qui émane de la substance de l'éther de vie.

Les efforts que l'on fait pour que les enfants et les adolescents puissent accéder à des concepts vivants ne se cantonnent pas à l'observation de la nature. La botanique et la zoologie sont certes, avec la géométrie et la géographie, les matières grâce auxquelles on peut le mieux montrer comment parvenir à des concepts vivants. Et tout ce qui met l'âme en relation avec l'essentiel compte sur ce chemin. Il s'agit donc tout d'abord de cultiver le sens artistique, le sens du beau. Quand l'homme qui grandit apprend à ressentir la beauté du monde, il perçoit toujours aussi, dans les phénomènes, un peu de l'éclat de l'esprit. L'âme qui fait l'expérience de la beauté se relie à la réalité qui, dans les concepts vivants, doit ensuite devenir consciente. Aux XIIe et XIIIe siècles, on savait encore que le beau peut élever l'âme, du monde sensible, dans le royaume de l'esprit. On qualifiait ce chemin d'anagogique (de *ana*, en haut, et *agôgos*, qui conduit). Aujourd'hui, ce chemin reprend toute son importance. Nous avons besoin de le parcourir de nouveau, sous une forme modifiée, pour que le penser humain retrouve, en vivifiant les concepts, un rapport avec le spirituel.

Une tâche de l'école : apprendre à respirer

Comme nous l'avons montré dans le chapitre « L'anthropologie, fondement de la pédagogie», l'âme humaine est un organisme dans lequel les différentes forces psychiques interagissent de multiples façons et, par ces interactions justement, se développent. L'interpénétration du penser et du ressentir joue un rôle particulièrement important dans ce développement. Même si, bien entendu, c'est grâce aux pensées que l'on parvient à comprendre les choses, le sentiment n'en prend pas moins une part très active à cette compréhension et, ce faisant, il peut s'élargir et s'approfondir. Tout sentiment élevé implique en effet une certaine compréhension des choses. On a de l'estime pour quelqu'un dont on connaît l'engagement social; on admire une réalisation quand on comprend qu'elle résulte d'une capacité exceptionnelle, etc. Nos pensées fécondent la vie de nos sentiments par les vues qu'elles nous permettent d'acquérir. Inversement, nos sentiments influencent nos pensées. L'homme aborde les événements avec toute son affectivité, et les choses sont différentes selon ce qu'il ressent à leur égard. Il pressent l'importance profonde d'un événement ou la véritable nature des choses et il se sent alors poussé à éclaircir, grâce à des pensées, ce qui resterait sinon plus ou moins inconscient. Le sentiment donne au penser l'impulsion d'accéder au-delà du connu et de chercher à pénétrer plus loin dans la vie du monde.

Dans ses sentiments, comme dans ses intérêts et ses envies, l'homme éprouve en fait son être personnel. Or le caractère intérieur de la personnalité sera très différent selon que ce sont des affects élémentaires comme le plaisir et le déplaisir, l'attirance et la répulsion qui donnent le ton, ou bien si ce sont des sentiments pénétrés de pensées, comme le respect, l'admiration, la compassion ou la vénération. Ce qu'un homme estime être important dans la vie – ce qui a pour lui de la valeur et ce à quoi il aspire – dépend finalement de sa vie affective. C'est pourquoi ses sentiments déterminent dans une grande mesure la direction qu'il donne à sa vie, et cette direction ne sera pas la même selon que le ressentir s'éclaire et s'élargit grâce au penser ou bien si, comme dans le simple plaisir et déplaisir, le ressentir ne fait que refléter ce qui vit dans le corps.

En quelques décennies, cette sphère personnelle de l'homme a connu un profond changement. Une série de sondages d'opinion ont révélé à quel point ce qui semblait autrefois digne d'effort et empli de sens tend de plus en plus à disparaître. En 1974, lorsqu'on demandait : Qu'est-ce qui donne un sens à la vie? 27% des personnes interrogées répondaient : le plaisir. Douze ans plus tard, elles étaient 44 % [138]. Et en 1994, 54 % des jeunes entre 14 et 29 ans affirmaient qu'à leurs yeux le plaisir est ce qui donne son sens à l'existence [139]. L'intérêt se réduit aux aspects les plus étriqués de la vie personnelle. La vie affective ne s'attache plus qu'à ce qui relève de la sensation de soi, et on a de moins en moins la force d'éprouver des sentiments vastes et profonds, qui font participer à d'autres destins. De toute évidence, chez un nombre grandissant de gens, la vie de l'âme se cantonne à une vie affective qui n'est plus pénétrée ni même touchée par la lumière du penser et donc par une compréhension d'autrui et de la vie. R. Steiner dépeint les conséquences de cette situation en ces termes : « l'homme sombre alors dans la sphère inconsciente de son animalité. Sa vie affective devient le jouet de son bien-être ou de son mal-être, de ses instincts et de ses désirs non éclairés par la lumière de sa conscience[140]. »

Par la profondeur de son vécu, par la variété et l'ampleur de ses intérêts et de ses idéaux, la personnalité humaine peut avoir une certaine dimension intérieure ; mais elle peut aussi déchoir à un niveau inférieur d'humanité si elle se coupe de toute relation avec le monde et s'isole dans l'étroite sphère de sa vie affective, lorsque son intérêt n'est plus fixé que sur elle-même. Lorsque, par les multiples sollicitations de la civilisation technologique, les valeurs de l'existence se réduisent aux formes les plus triviales de divertissement et à la recherche effrénée du plaisir, l'homme tombe effectivement en décadence et se perd lui-même en perdant toute signification.

Dans une telle situation, les processus par lesquels la vie psychique et spirituelle se développe et s'amplifie grâce à l'interaction des forces du penser et du ressentir deviennent une préoccupation capitale.

Lors de la fondation de la première école Waldorf, R. Steiner a caractérisé ce thème comme étant l'une des premières tâches de la pédagogie[141]. C'est ce qu'il appelle « apprendre à respirer à l'enfant ». Une telle expression prête facilement à confusion, c'est pourquoi nous commencerons par préciser brièvement ce dont il s'agit avant d'examiner plus en détail ce processus.

Quand Steiner parle d'activité neuro-sensorielle, il veut désigner ce qui s'accomplit dans l'être humain qui perçoit, se fait des représentations et pense à partir des impressions qu'il capte du monde extérieur au moyen de ses sens, ses yeux, ses oreilles, etc. Ces processus sont liés au système nerveux, et principalement au cerveau antérieur. On perçoit par exemple, à une certaine distance, quelque chose de sombre et d'élevé. Cette impression provoque en nous une certaine activité intérieure : la formation d'une représentation, ici celle d'un sapin. Grâce à cette représentation, nous voyons un sapin et non plus seulement des formes colorées. Cette genèse des représentations est essentiellement liée à certaines régions du lobe occipital (figure 23, aire 18).

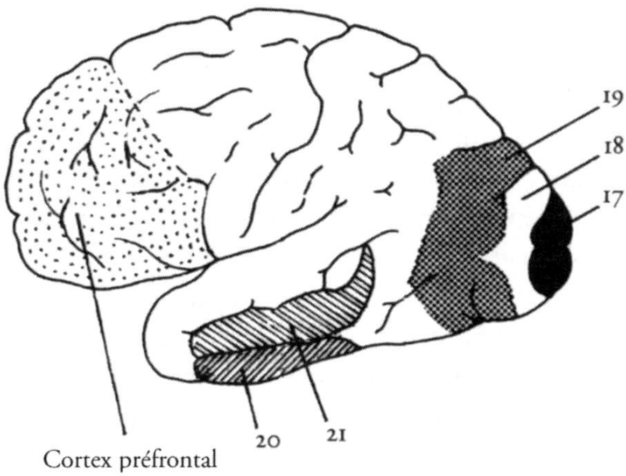

Figure 23 : Le cerveau et les différentes zones cérébrales qui participent au processus neuro-sensoriel.
Aire 17 : cortex visuel primaire ; directement relié à la rétine de l'œil.
Aire 18 : cortex visuel secondaire : base de l'édification des représentations immobiles, qui permettent la perception des objets (l'aire 19 est utilisée pour la représentation d'objets mobiles). Aires 20, 21 : ces zones du cortex dit associatif sont reliées par des voies nerveuses à l'aire 18 et réciproquement. Elles servent à la mémoire et à l'évocation renouvelée d'images-souvenirs. – Le cortex préfontal est utilisé notamment pour élaborer et appréhender des rapports de significations plus complexes.

Mais nous pouvons aussi aller plus loin et nous demander : Qu'est-ce qu'un sapin ? Nous sommes alors amenés à élaborer un concept. Pour cela, il faut d'abord utiliser d'autres régions du cerveau, car cela nécessite de faire appel aux souvenirs de toute une série de faits. Il s'agit de certaines aires du lobe temporal (20 et 21). Et pour passer de ces faits à la généralité du concept, il faut encore utiliser les parties du cerveau dans lesquelles on parvient, grâce au moi, au niveau de conscience le plus élevé. Ce sont des régions du cortex préfontal, situées dans le lobe frontal.

Dans tous ces processus qui relèvent du système nerveux, et en particulier dans l'élaboration de concepts, doit encore venir s'impliquer ce qui vit dans la respiration. Rudolf Steiner a mis en évidence le fait que le rythme respiratoire se poursuit jusque dans le cerveau par l'entremise du liquide céphalo-rachidien. « Ainsi nous transmettons au cerveau le rythme de la respiration [142] ». Et il précise que l'enfant « n'a pas encore appris à respirer de façon que son souffle entretienne comme il faut son système neuro-sensoriel. [...] Les mesures les plus importantes que nous aurons à prendre pour l'éducation consisteront donc à observer tout ce qui organise de façon juste la pénétration du processus respiratoire dans le processus neuro-sensoriel ». Cette description strictement physiologique en apparence n'est cependant que l'aspect extérieur d'un processus bien plus vaste. Cela ressort de la phrase suivante : « Il faut que l'enfant apprenne à accueillir en son esprit le don que peut représenter pour lui le fait d'être né pour respirer ». Steiner désigne la tâche dont il est ici question par cette formule lapidaire : nous devons « apprendre à l'enfant à respirer correctement ».

Cette brève formulation recouvre pourtant une très vaste thématique. Au cours de l'enfance, comme nous l'avons montré à plusieurs reprises, l'entité psychospirituelle de l'être humain vient se joindre au corps qui grandit. En « apprenant à bien respirer », cette entité doit donc, au cours de la scolarité, établir avec le corps, et à travers lui avec les faits du monde extérieur, un rapport tel qu'elle développe toutes ses potentialités en même temps qu'elle permet au penser et au ressentir de se développer. Mais comment réaliser cela concrètement ?

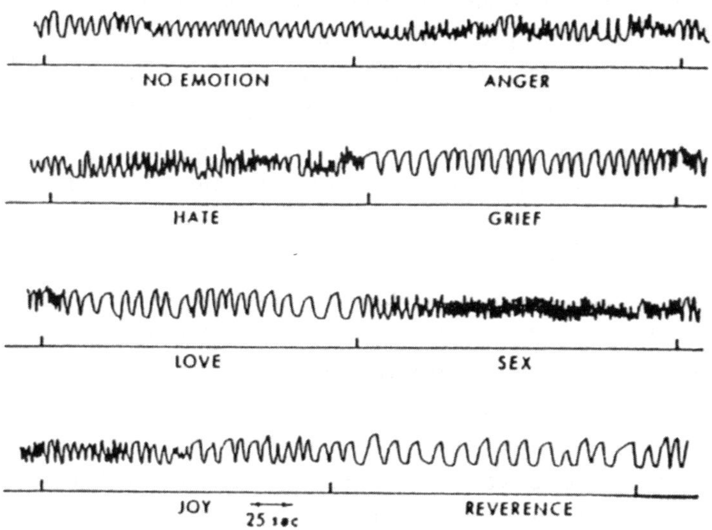

Figure 24 : Variations du rythme de la respiration sous l'influence de certains sentiments. (Tiré de K.E. Schaefer : Individual Respiratory Patterns Affecting Metabolic Processes and CNS Functions ; in : K.E. Schaefer e.a., éd. : *A New Image of Man in Medicine, Vol. II, New York 1979*).

La respiration est un processus rythmique de nature très particulière. Tout ce qui vit bat selon certains rythmes. Une phase de contraction est toujours suivie d'une phase d'expansion elle-même suivie d'une nouvelle contraction… La vie procède par un perpétuel renouvellement de son activité. En général, les processus rythmiques se déroulent de façon imperceptible, dans le secret des organes. Mais dans le système respiratoire, l'activité rythmique est tellement forte qu'elle saisit l'organe physique tout entier et l'entraîne dans son battement ; d'où cette alternance continuelle de l'inspiration active et de l'expiration passive.

Or le rythme de la respiration connaît de fortes variations, aussi bien dans sa fréquence (respirations plus ou moins rapides) que dans son amplitude (respirations plus ou moins profondes). Ces variations ne sont pas seulement la conséquence d'une activité corporelle plus ou moins intense, puisqu'elles persistent aussi quand le corps reste au repos. Elles ont de toute évidence à voir avec les affects et les sentiments que l'on éprouve, en fait, dans la région de la poitrine.

Lorsqu'un homme n'éprouve que de l'indifférence, de sorte qu'il ne ressent aucune émotion particulière, sa respiration prend l'allure indiquée sur la courbe *« no emotion »* de la figure 24 [143]. Une certaine impression cause à cet homme de la joie. Il ressent alors son être intérieur s'ouvrir, se dilater et s'animer. Il est la proie d'une joyeuse excitation qui l'émeut fortement. On constate aussitôt que sa respiration s'accélère et devient plus profonde (*« joy »*). Une autre situation provoque chez cet homme une certaine contrariété. Le voilà qui s'agite intérieurement ; il se sent irrité. Sa respiration s'accélère à nouveau, mais elle devient, cette fois, irrégulière (*« anger »*). Puis notre homme éprouve un sentiment beaucoup plus spirituel, par exemple de la vénération. Toute son agitation a disparu. Grâce à ce calme intérieur, son âme peut davantage s'ouvrir dans le ressentir. Elle parvient à un ressentir particulièrement profond, car elle se tourne vers ce qu'elle vénère avec ce qu'elle a en elle de plus intime ; et elle voudrait aussi pouvoir le recueillir profondément en elle. Le rythme de la respiration se fait plus tranquille, plus lent, et devient nettement plus profond (« *reverence* »).

Des observations de ce genre mettent en évidence le rapport qui existe entre la dynamique interne du sentiment et les variations de la respiration. La dynamique des émotions, la plus ou moins grande agitation qui nous saisit, et la profondeur à laquelle nous sommes touchés se manifestent dans la fréquence et dans l'amplitude de notre respiration. Celle-ci nous offre en quelque sorte une physiologie vivante de notre vie affective.

La vie affective de chacun de nous englobe un vaste espace intérieur, qui va des émotions les plus élémentaires comme le bien-être, le plaisir ou l'irritation, aux expériences les plus spirituelles, comme la vénération, la compassion ou l'amour, en passant par toute la palette des sentiments que sont la joie, l'anxiété, la peine, etc. Chez les enfants déjà, on peut observer une gamme d'expériences intérieures étendue.

Or ceci est révélateur d'une réalité qui va nous permettre d'éclairer en profondeur l'âme de l'enfant. Des sentiments comme la reconnaissance, l'admiration, la compassion, le respect et la vénération, mais aussi la joie et la peine, sont déjà le résultat d'une évolution importante, au cours de laquelle les émotions élémentaires se sont transformées. La joie comme la peine apparaissent lorsque la lumière de la pensée vient métamorphoser et faire revivre sur un plan supérieur les émotions élémentaires que sont le plaisir et le déplaisir. Ce sont en effet des sentiments à travers lesquels on n'éprouve plus seulement son propre bien-être ou mal-être corporel, mais qui permettent à l'âme de prendre part à ce qui se passe autour d'elle. Et lorsque, grâce à une compréhension plus profonde, l'âme progresse encore, elle devient capable d'éprouver des sentiments comme l'admiration ou la compassion, qui impliquent un don de soi à l'autre dénué de tout égoïsme. On se rend compte ainsi que l'âme est une entité qui vit sur plusieurs plans. Notre vie affective porte en elle plusieurs niveaux de développement ; une grande part de nos sentiments résultent d'un contact plus ou moins profond avec l'esprit.

Quand l'enfant respire, l'entité psychospirituelle qui vit dans sa respiration a donc déjà accompli toute une évolution avant que la présente biographie n'ait commencé (voir le chapitre « L'origine de l'âme humaine et la préexistence » au début de cet ouvrage). Cette entité s'incorpore en quelque sorte dans le système respiratoire de l'enfant et vit dans toutes ces modulations du rythme du souffle que nous avons évoquées.

De là, elles s'enfoncent plus profondément dans l'organisme. Le rythme de la respiration agit tout d'abord sur les veines (la veine azygos et la veine hémiazygos dans la cavité thoracique, et surtout les deux tronçons de la veine lombaire ascendante dans la cavité abdominale) qui descendent à droite et à gauche en longeant la colonne vertébrale (figure 25). Celles-ci recueillent le sang qui s'écoule de l'intérieur du canal vertébral, notamment à travers le corps des vertèbres. Or ces veines ne sont pas munies de valvules obligeant le sang à ne circuler que dans un seul sens, si bien que le sang y est rythmiquement refoulé sous l'effet de la pression que chaque inspiration exerce sur les viscères de la cavité abdominale. Cette pulsation revient battre à l'intérieur du canal rachidien. Lors de l'expiration, par contre, le sang s'écoule davantage du canal rachidien dans les deux tronçons des veines lombaires ascendantes, la veine azygos et la veine hemiazygos. C'est de cette façon que le rythme de la respiration se propage à l'intérieur du canal rachidien (voir figures 26 et 27).

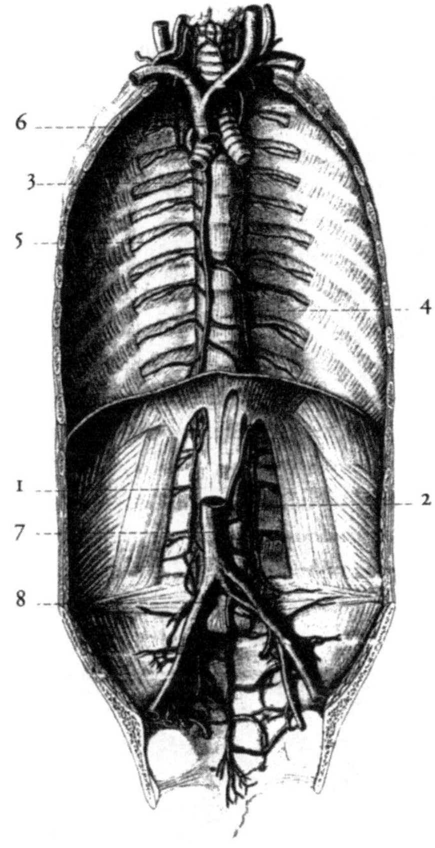

Figure 25 : Vue du fond des cavités abdominale et thoracique. Les deux tronçons de la veine lombaire ascendante longent la colonne vertébrale dans la cavité abdominale et se poursuivent dans le thorax par la veine hémiazygos à droite et la veine azygos à gauche. En haut et en bas, on voit les deux veines caves.

1. veine lombaire ascendante ; 2. veine lombaire ascendante ; 3. veine azygos ; 4. veine hémiazygos ; 5. veine intercostale, qui aboutit dans la veine azygos ; 6. veine cave supérieure ; 7. veine cave inférieure ; 8. veine iliaque.

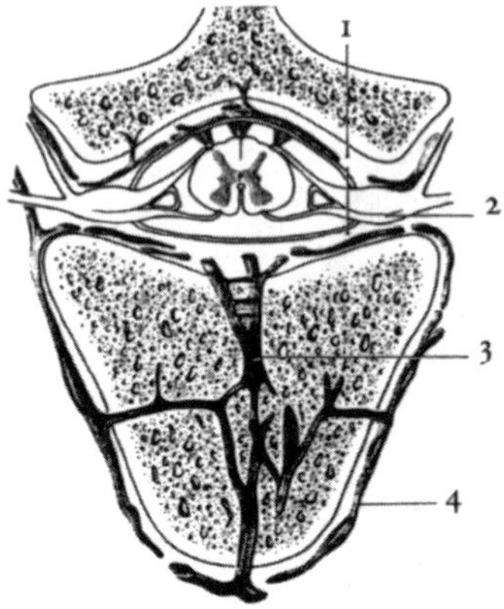

Figure 26 : Le sang veineux s'écoule du canal vertébral par diverses voies, surtout à travers le corps de la vertèbre, dans les plexus veineux puis la veine lombaire ou la veine (hémi)azygos. 1. Cavité épidurale ; le tissu graisseux avec le plexus veineux enveloppe la moelle épinière ; 2. ganglion spinal ; 3. veine basivertébrale ; 4. plexus veineux extérieur.

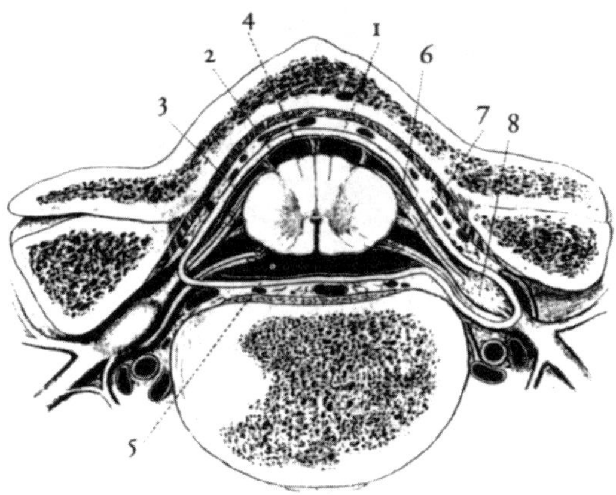

Figure 27 : L'intérieur du canal vertébral entouré par l'arc (haut) et le corps (bas) de la vertèbre. – 1. Cavité épidurale (voir figure 26) ; 2. dure-mère : la plus externe des trois méninges rachidiennes ; 3. arachnoïde : la deuxième méninge, beaucoup plus fragile ; 4. pie-mère : elle entoure la moelle épinière ; 5. espace sous-arachnoïdien : il contient le liquide céphalo-rachidien ; 6. cordon postérieur de la moelle épinière ; 7. cordon antérieur ; 8. ganglion spinal.

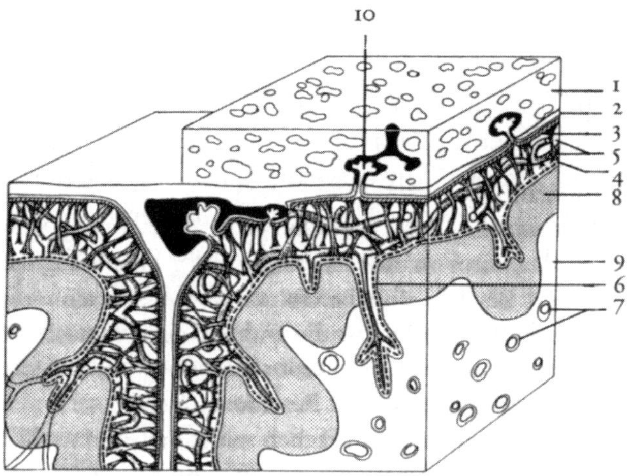

Figure 28 : Dans la tête humaine, la dure-mère (2) suit immédiatement l'os du crâne (1), puis vient l'arachnoïde (3) et la pie-mère (4) qui enveloppe le cerveau. L'espace subarachnoïdien (5), qui contient le liquide céphalo-rachidien, se trouve entre l'arachnoïde et la pie-mère. Le liquide pénètre, avec de fins capillaires sanguins (6) dans les espaces de Virchow-Robin (7), dans le cortex (8) et jusque dans la matière blanche du cerveau (9). Le liquide céphalo-rachidien se résorbe dans le sang veineux à la hauteur des granulations de Pacchioni (10). (Tiré de J. Rohen : *Funktionelle Anatomie des Nervensystems.*)

Or la moelle épinière passe à cet endroit (de la tête à la première vertèbre lombaire). Protégée par les méninges, elle flotte dans le liquide céphalo-rachidien. Les méninges sont elles-mêmes entourées d'un réseau de capillaires veineux qui baignent dans un tissu graisseux ; du fait de la température relativement élevée du corps, cette graisse se trouve en permanence dans un état semi-liquide. Chaque fois que le sang veineux reflue à l'intérieur du canal rachidien, lors de l'inspiration, les capillaires en question gonflent et pressent de tous côtés sur le liquide céphalo-rachidien. Le liquide monte alors dans la colonne et va comprimer le cerveau dans la tête. Or ce liquide pulsant ne se contente pas d'entourer le cerveau, il pénètre aussi un peu partout dans la matière grise du cortex et même, à travers cette écorce, dans la matière blanche à l'intérieur du cerveau, par de minuscules pores (les espaces de Virchow-Robin). La respiration propage donc son rythme jusqu'au centre du cerveau par ces fins canaux (voir figure 28).

L'âme de l'enfant, avec les sentiments qu'elle éprouve, vit d'abord dans ce qui module le rythme de la respiration. Du fait que ces modulations se transmettent à la pulsation ascendante et descendante du liquide céphalo-rachidien, elles passent d'un milieu aérien à un milieu liquide. Or, dès que l'âme s'enfonce tant soit peu dans le corps et se lie à un domaine plus dense que l'air, elle sombre dans l'inconscience. C'est aussi le cas lorsqu'elle plonge dans le liquide céphalo-rachidien. Les sentiments vivant alors inconsciemment dans la pulsation de ce liquide qui est sécrété en permanence à partir du sang dans des ventricules situés au centre du cerveau, et qui s'écoule de là vers l'extérieur par l'étroit espace séparant la pie-mère (qui enveloppe immédiatement le cerveau et la moelle épinière) et l'arachnoïde (la deuxième méninge)[144]. Par le biais de cette pulsation du liquide céphalo-rachidien, les sentiments atteignent le cerveau où ils pénètrent grâce aux espaces de Virchow-Robin. Ils parviennent ainsi dans les régions où les représentations et les pensées se forment au contact des processus neuro-sensoriels. Tout cela reste totalement inconscient, puisque, comme nous l'avons vu, les sentiments n'animent plus un milieu gazeux mais liquide. Et ceci est très important, car si les sentiments, avec toutes les émotions qui les animent agissaient directement dans la vie des représentations et des pensées, jamais nous ne parviendrions à une connaissance objective.

Pour pouvoir élucider ce que signifie cette intervention du rythme respiratoire dans les processus neuro-sensoriels, nous devons d'abord revenir sur ce qui s'accomplit dans le cerveau lorsque nous élaborons des représentations et des pensées. En général, on ne connaît que la partie du processus que nous avons déjà évoquée, au cours de laquelle les représentations et les concepts se forment. Mais que se passe-t-il dans notre système nerveux lorsque, grâce à une représentation – par exemple celle d'un sapin –, nous comprenons ce que sont les choses qui nous entourent et que, de là, nous progressons jusqu'aux concepts ? Ces représentations résultent, certes, déjà de processus cérébraux complexes. Mais que se passe-t-il avant ? Que sont les représentations et les concepts *avant* que nous entrions en relation, grâce à eux, avec les faits extérieurs ?

Le matin au réveil, quand l'être intérieur vient de nouveau habiter dans le corps, les pensées ont un autre caractère que peu de temps après. Si l'on réfléchit à quelque chose juste après s'être réveillé, on a souvent des pensées plus lucides et plus vives ; elles ont davantage d'ampleur et sont reliées les unes aux autres de façon plus spirituelle et plus vivante. Ce que l'on éprouve alors est l'écho de ce que l'on a vécu pendant le sommeil, alors qu'on était encore plongé dans un monde lumineux de pensées en mouvement.

À l'instant du réveil, lorsqu'on saisit de nouveau son corps de l'intérieur, on apporte avec soi des pensées qui viennent de ce monde spirituel. Elles vivent d'abord dans les régions inconscientes de la vie intérieure. Au cours de la journée, quand on commence à réfléchir sur les impressions qui viennent des sens, on va puiser l'une ou l'autre de ces pensées dans l'inconscient pour la mettre en relation avec ces impressions. Comme nous l'avons signalé, cela se déroule dans certaines régions du cerveau. Les impressions qui viennent des organes sensoriels sont transmises aux zones dites primaires du cerveau. Les pensées entrent alors en rapport avec ces impressions par l'intermédiaire de certains circuits associatifs, et pénètrent dans le cerveau. Les pensées plongent ainsi dans la vie du cerveau ; leur dynamisme saisit alors cette vie et l'arrache à la substance cérébrale vivante, ce qui provoque le dépérissement de cette substance. La pensée vivante se réfléchit sur cette substance qui meurt. Il s'agit effectivement d'une sorte de réflexion de la pensée vivante. En rencontrant les impressions sensorielles, ce reflet, cette ombre de la pensée vivante se fige en représentations [145]. Partant des représentations, on parvient aux concepts habituels par généralisation. C'est pourquoi ces concepts ne sont aussi, en fin de compte, que des reflets des pensées vivantes. Comme tout reflet, ils n'ont aucune vie propre ; ils sont morts. Les représentations mortes ne nous permettent plus que d'appréhender l'aspect extérieur des choses, le monde tel qu'il est devenu. Face à ce devenu, les concepts ne nous procurent que des abstractions. Le sapin n'est plus qu'un conifère doté d'une série de spécificités, le cheval un mammifère de la famille des ongulés qui se distingue par certaines caractéristiques, etc. Ce genre de concepts ne nous apporte aucune compréhension du monde extérieur. Ils nous permettent tout juste de penser les phénomènes mécaniques. Car pour comprendre une chose, il ne suffit pas de connaître ses propriétés extérieures ; il faut pouvoir pénétrer ce qui fait sa cohérence interne, son essence.

Si, à l'école, les enfants ne faisaient appel en eux qu'aux processus neuro-sensoriels, l'enseignement ne pourrait leur apporter qu'un savoir mort, et un tel savoir ne nous permet pas de comprendre véritablement le monde ; il n'a donc aucune force susceptible de vivifier et de féconder notre ressentir.

Depuis le XVIIe siècle, cette forme de savoir est pourtant devenue de plus en plus déterminante. Avec les méthodes des sciences exactes, on a étudié le monde en se distanciant toujours plus de lui et en interprétant les données de toutes ces observations impersonnelles à l'aide de concepts morts. Tout ce qui pouvait encore être vécu au plan personnel, dans la rencontre avec les choses et les êtres, il a fallu l'éliminer afin d'assurer l'objectivité des affirmations scientifiques. Ce savoir impersonnel, avec ses explications qui ne s'adressent plus qu'à l'intellect, a finalement abouti, comme A. Portmann l'a exprimé il y a longtemps déjà, à une « atrophie de la sensibilité et de la vie des sentiments[146] » que l'on a bien trop peu prise en considération. Cela débute à l'école, quand les enfants doivent ingurgiter ce genre d'explications et de savoirs, autrement dit quand ils ne se servent plus, pour apprendre, que de leur système neuro-sensoriel. La conséquence est cet appauvrissement de la vie affective qui se traduit, depuis plusieurs décennies, par un rétrécissement de l'intérêt pour le monde.

Si l'on veut contrecarrer cette tendance, il faut faire appel à d'autres contenus que ceux qui résultent de l'utilisation exclusive du système neuro-sensoriel. La première étape est d'élargir notre rapport au monde en réinvestissant ce que nous vivons lors de la rencontre avec la réalité. À partir du moment où l'on n'élimine plus, au moyen d'artifices, sa propre participation aux choses et aux événements, ce que l'on éprouve à l'intérieur de soi se relie à ce que l'on observe. On ressent par exemple le sombre sapin, à côté du lumineux bouleau, comme un arbre dans lequel la vie se relie peu à l'environnement. On ressent la beauté si délicate de l'églantier en fleurs, ou l'allure fièrement éveillée et le mouvement puissant du cheval. Dans ce que l'on éprouve alors, le sentiment vient répondre du dedans à ce que l'on perçoit au dehors. À la différence de l'observation simplement objective qui reste à la surface des choses, ce vécu va permettre d'approfondir la rencontre avec le monde. On pourra ensuite progresser, dans ce vécu, de l'impression globale à ce qui s'éveille lors de l'observation des détails. On fera par exemple ressentir aux élèves le geste par lequel les pousses arquées de l'églantier se projettent vers l'extérieur ; puis on leur fera observer comment les feuilles se divisent en plusieurs lobes et s'insèrent ainsi avec plus de force dans l'espace alentour ; comment les jeunes tiges florales, toutes orientées vers le haut, poussent sur les tiges de l'année précédente ; ou encore comment les fleurs roses se tournent vers le soleil dans un geste de total abandon, avec leurs innombrables étamines jaunes qui jaillissent en rayonnant du centre. Ce que nous vivons alors n'est plus la simple réaction réflexe à une vague impression : nous nous donnons nous-mêmes aux formes, aux gestes, aux couleurs. Et tout cela commence alors à nous parler. Notre vécu se concrétise et s'approfondit, jusqu'à éveiller en nous une expérience esthétique et artistique : le phénomène nous devient une énigme. Il nous pose des questions. Quelle relation interne noue entre eux ces différents éléments ? Quel être se manifeste à travers tous ces faits ? Ce que nous vivons touche alors un plan de la réalité qui vit caché au fond des choses.

Pour que les élèves soient incités à se tourner ainsi vers les plantes, les animaux, les personnages de l'histoire et leurs actions, les formes du langage ou la beauté d'un poème, il faut que l'enseignant devienne lui-même capable « de parler exclusivement en s'inspirant du sujet à traiter. Si bien qu'il sera à même, s'il traite un certain sujet, d'en parler avec un sentiment tragique parce qu'il le faut,

Figure 29 : Les tiges arquées de l'églantier se propulsent puissamment dans l'espace environnant (a). Les nouveaux rejetons, avec leurs feuilles lobées et leurs boutons floraux poussent verticalement sur les tiges de l'année précédente (b), puis les fleurs aux nombreuses étamines s'ouvrent largement (c); (Weberling : Morphologie des plantes à fleurs).

et de poursuivre avec beaucoup d'humour en se laissant entièrement guider par le sujet [147].»

Grâce à quelles forces les élèves, en vivant ainsi face à une énigme, trouvent-ils accès à l'essence cachée des choses ? Essentiellement grâce aux sentiments spiritualisés qu'ils apportent avec eux dans cette existence et qui sont le fruit d'un développement antérieur : l'admiration, l'attention, la dévotion, la compassion, etc.

Lorsqu'ils s'éveillent au contact des choses, des hommes, etc., ces sentiments font pressentir l'existence d'une essence secrète en même temps qu'ils donnent l'impulsion de saisir consciemment cette essence. Le sentiment esthétique et artistique pousse l'être humain à vouloir comprendre.

Ce que l'on vit au fond de soi devient une source d'impulsion pour élaborer des pensées et des concepts. Ce vécu intérieur s'anime d'abord dans le rythme de la respiration, mais contrairement aux sentiments qui agitent habituellement l'âme, ceux-ci cherchent à pénétrer les choses et les êtres pour les comprendre. Cette force oriente d'emblée les pensées vers la réalité, vers la vérité dans les choses, et non vers de simples abstractions. Quand l'enfant commence à réfléchir, les sentiments spiritualisés qui animent sa respiration se transmettent, comme nous l'avons vu, au rythme du liquide céphalo-rachidien, puis atteignent les zones du cerveau où se forment les pensées. Ces sentiments restent toujours vivants ; l'admiration porte en elle une autre dynamique intérieure que la compassion, etc. Quand l'enfant apprend à comprendre l'églantier par exemple, la vie intérieure de ses sentiments pénètre de son élan la genèse de ses pensées.

Ceci ne reste pas sans effet sur les processus neuro-sensoriels. Du fait que les sentiments artistiques viennent les féconder, le dépérissement qui vient les frapper, comme cela a été décrit plus haut, s'en trouve sensiblement atténué. La vie des sentiments stimule l'élaboration des pensées, car celles-ci permettent à ce que l'enfant a pu pressentir de s'éveiller à la conscience. Les sentiments spiritualisés insufflent leur vie aux concepts. Dans la troisième conférence du cycle *Méthode et pratique de l'art de l'éducation*, R. Steiner a décrit cette vivification des représentations de la façon suivante : « En tant qu'éducateurs, nous aurons pour tâche de donner constamment vie à ce qui est mort, de préserver de la mort définitive ce qui en l'homme glisse vers l'inanimé, et même de le féconder en quelque sorte par l'élément vivifiant que nous pouvons cultiver à partir de notre volonté. C'est pourquoi nous ne devons pas craindre de donner à l'enseignement une certaine forme artistique dès le début[148]. » Il est clair qu'ici le terme « artistique » ne désigne pas seulement l'enseignement de l'art proprement dit, la peinture, la musique, etc., mais aussi et surtout la *manière* d'observer et d'éprouver les choses. Dans la lumière de ces concepts vivifiés, l'être des choses, qui jusque-là restait voilé, peut se révéler, et l'enfant qui vit cette expérience dans sa conscience peut alors se relier au monde avec toute sa sensibilité.

Nous venons de montrer, de façon très générale, comment le vécu intérieur qui anime la respiration peut venir dynamiser les processus neuro-sensoriels. Un exemple concret rendra tout cela plus clair. Quand l'enfant s'est adonné attentivement et dans les détails à l'observation de l'églantier en fleurs et qu'il voudrait en saisir l'essence, il recherche quel geste fondamental confère leur empreinte à tous ces détails. Le mouvement large et puissant des tiges qui se courbent pour rejoindre la périphérie (figure 29, a), il le retrouve dans les feuilles dont le pétiole pénètre l'espace avec tant de force que la surface du limbe se partage en plusieurs lobes. Chaque feuille devient comme une tige en miniature qui porte ses lobes dans l'espace environnant (b). En observant les tiges florales, l'enfant voit aussi comment l'églantier s'élève pour fleurir lorsqu'il a pénétré suffisamment loin dans l'espace de l'atmosphère estivale. Dans la grosseur et la forme largement ouverte des fleurs, et même dans chaque pétale isolé, il retrouve toujours ce geste qui donne sa marque au buisson tout entier : un puissant don de soi qui s'intensifie encore dans les innombrables étamines (c).

L'églantier devient une expression du don de soi sans réserve de la force de vie à l'environnement, force de vie qui s'intériorise dans la floraison pour ensuite se dissoudre dans l'atmosphère lumineuse et chaude de l'été. Ce concept de la rose sauvage n'est pas une simple pensée à côté du phénomène ; elle en est l'*essence*. Grâce à un tel concept, le phénomène qui, en lui-même, reste obscur, devient spirituellement transparent.

On peut, de cette manière, inciter les enfants à comprendre non seulement chaque plante et chaque animal, mais aussi les langues, par exemple. Quand l'enfant vit en lui, en y participant activement, les sonorités du langage, il saisit celles-ci dans leur essence ; les mots deviennent pour lui des imaginations sonores. Il ressent la nature des temps ou des différentes sortes de mots. Il se familiarise de la même façon avec les couleurs et leurs harmonies, avec la musique, etc. L'exemple de l'églantine illustre un principe extrêmement général, qui renouvelle pratiquement tous les domaines de l'enseignement.

Quelle que soit la matière qu'il traite, un enseignant devrait s'efforcer avant toute autre chose de cultiver le lien intérieur de ses élèves avec cette matière. L'étonnement et l'admiration, c'est-à-dire le pressentiment de dimensions spirituelles encore cachées, devraient toujours précéder la connaissance. Si l'on fait vraiment de cette démarche un style d'enseignement, l'enfant en devenir peut développer une certaine attitude vis-à-vis de la connaissance : ne commencer à réfléchir à une chose qu'après s'être relié à elle par un vécu. Vivre en soi ce qui se manifeste d'abord de l'extérieur relie plus profondément à la chose que la simple observation par les sens. Dans le sentiment, on saisit en effet quelque chose de l'être même que l'on a devant soi. De tels sentiments sont « une connaissance qui n'a pas encore abouti [149] ». Ils mettent l'activité de connaissance sur la voie et lui confèrent une certaine certitude intérieure.

Quand cette attitude vis-à-vis de la connaissance s'installe, ce qui vit dans le rythme de la respiration vient organiser les processus neuro-sensoriels. Une des tâches essentielles de la pédagogie Waldorf est de travailler, par l'art de conduire son enseignement, à l'instauration d'une telle attitude.

Il est en effet d'une grande importance pour l'être humain que l'on veille ainsi à permettre au processus de la respiration de pénétrer dans le système neuro-sensoriel pour l'organiser. Avec les fruits de son évolution antérieure qu'il amène dans sa vie présente, l'enfant doit se tourner vers ce qui, de l'avenir, vient à sa rencontre. C'est ce qui se fait à l'école quand les élèves peuvent se relier aux matières, les faire vivre en eux, et transformer ce vécu en connaissance et en compréhension. En vivant les choses, ils éveillent les sentiments spiritualisés qui habitent les profondeurs de leur âme ; en les comprenant, ils éveillent leur propre être spirituel. C'est pourquoi Rudolf Steiner a pu dire : « Du fait que nous harmonisons le souffle et le processus neuro-sensoriel, nous faisons pénétrer l'âme-esprit jusque dans la vie physique de l'enfant [150]. »

L'effet est tout autre quand l'enseignement ne s'adresse qu'à l'observation extérieure et ne provoque dans l'enfant et l'adolescent qu'une accumulation de savoir mort. Le jeune ne peut pas vivre en lui les choses en y participant avec ses sentiments ; il ne peut pas non plus mettre son penser en action pour appréhender l'essence de ces choses. Ce qu'il amène avec lui de plus important dans cette vie terrestre, les dispositions et les facultés qui ont mûri en lui grâce à l'évolution qu'il a accomplie dans ses vies antérieures ne peut pas vraiment venir féconder son évolution future. L'enseignement viole alors une des principales lois de la vie. Car l'homme évolue grâce au fait que, avec les forces de son être psychospirituel qui ont mûri, il peut vivre de nouvelles expériences et, à partir de ces expériences, développer de nouvelles forces et de nouvelles facultés. « Apprendre à bien respirer » consiste donc, comme nous avons tenté de le montrer, à changer le savoir mort en compréhension vivante et à féconder la vie affective par les contenus de cette compréhension vivante. Ce processus de métamorphose que Steiner appelle « apprendre à respirer » porte en lui une impulsion de développement capable de contrecarrer la tendance actuelle de la personnalité à sombrer dans la décadence.

L'ADOLESCENCE ET LA NAISSANCE DU CORPS ASTRAL

Lorsqu'ils approchent la puberté et passent le seuil de l'adolescence, la relation des jeunes avec l'école devient toujours plus problématique. Ces difficultés, qui existent certes depuis longtemps, n'ont fait que croître toutes ces dernières années. Des sondages récents [151] ont révélé qu'un tiers environ des enfants du primaire ne se sentent pas à l'aise à l'école. Au collège, ce sont plus des deux tiers (69 %) des élèves qui souffrent de l'école, et au lycée – surtout dans les plus grandes classes – presque 80 % ! Mais l'école, de son côté, rencontre toujours plus de problèmes avec les élèves. Cette institution qui devrait servir au développement de l'être humain se trouve confrontée à une situation de moins en moins maîtrisable. Et c'est le cas aussi, dans une certaine mesure, pour les écoles Waldorf.

Les difficultés commencent surtout vers la douzième année, donc avec les classes de sixième, au moment du passage dans l'adolescence. Sous plus d'un rapport, ce que les jeunes vivent à cet âge joue un rôle déterminant pour toute la suite de leur existence, et tout spécialement pour les années qui vont suivre. Le jeune commence à sentir qu'il est une personnalité. Si l'école doit encore signifier quelque chose pour lui, il faut qu'il puisse se relier personnellement aux contenus et aux formes de l'enseignement. Il doit sentir qu'aller jour après jour à l'école a du sens et que cela peut l'aider à découvrir qui il est. Aujourd'hui, les formes traditionnelles de vie s'effondrent et on est partout à la recherche des sources d'un renouveau; il faut donc aussi s'interroger d'une nouvelle façon sur les contenus et les formes de ce qu'on apprend à l'école, et ceci tout particulièrement en ce qui concerne le moment si délicat du passage de l'enfance à l'adolescence.

Pour trouver des réponses satisfaisantes à ces questions, il importe d'abord de comprendre ce qui se produit dans l'être humain lors de ce passage. Or, pour ce faire, il faut aussi prendre en compte la façon dont ces profondes transformations se préparent, et remonter pour cela aux environs de la septième année. Comme nous l'avons vu, le développement corporel de l'enfant prend alors un nouveau départ. En observant la croissance des organes, on peut constater qu'entre la sixième et la huitième année une première phase s'achève, première phase au cours de laquelle ce sont surtout les *formes* des organes qui ont été modelées. Les formes encore primitives des organes du nouveau-né se sont différenciées au cours d'un long processus de modelage, et ceci vaut autant pour l'aspect extérieur du corps que pour la structure interne des organes. Ce remaniement des formes est donc pratiquement achevé entre la sixième et la huitième année. Lors de la deuxième phase de croissance qui débute alors, ce sont principalement les organes du tronc qui vont *grossir* (figure 30).

Figure 30 : La dynamique de l'accroissement de poids du foie et des reins met en évidence une certaine baisse de croissance qui s'annonce à partir de 4 ans et s'achève vers 7 ans lorsque la croissance cesse presque complètement. Après cette première phase de modelage des formes commence une nouvelle poussée de croissance au cours de laquelle ce sont surtout les processus vitaux qui se développent. (D'après H. Walter, *Sexual - und Entwicklungsbiologie des Menschen.*)

Il faut savoir qu'un organe vivant ne garde sa forme que parce qu'il est en permanence reconstruit. C'est seulement de l'extérieur que les organes semblent être au repos, car en réalité ils sont soumis à un processus de renouvellement constant. Chez l'adulte, par exemple, le fragile tissu des alvéoles pulmonaires est totalement renouvelé en huit jours ; le tissu du foie en dix à vingt jours[152]. Il faut donc qu'un système de forces soit à la base de la forme matérielle visible et la « sous-tende » en quelque sorte. Cette organisation vivante remodèle constamment les tissus et dirige le métabolisme. Quand les organes du tronc se mettent à grossir après la septième année, ce système de forces connaît une expansion ; il développe ses forces propres. Dans chacun des organes, le corps de vie de l'enfant se développe.

C'est pourquoi l'activité vitale s'intensifie. Le processus d'élaboration des protéines dans le foie, l'activité respiratoire dans les poumons, etc., deviennent plus importants. Les processus vitaux se développent avec la croissance des organes. Alors que la première phase de la croissance était celle de la genèse des formes, la deuxième est celle du développement vital[153].

Ces transformations se manifestent aussi dans la circulation du sang et le rythme du cœur. La vie des organes et la circulation du sang sont en effet en étroite corrélation. Le besoin des organes en oxygène et en nourriture détermine la quantité de sang qui doit les traverser. Quand le sang pénètre par exemple dans le foie ou les reins, il se répand dans les subtils réseaux des capillaires (2 500 à 3 000 capillaires pour une section de 1 mm^2 de tissu). La circulation du sang imprègne donc l'ensemble des organes, le foie, les reins etc., et cela plus fortement encore chez l'enfant que chez l'adulte. Il se produit un échange important entre le sang et les liquides contenus dans les

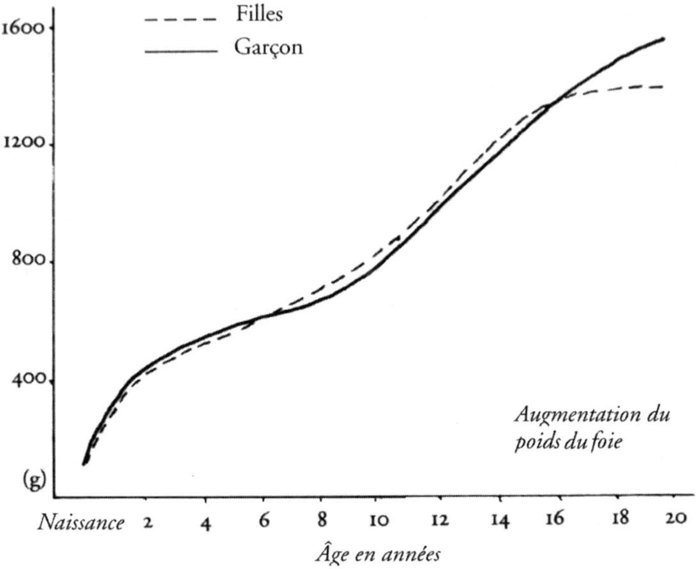
Filles
Garçon
1600
1200
800
400
(g)
Augmentation du poids du foie
Naissance
2
4
6
8
10
12
14
16
18
20
Âge en années

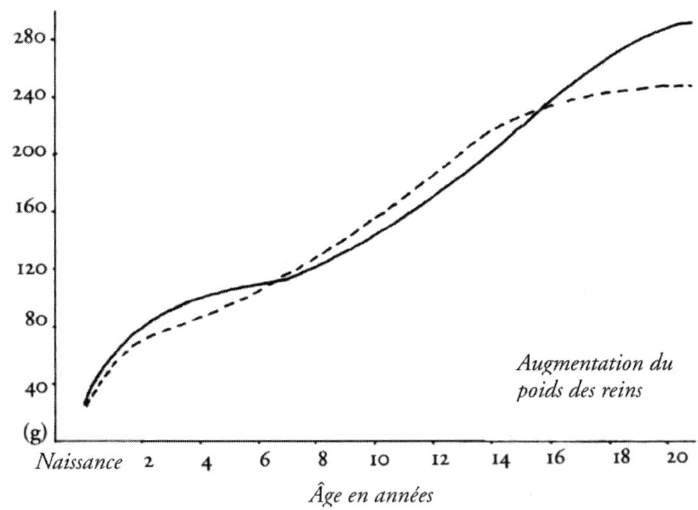
280
240
200
160
120
80
40
(g)
Augmentation du poids des reins
Naissance
2
4
6
8
10
12
14
16
18
20
Âge en années

tissus des différents organes. Ceux-ci absorbent l'oxygène et les autres substances dont ils ont besoin pour leurs processus vitaux et pour renouveler leur consistance matérielle, puis ils rejettent le liquide sanguin dans la circulation veineuse. Les organes en pleine croissance de l'enfant déterminent donc, par leurs processus vitaux, quelle quantité de sang artériel y pénètre et quelle quantité en ressort pour revenir au cœur grâce aux veines. Le cœur bat plus ou moins vite selon la quantité de sang qui lui vient de l'organisme, de sorte que le pouls exprime directement le dynamisme des processus vitaux et leur développement dans le corps de l'enfant.

Le sang veineux s'écoule ensuite dans les poumons. Dans tout le reste de l'organisme, le sang arrête sa pulsation rythmique quand il arrive aux différents organes. Mais le poumon, lui, est encore tout entier animé par le rythme du cœur, si bien que le rythme respiratoire et le rythme cardiaque viennent s'y superposer. Nous avons vu comment le rythme de la respiration est modulé par le dynamisme intérieur des différents sentiments qu'éprouve l'enfant. L'animation qui saisit l'âme lorsqu'elle éprouve de la joie, par exemple, se traduit par une légère accélération de la respiration ; l'effet paralysant de la tristesse par un ralentissement ; une violente contrariété par une accélération brutale et irrégulière, etc. (voir figure 24 p. 193). L'entité astrale-psychique de l'enfant, avec ses multiples affects, ses émotions, ses sentiments, vit dans la respiration. Elle se manifeste dans les variations du rythme respiratoire. Dans les poumons, le rythme respiratoire et celui du cœur se rencontrent. C'est dire qu'à cet endroit une interaction s'opère entre l'entité astrale-psychique de l'enfant et son activité vitale qui est en plein développement.

Si l'on veut comprendre les changements qui affectent l'enfant jusqu'à sa quatorzième année, il faut porter attention à cette interaction.

Quand l'enfant s'endort, son entité astrale-psychique se dégage de son corps. L'être intérieur cesse alors d'agir dans le rythme de la respiration. Pendant le sommeil, la respiration devient moins profonde et – sauf pendant les phases dites de sommeil paradoxal – tout à fait régulière. Le pouls n'est pas influencé, lui non plus, par ce que vit l'entité astrale-psychique. Dans le pouls de l'enfant endormi, la vie s'exprime dans toute sa pureté. Les recherches de Breithaupt[154] ont montré qu'entre 6 et 7 ans, pendant le sommeil, le rapport entre le rythme du cœur et celui de la respiration est de 5 : 1 ; une respiration pour cinq battements de cœur. Quand l'enfant se réveille, ce rapport devient 4 : 1. La respiration est alors pénétrée par l'entité astrale-psychique et celle-ci influence le pouls, donc la vie. Du fait que l'entité intérieure intervient ainsi dans les processus vitaux, ceux-ci sont atténués. L'entité astrale-psychique ne peut s'éveiller qu'à la condition que la vie soit mise en sourdine. Quand l'enfant se rendort, dès que cesse l'influence de l'élément astral-psychique qui refoulait partiellement la vie, le rapport pouls-respiration redevient 5 : 1.

Au cours de la dixième année, un changement important se produit. Le rapport pouls-respiration de 4 : 1 se poursuit aussi pendant la nuit. Le battement du pouls et les processus vitaux continuent de se dérouler pendant le sommeil comme ils le font pendant la journée, lorsque l'élément astral-psychique exerce son action. La différence qui existait jusque-là dans le rapport pouls-respiration entre la nuit et le jour cesse. La vie s'est donc totalement adaptée à l'influence de l'élément astral-psychique ; elle s'est désormais ouverte, en quelque sorte, à l'entité intérieure de l'enfant. En partant des poumons, cette entité pénètre maintenant dans la vie du sang et, grâce aux pulsations du sang artériel, jusque dans les organes en pleine croissance.

Selon Rudolf Steiner, ce changement dans la coordination entre l'organisation vitale du corps en pleine croissance et l'entité astrale-psychique indique l'entrée dans les processus de métamorphose qui aboutiront à la puberté. « Nous inhalons [...] ce qui nous rend pubères »[155]. C'est à partir de la dixième année, d'abord chez les filles, qu'apparaissent les caractères sexuels secondaires, précurseurs de la puberté.

Avant de décrire plus en détail les phénomènes de métamorphose qui débutent vers 10-11 ans, nous devons préciser ce que nous entendons par « entité astrale-psychique. Il s'agit de toutes les forces intérieures qui s'appuient étroitement sur le fonctionnement corporel, donc d'un domaine intérieur particulièrement différencié, où l'on trouve aussi bien :

– les forces de désir associées aux diverses perceptions et sensations (par exemple à l'odeur, au goût),

– les pulsions comme la faim, la soif, la fatigue, etc., qui incitent obscurément l'être humain à accomplir certaines actions,

– les envies et les passions attisées par la jouissance, qui provoquent le besoin de renouveler cette jouissance,

– les sentiments de plaisir et déplaisir, de bien-être et de gêne.

Mais l'être humain connaît encore d'autres mouvements intérieurs, qui apparaissent comme des transformations de ces émotions élémentaires. Le sentiment de plaisir qui s'ouvre et s'élargit mène au contentement, et finalement à la joie. Ou bien, quand le plaisir se transforme pour devenir lien non égoïste avec un autre être, il peut aller jusqu'au don de soi, au dévouement désintéressé, à la compassion, et à l'amour.

Les autres forces élémentaires du psychisme sont, elles aussi, susceptibles de telles transformations. Dans une certaine direction, le désir peut devenir attente, souhait, et enfin espoir ; dans une autre direction il devient curiosité et, à un niveau supérieur, intérêt.

Les forces de la passion peuvent sombrer dans la dépendance, mais elles peuvent aussi se spiritualiser et aboutir, en différentes étapes, à l'enthousiasme.

Ces exemples illustrent toute la richesse intérieure de ce domaine astral-psychique et permettent de comprendre ce qui distingue les mobiles les plus élémentaires des émotions plus élaborées. Le terme « astral » désigne plutôt les forces élémentaires et le terme « psychique » plutôt ce qui est transformé, et par conséquent plus intériorisé. Dans ce qui va suivre, nous utiliserons la terminologie de Rudolf Steiner en désignant par « corps astral » l'ensemble des forces astrales et psychiques. C'est principalement par les qualités psychiques de leur corps astral que les individualités humaines se distinguent les unes des autres.

Nous pouvons maintenant examiner plus en détail de quelle façon les organes se développent après la dixième année. Comment les forces astrales et psychiques qui, comme nous l'avons vu, pénètrent dans la vie du corps, participent-elles à ce développement ? Entre 10 et 11 ans, chez les filles, on constate une brusque accélération de la croissance des poumons (figure 31). Jusqu'à la première moitié de la quatorzième année, la capacité vitale – le volume compris entre l'inspiration maximale et l'expiration maximale – passe de 2 463 ± 430 cm3 à 3 486 ± 437 cm^3. Cela représente une augmentation de 41 %. Chez les garçons, les choses commencent un à deux ans plus tard, et le phénomène est encore plus impressionnant. Entre la douzième et le début de la seizième année, la capacité vitale passe de 2 623 ± 399 cm^3 à 4 290 ± 815 cm^3, soit 55 % ![156]

Cet accroissement de la capacité vitale correspond à un approfondissement de la respiration ; une formidable intensification du processus respiratoire, en deux ou trois ans seulement. En même temps, le rythme de la respiration se modifie. Chez l'enfant plus jeune, les variations du rythme respiratoire s'expriment avant tout dans la fréquence : selon les moments, l'enfant respire plus ou moins vite. À présent, la respiration devient plus tranquille (plus lente), mais aussi plus profonde. Quant aux variations, elles concernent désormais aussi l'amplitude : l'adolescent respire plus ou moins profondément. Cet approfondissement de la respiration est en rapport avec les autres changements qui ont lieu dans le corps, en particulier la croissance générale et l'augmentation du besoin en oxygène des membres. Dans un organisme, le développement d'un organe dépend toujours du développement des autres organes. Mais pour comprendre complètement la

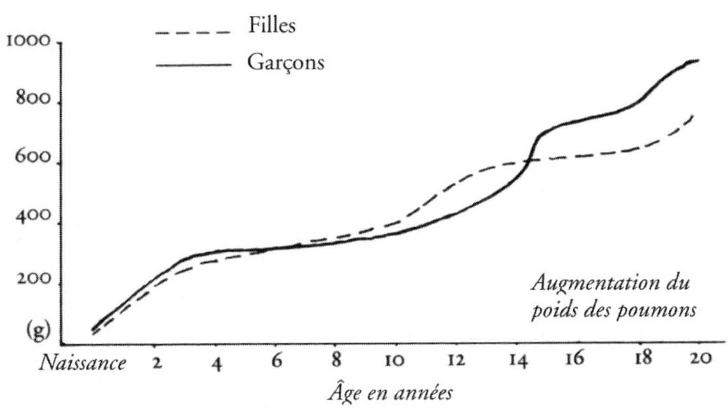

Figure 31 : La dynamique du développement des poumons se distingue de celle du foie et des reins par une forte poussée vers 10 ans chez les filles et 12 ans chez les garçons.

croissance des poumons et la modification du processus respiratoire, il faut encore tenir compte d'autres phénomènes. Quand les poumons sont devenus plus vastes et la respiration plus profonde, de *nouveaux* sentiments comme l'amour, la nostalgie, etc., peuvent vivre dans l'âme de l'adolescent. Ces sentiments impliquent une profondeur de la vie intérieure que l'enfant ignorait. L'ensemble du monde affectif connaît alors une intensité et une profondeur nouvelles. Il devient aussi plus personnel. La profondeur d'un sentiment se manifeste par une plus grande amplitude du rythme respiratoire, de telle sorte que la nouvelle dimension de la vie affective s'extériorise dans cet approfondissement et, le plus souvent, ce ralentissement de la respiration. Des sentiments de cette ampleur ne pourraient pas s'animer dans les poumons d'un enfant de 7-8 ans ; leur capacité respiratoire est encore bien trop faible ! Il faut d'abord que les poumons se transforment et grandissent comme ils le font précisément entre la dixième et la treizième année chez les filles, entre la douzième et la quinzième année chez les garçons. Les forces psychiques les plus profondes, celles qui deviennent ensuite conscientes dans la vie intérieure de l'adolescent, participent à ces processus de croissance. Dès la dixième année, elles pénètrent les poumons et plongent, de là, dans la vie des organes qui grandissent. Les poumons se développent sous l'effet de forces psychiques qui agissent dans les profondeurs de l'organisme, dans le fonctionnement inconscient du corps de vie, et ils accèdent ainsi à leur nouvelle configuration – respiration plus profonde et plus lente – qui correspond désormais à ces forces. (Quand un garçon de 15 ans fait un effort corporel, son rythme cardiaque s'accélère deux ou trois fois moins que lorsqu'il avait 9 ans.) Une fois cette nouvelle configuration réalisée, les forces psychiques cessent d'agir dans les profondeurs inconscientes du corps et d'impulser les processus de croissance des organes. Elles s'en dégagent et surgissent alors dans la vie intérieure; elles vivront désormais dans le rythme de la respiration. Avec ces nouveaux sentiments qui s'animent dans le rythme modifié de la respiration, l'adolescent se tourne vers le monde qui l'entoure.

La dynamique de croissance du cœur est semblable à celle des poumons, sauf qu'il n'y a pas, cette fois, de différence notable entre les filles et les garçons. La forme du cœur s'individualise et atteint son stade adulte à la puberté. Dans le cœur aussi, et même plus fortement que dans les poumons, la vie psychique reste d'abord inconsciente. Il y a déjà quelques dizaines d'années, Plügge s'est aperçu que les enfants qui souffrent de graves maladies cardiaques comme l'endocardite ou la myocardite (inflammation de la membrane interne ou du muscle même du cœur) ne ressentent pas les mêmes symptômes subjectifs que les adultes atteints de pareils maux. Plügge écrit : « Il semble bien qu'avant dix ans, les enfants ne se rendent pratiquement pas compte qu'ils sont malades, sauf quand ils en sont arrivés à un stade très avancé de détérioration du cœur [157]. » Quand ils jouent avec d'autres enfants, ils se comportent comme des enfants normaux et surmènent « sans aucun scrupule leur cœur déficient, et ceci jusqu'au seuil de la mort ». Le comportement de ces enfants malades est révélateur de ce qui vaut en fait pour tous les enfants : « Entre la dixième et la treizième année, un changement important s'opère dans la perception que l'on a de son propre corps. Les enfants malades du cœur ne se comportent comme des adultes atteints du même mal qu'après cette césure. » C'est donc seulement après la treizième année que l'enfant perçoit intérieurement son cœur, et celui-ci devient l'organe grâce auquel il va pouvoir percevoir les sentiments les plus profonds, ceux par lesquels l'adolescent éprouvera à la fois son être subjectif et son rapport personnel au monde.

L'apparition de sentiments personnels plus profonds dans le rythme des poumons et dans celui du cœur est ce qui permet la naissance du domaine psychique du corps astral. Quand il parle de « naissance du corps astral[157] », Rudolf Steiner désigne ce processus au cours duquel les forces du corps astral cessent d'agir inconsciemment dans les processus de croissance et peuvent de ce fait, comme le fait le corps du bébé à la naissance physique, entrer en relation avec leur environnement.

Entre la dixième et la quinzième année, un changement caractéristique s'opère aussi dans la circulation sanguine. Pendant la petite enfance, la part de sang artériel dans la circulation est relativement élevée. C'est à travers le sang artériel que les forces qui travaillent à construire et à faire croître l'organisme agissent. Si, à la naissance de l'enfant, le sang artériel et le sang veineux ne sont pas séparés – par la fermeture de la paroi interne du cœur –, le sang qui coule vers les organes à travers les artères ne contient pas suffisamment d'oxygène, et l'enfant ne se développe pas correctement. Au cours de l'enfance, le diamètre de l'aorte diminue comparativement à celui des veines caves, de telle sorte que la part de sang artériel baisse très progressivement. Or ce processus s'accélère notablement à partir de la dixième année[159].

Le sang qui circule n'est pas seulement l'organe porteur des processus de la respiration et de la nutrition. Par l'intermédiaire de la chaleur en particulier, des forces psychiques comme celles de la volonté et du sentiment agissent aussi dans la circulation. Dans le sang artériel riche en oxygène, ces forces peuvent se relier fortement à la substance vivante du sang qui circule en y plongeant profondément. Mais quand la vie du sang est atténuée par le gaz carbonique, dans le sang veineux, les forces psychiques ne peuvent plus s'unir aussi fortement au sang. Elles relâchent leur action sur le sang[160]. Ce processus s'intensifie du fait qu'à l'approche de la puberté la teneur du sang veineux en gaz carbonique, et par là l'atténuation de sa vitalité, augmente encore. On voit donc que les changements qui s'opèrent au niveau du sang correspondent à ceux que connaissent les poumons et le cœur : des forces psychiques cessent d'agir dans les processus vitaux, se libèrent et deviennent conscientes dans la vie intérieure.

Des modifications analogues ont lieu dans les organes génitaux et lors de l'apparition des caractères sexuels secondaires. Chez la jeune fille, dès 9-10 ans, les glandes mammaires grossissent, puis c'est au tour des organes génitaux internes et externes. Chez le garçon, cette croissance débute vers 10-11 ans. Quand ils ont atteint leur taille définitive, les organes génitaux deviennent porteurs des forces astrales du désir érotique et, comme toujours lorsqu'il s'agit de la satisfaction de désirs, des sensations de plaisir viennent s'associer à ces forces de désir.

Les forces de désirs sont de deux sortes. Les unes sont plutôt de nature pulsionnelle, les autres ont un caractère d'avidité. Les premières poussent à sortir de soi pour trouver une satisfaction, les secondes, au contraire, incitent à absorber en soi ce que l'on désire. Quand la croissance s'accélère au niveau des organes sexuels, c'est que la croissance normale est sous l'influence de ces forces de désir. Chez le garçon, on voit agir l'impulsion qui pousse à se projeter vers l'extérieur, chez la fille le geste de se tourner vers cet extérieur pour le recueillir à l'intérieur de soi. Chez le garçon, la force astrale du désir pulsionnel plonge dans les organes génitaux extérieurs et agit dans les processus de croissance inconscients. Chez la fille, la force astrale de l'avidité précipite cette croissance des organes génitaux extérieurs.

Puis les forces astrales cessent d'agir inconsciemment dans les processus de croissance et s'en dégagent. En même temps, les organes cessent de croître, et les forces de désir liées aux organes sexuels peuvent dès lors être sollicitées de l'extérieur. La maturité sexuelle, elle aussi, consiste dans le fait que les forces astrales concernées se mettent en relation avec le monde environnant, autrement dit qu'elles « naissent ».

Le changement le plus frappant au moment de l'adolescence est certainement la poussée des bras et des jambes. Entre 7 et 9 ans, les filles grandissent en moyenne de 5 à 6 cm par an. Ensuite, la croissance s'accélère jusqu'à atteindre 9 cm par an. Après 12 ans, elle décline rapidement. Chez les garçons, cette poussée se produit environ deux ans plus tard. De 5 cm par an, la croissance atteint un pic de 10 cm par an vers 14 ans, puis, comme pour les filles, décline rapidement (figure 32). Pour commencer, seuls les bras et les jambes s'allongent plus vite.

Cette croissance se déroule de façon tout à fait singulière. Le squelette se met à grandir plus vite, alors que la musculature continue pendant quelque temps à se développer au même rythme que les années précédentes. C'est la raison pour laquelle les os prennent dans les bras, et surtout dans les jambes, un supplément de poids qu'ils n'avaient pas auparavant. Or l'os est fait d'une substance densifiée et cristallisée au point qu'elle se sépare de l'intériorité de l'être humain. Bien qu'étant situés à l'intérieur du corps, les os restent, en effet, quelque chose d'extérieur. Ils constituent une partie des membres dans laquelle l'homme ne peut pas vivre ni agir intérieurement comme

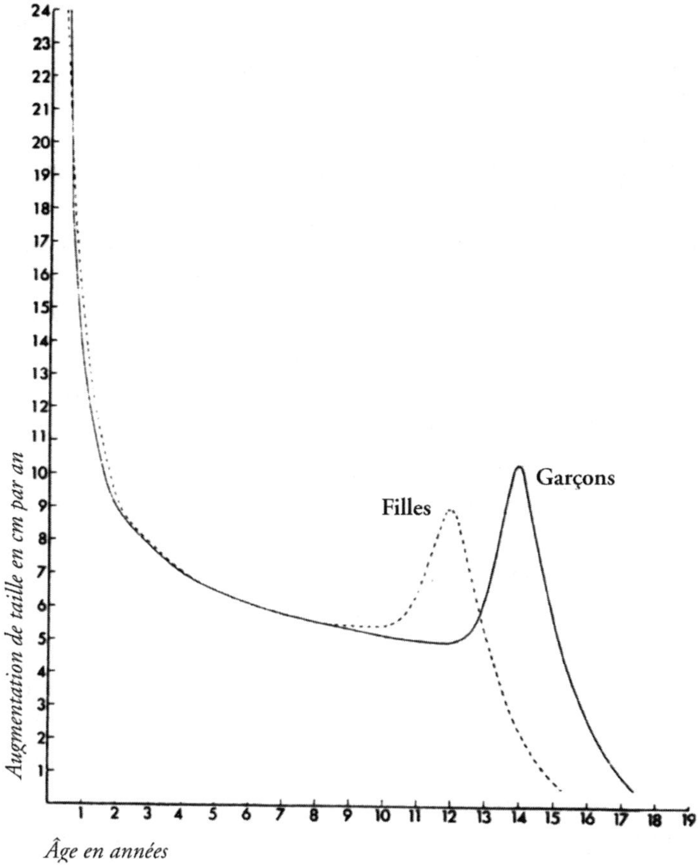

Figure 32 : L'accroissement annuel de taille augmente fortement entre 10 et 12 ans chez les filles (12 et 14 ans chez les garçons) – surtout du fait de la poussée des membres (jambes) – et diminue rapidement après avoir atteint un maximum.(Tiré de W. Marshall et J. Tanner, « Puberty », in *Human Growth*, Vol. 2, éd. par F. Falkner et J. Tanner.)

il le fait dans ses poumons ou sa musculature. Du fait de leur poids spécifique particulièrement élevé (1,936 au lieu de 1,058 pour la musculature[161]), ils subissent fortement l'influence de la gravitation. Du fait que, seuls, les os commencent à croître plus vite dans les jambes, cette influence augmente encore considérablement.

La poussée du squelette, nous l'avons dit, commence au niveau des pieds. Quelques mois plus tard, elle atteint les jambes (tibias et péronés), puis, au bout de six mois, les cuisses (fémurs). Et ce n'est qu'un an après avoir débuté dans les pieds que l'accélération de la croissance atteint le tronc. Cette « descente » de l'adolescent dans le champ d'action de la pesanteur s'effectue donc par étapes, de façon centripète : partant d'en bas, de la terre, la gravitation pénètre toujours plus profondément dans l'être humain ; elle sépare d'abord les pieds et les mains du reste de l'organisme et les insère énergiquement dans l'action des forces terrestres.

Avant que cette poussée osseuse ne commence, le rapport de la musculature à la circulation sanguine et, du même coup, à la vie psychique qui agit dans le sang artériel à partir de la respiration, influence encore grandement les mouvements de l'enfant. L'activité volontaire qui s'exerce dans les jambes de l'enfant reste sous l'emprise de ses sentiments et de ses états d'âme. À l'adolescence, la volonté subit l'influence grandissante de la pesanteur. Un an après cette poussée du squelette des jambes, la musculature commence à son tour à se développer plus fortement. La croissance vient, cette fois, d'une intensification de la volonté, mais cette dernière n'est plus la même qu'auparavant. Désormais, en effet, elle pénètre complètement dans le domaine de la gravitation et dans la mécanique du squelette des jambes et, par là, dans les forces et les lois du monde extérieur. Cette brutale poussée des membres correspond en réalité à la « naissance » de la volonté dans les forces objectives de la pesanteur.

Plus l'allongement des membres commence tard, plus il dure longtemps, et donc plus le corps devient grand. Quand il débute relativement tôt, comme c'est en général le cas chez les filles, l'ensemble des processus de vie et de croissance gardent une plus grande mobilité, ce qui tend à atténuer l'influence des forces extérieures sur l'organisme et à freiner leur action. Il en va autrement lorsque, après la douzième année, l'intensité de la vie intérieure a diminué. C'est pourquoi, le plus souvent, les membres grandissent moins chez les filles que chez les garçons. De nombreux phénomènes indiquent que l'influence de la pesanteur est plus forte dans l'organisme masculin.

Quand les membres ont cessé de s'allonger, le tronc commence à son tour à se développer. Les courbures de la colonne vertébrale deviennent plus marquées, et des épiphyses osseuses apparaissent aux extrémités des apophyses vertébrales (transverses et épineuses), prolongeant ainsi les leviers auxquels la musculature qui permet le redressement et les mouvements du dos vient s'attacher. Non seulement l'adolescent éprouve désormais de façon plus intense la confrontation avec la pesanteur dans cette partie de son corps, mais c'est toute son expérience de l'équilibre qui va se modifier. H. A. Witkin a découvert que, vers 10 ans, la façon dont l'enfant ressent son équilibre change. Les petits enfants s'orientent encore grâce aux structures verticales de leur environnement. Après 10 ans, ils ne s'appuient plus que sur l'expérience interne qu'ils font de leur propre équilibre. « At 8 and 10 years of age, children are very strongly influenced by the prevailing visual field, but by 13 years they achieve a market degree of independence of the field [162]. »

Du fait qu'il éprouve plus fortement son équilibre, c'est-à-dire sa propre insertion dans les forces de gravitation orientées vers le centre de la terre, l'adolescent se ressent aussi plus fortement centré sur lui-même. Il devient plus indépendant de son environnement. Il se laisse moins influencer par les normes de comportement de ceux qui l'entourent. À la limite, il arrive que les garçons cessent pratiquement tout contact avec l'extérieur pour s'enfermer dans un comportement plus ou moins original.

En se confrontant aux forces de la pesanteur et de l'équilibre, forces qui se confondent désormais avec son organisme volontaire, l'adolescent fait l'expérience de son autonomie. Il prend davantage conscience de l'activité qu'il doit désormais mettre en œuvre dans ces forces. Quand il est debout et qu'il porte tout son poids sur une jambe, il ressent aussitôt certaines modifications de son activité volontaire dans l'autre jambe, les hanches et le dos. Tout changement de position et tout mouvement entraînent un changement de l'activité volontaire dans l'ensemble du corps. Il existe une stricte coordination entre l'activation qui se manifeste à un endroit et les modifications de l'activité volontaire dans le reste du système moteur. L'homme ne peut se tenir en équilibre, en effet, que si la dynamique de sa volonté s'accorde constamment avec la coordination de l'ensemble des forces de son corps. En plongeant profondément dans les forces extérieures de la pesanteur et la mécanique de son squelette, l'adolescent fait l'expérience d'un strict « si – alors – », c'est-à-dire d'une relation de cause à effet. « À partir de la douzième année, le système osseux, qui s'insère dans les forces du monde extérieur, domine le système musculaire [...] et la conséquence en est que l'enfant accède maintenant à une compréhension vécue de la relation de cause à effet, de la notion de force, de ce que nous ressentons comme la verticale, l'horizontale, etc.[163] »

Au cours des douzième et treizième années, un changement important s'opère aussi dans la vie des pensées et des représentations. Après 7-8 ans, la pensée est encore étroitement liée aux représentations ; c'est pourquoi l'enfant vit entièrement dans un univers concret. À l'adolescence, les représentations deviennent « plus générales, plus abstraites et donc plus pâles, et elles sont surtout bien moins expressives » (Nickel). Les représentations perdant toute leur vitalité intérieure, les pensées n'ont plus un caractère aussi concret et parlant.

Du fait de cet appauvrissement des images intérieures, les perceptions sensibles extérieures acquièrent plus d'influence sur la conscience. En même temps, le jeune devient capable de former des pensées qui n'ont plus de rapport direct avec le concret. Sa pensée s'élève dans la sphère des concepts purs et des relations entre ces concepts. L'univers intérieur de la logique s'ouvre alors à lui. En tirant certaines conclusions, l'adolescent peut désormais comprendre, par exemple, que :

si A possède l'attribut C
et si B appartient à A,
alors B possède aussi l'attribut C.

J. Piaget nomme ce stade celui des opérations formelles.
La pensée qui cesse de dépendre des représentations concrètes « naît » en tant que penser pur. Maintenant « le penser prend sa pleine signification. Il devient autonome[164] ».

Mais on ne peut se mouvoir dans la sphère des concepts purs et de la logique que si l'on conduit soi-même son penser. Il faut éliminer toute pensée qui ne serait qu'associative, en passant volontairement et en toute conscience d'un concept à un autre, d'un jugement au jugement suivant, etc. L'adolescent éprouve maintenant le besoin de devenir autonome dans sa pensée et son jugement. Et lorsqu'il veut conduire intérieurement son penser à l'aide des forces qui lui confèrent son sentiment d'autonomie, il faut qu'il satisfasse à une certaine exigence. L'expérience de l'autonomie provient d'une organisation volontaire modifiée, c'est-à-dire de cette organisation grâce à laquelle l'homme se tient en équilibre. Or cette tenue de l'équilibre est régie, nous l'avons vu, par une stricte relation de cause à effet. Parler de causalité quand il s'agit de manipuler la mécanique du squelette à l'aide de la volonté ou parler d'autonomie revient donc au même. Dans un cas, on s'intéresse aux lois qui régissent l'activité volontaire, dans l'autre à la qualité du vécu qui accompagne cette activité volontaire. Si le jeune être humain veut devenir intérieurement autonome dans la connaissance, donc dans la sphère du spirituel, il lui faudra conduire lui-même son penser grâce à la nouvelle qualité de sa volonté strictement régie par la causalité. Il devra passer d'une compréhension imagée du monde à une connaissance fondée sur des jugements.

Les faits qui viennent d'être signalés nous montrent que la naissance du corps astral s'effectue en deux phases distinctes. Les forces purement intérieures, suprasensibles, du corps astral s'unissent tout d'abord aux forces du corps de l'enfant qui leur sont le plus proches : celles du corps de vie à l'œuvre dans les organes. Le corps astral plonge donc tout d'abord dans les organes en pleine croissance et y imprime ses forces. « Entre la septième et la quatorzième année, le corps astral est peu à peu attiré vers l'organisme. Lorsqu'il n'est plus uni par un lien relâché, mais qu'il pénètre profondément le corps éthérique et le corps physique, l'être humain atteint le stade de la puberté. Chez les garçons, on remarque à la métamorphose de la voix que le corps astral a entièrement pénétré le larynx ; chez les filles au développement de la poitrine, etc. De tous côtés, le corps astral pénètre lentement l'organisme. Il suit les lignes et les directions tracées par les nerfs. Il pénètre dans le corps le long de ces nerfs, de l'extérieur vers l'intérieur. Il commence à se concentrer par la peau, puis, peu à peu, emplit le corps tout entier. Puis il se condense, s'empare étroitement de tous les organes, s'unit en quelque sorte chimiquement à la texture physique et éthérique de l'organisme[165]. » Tout cela se déroule dans l'inconscient, parce que les forces du corps astral plongent dans la vie inconsciente des organes.

Quand les organes ont pris une configuration qui correspond aux forces du corps astral, celles-ci se dégagent et cessent d'agir dans les processus de croissance. R. Steiner parle ici d'émancipation du corps astral[166]. Des profondeurs de son être intérieur, l'adolescent s'ouvre alors aux choses et aux autres êtres humains. Il se tourne vers eux, les juge, et en reçoit des impressions beaucoup plus profondes qu'auparavant. « Alors qu'il vivait, jusqu'ici, surtout en lui-même, il s'ouvre à présent au monde et devient apte à comprendre les autres hommes et les choses du monde[167] ».

Les processus que nous venons de décrire s'accompagnent d'une transformation de l'ensemble de l'organisme qui joue un rôle capital dans toute la destinée humaine : il s'agit de la séparation entre féminin et masculin. Cette différence de configuration est, certes, déjà visible chez le petit enfant, mais c'est seulement entre 10 et 15 ans qu'elle s'exprime complètement. La maturité des organes génitaux n'est en fait qu'une partie d'un processus beaucoup plus vaste.

Pour le décrire, il faut commencer par prendre en compte les principes fondamentaux de l'organisation du corps humain, en particulier la polarité entre la tête et les membres, surtout jambes et pieds. C'est en effet dans les jambes, comme nous l'avons vu, que l'être humain pénètre le plus totalement dans les forces terrestres de pesanteur. Dans la tête, à l'inverse, surtout dans la partie qui entoure le cerveau, il échappe à l'influence de ces forces. Elles ne peuvent aucunement s'immiscer dans la boîte crânienne ossifiée, dont la sphère close sur elle-même reste protégée de toute action terrestre et se relie au cosmos. À l'intérieur, l'organe du penser, le cerveau, flotte presque sans poids dans le liquide céphalo-rachidien.

Chez le garçon, les jambes se développent plus fortement que chez la fille. Proportionnellement au tronc, elles deviennent plus longues. La forme d'ensemble des jambes montre que l'organisme masculin s'unit plus fortement aux forces terrestres. Les jambes de l'homme sont plus indépendantes du tronc que celles de la femme où les cuisses passent de façon continue dans la rondeur du tronc. Chez l'homme, le pied et le bas de la jambe, les parties du corps qui descendent le plus profondément dans les forces terrestres, sont particulièrement développées. Elles restent en général plus courtes chez la femme.

Dans un corps masculin, l'être humain devient plus dépendant des forces terrestres. En se confrontant avec ces forces, il développe, en même temps que la musculature, une volonté qui se saisit davantage des forces extérieures. Globalement, on peut dire qu'il se lie plus intensément au corps physique et se tourne davantage vers la réalité extérieure.

Ce surcroît de force agissant dans les membres se répercute dans l'ensemble du corps masculin, par exemple dans la musculature du tronc et les puissants muscles du cou.

Chez le garçon, la partie de la tête qui correspond aux membres – les maxillaires, principalement la mâchoire inférieure – se développe nettement au moment de la puberté. Cette plongée plus profonde dans le corps physique et les forces de pesanteur se manifeste aussi dans le fait que la voix devient plus grave lorsqu'elle mue.

Sur cet arrière-plan, le caractère de l'organisme féminin ressort clairement. La tête s'élance librement au-dessus du tronc. Elle est, en général, plus arrondie, notamment dans les parties frontale et occipitale. La mâchoire reste plus petite. Les forces sphériques orientées vers le cosmos sont donc prédominantes. Le fait que l'organisme féminin se lie moins aux forces de pesanteur dans les jambes et les pieds résulte de son plus grand rapport avec le cosmos.

On peut aussi constater ces différences en regardant la forme que prend la cage thoracique lorsqu'elle est remodelée entre la dixième et la quinzième année. À ce niveau, les principes formateurs de la tête viennent s'unir à ceux des membres[168]. Au deuxième mois du développement embryonnaire, les ébauches des côtes poussent à gauche et à droite de l'ébauche de colonne vertébrale, comme une série de membres simplifiés. Puis ces rayons se courbent et se referment, grâce à des forces qui viennent du haut (de la tête), pour donner la forme sphérique de la cage thoracique. On voit donc comment les forces formatrices à tendance sphérique de la tête et les forces à tendance radiale des membres collaborent dès le début pour former la cage thoracique.

Et cela se poursuit une fois la cage thoracique formée. Au moment de la puberté, la cage thoracique de la jeune fille devient plus profonde et – en coupe transversale – plus arrondie. La cage, comme les poumons, prend une forme plus sphérique que ne l'était celle de l'enfant. Lors de ce remodelage, les forces formatrices à tendance sphérique, celles qui viennent de la tête, deviennent dominantes. Chez le garçon, la cage thoracique évolue dans la direction opposée ; elle devient plus plate et plus large. La tendance formatrice dirigée vers la gauche et la droite, qui se manifestait déjà dans les ébauches des côtes analogues à des membres, devient désormais prépondérante dans la cage thoracique et les poumons.

Les bras, qui se rattachent à la cage thoracique au niveau de la ceinture scapulaire, subissent, eux aussi, l'effet de ce remodelage du thorax différent chez la femme et chez l'homme. Ceux de la jeune fille se dégagent quelque peu du lien avec les forces terrestres. Cela s'exprime dans la plus grande mobilité interne, la motricité subtilement différenciée et la grâce des mouvements. Les bras du jeune homme, qui se rattachent à une cage thoracique plus large, sont davantage soumis aux influences qui émanent de la terre. Ici, la force et la puissance remplacent la grâce.

Signalons encore une autre polarité. Chez le garçon, c'est surtout la musculature qui se développe au moment de la puberté, donc le système organique de la volonté. Par ses muscles, il peut se saisir de son corps dans son nouveau rapport à la pesanteur et le maîtriser à partir de son expérience de l'autonomie. La jeune fille fabrique davantage de graisse dans les couches profondes de sa peau. C'est cette substance qui confère au corps féminin son modelé particulier, plein d'âme et d'intériorité. La graisse, qui contient beaucoup d'hydrogène, est très liée à la chaleur et à l'élément gazeux. Or la chaleur et le gaz, par leur tendance à se dissoudre et à se répandre à la périphérie, ont des qualités correspondant au caractère plus cosmique de l'organisme féminin.

Du fait de cette configuration polaire du corps, le jeune être humain tisse des relations très différentes avec lui-même et avec le monde selon qu'il est fille ou garçon. Au niveau de son âme, la jeune fille se différencie de façon plus fine, alors que le garçon, du fait de son lien plus fort avec la pesanteur, est plus centré sur lui-même. En même temps, les différences d'aptitudes entre les deux sexes deviennent plus caractéristiques qu'avant la puberté. Les forces qui se libèrent font apparaître aussi de nouveaux talents et de nouveaux intérêts, sur le plan artistique, cognitif, social et pratique. À l'intérieur de lui, l'adolescent éprouve toute la dimension de son entité astrale-psychique. Il est agité par des émotions qu'il ne connaissait pas auparavant; d'un côté, des pulsions et des désirs sensuels qui l'attachent à son corps, de l'autre un don de soi désintéressé aux autres, dans l'amitié et l'amour, ainsi qu'un intérêt profond, bien que parfois rêveur ou exalté, pour l'art et la nature. Le jeune être peut jouir de tout cet enrichissement et, avec les forces intérieures d'idéal qui naissent de la métamorphose et de la spiritualisation de ses pulsions, se tourner avec enthousiasme vers des buts plus élevés.

Ce processus est comparable à ce que nous montre la nature : la plante qui d'abord jaillit du sol et s'élève, forme ensuite des boutons pour enfin se tourner, en fleurissant, vers le monde extérieur.

La faculté de jugement et son évolution

Face à la multiplicité de ce qu'il vit et de ce que son destin exige de lui, l'homme ne conquiert son autonomie intérieure que s'il observe clairement les faits, distingue clairement leurs rapports, peut replacer chaque détail dans le tout auquel il appartient, et reste toujours capable de déceler dans le présent ce qui va conditionner l'avenir. Tout cela part d'une même source : une capacité de jugement saine et amplement développée. Elle est la force qui permet à l'homme de tisser des relations libres et ouvertes avec son entourage en donnant forme et contenu à son existence et à ses actes. Le jugement est la faculté qui permet à notre raisonnement d'échapper au filet de nos opinions toutes faites. Dans sa lumière, la signification des choses se révèle, et l'homme peut devenir une personnalité qui se relie de multiples façons au monde. C'est la force de son jugement qui fait mûrir l'homme et édifie sa personnalité. Cette force peut se développer au point de devenir une faculté spirituelle supérieure comme le jugement intuitif et l'imagination. L'homme qui veut former sa personnalité doit donc élaborer sa capacité de jugement ; il peut alors, grâce à cette faculté, dépasser les limites de sa seule personnalité.

I

L'impulsion intérieure à juger, à se faire sa propre opinion et à se libérer de l'autorité apparaît chez l'être humain entre 12 et 14 ans. Pour pouvoir comprendre cette nouvelle force, nous devons l'examiner en relation avec les processus de métamorphose que l'adolescent traverse à cet âge. Le plus impressionnant est sans nul doute la poussée de croissance des membres, c'est-à-dire des organes de l'activité volontaire extérieure. Comme nous l'avons montré, cette poussée commence par le squelette ; la musculature, qui permet à l'adolescent de saisir volontairement son squelette, reste d'abord un peu en arrière. La poussée du squelette commence précisément au niveau des pieds, donc à l'endroit où, par l'intermédiaire de la voûte plantaire, le poids du corps agit le plus fortement. Quelques mois plus tard, la poussée se saisit des jambes et enfin des cuisses. De la même façon, en haut, ce sont d'abord les mains qui grandissent, puis les avant-bras et enfin les bras. La croissance est centripète : elle progresse de l'extérieur vers l'intérieur[169].

Quelles sont les forces qui agissent dans cette croissance ? Dans les pieds et les jambes, il s'agit d'une poussée contre la pesanteur. Les forces de vie n'y agissent plus seules comme c'est le cas dans les poumons, le cœur et les autres organes. La croissance se fait en relation avec la pesanteur qui agit dans les os. Cette pesanteur est saisie et surmontée par les processus qui font grandir les pieds et les jambes. Or la force qui, en l'être humain, maîtrise la pesanteur et peut descendre dans le domaine des forces terrestres pour les vaincre est le moi (voir p. 134). Dans un premier temps, on ne connaît que l'action consciente du moi dans l'âme ; mais le moi agit aussi dans les profondeurs inconscientes du corps, où il provoque notamment la croissance des jambes, en travaillant avec la pesanteur. La conformation des jambes de l'adolescent s'en trouve fortement modifiée, de telle sorte qu'à 14 ans, la tête du fémur, l'articulation du genou et celle de la cheville viennent s'aligner exactement au-dessus les unes des autres. Par l'action du moi, les jambes ne font pas que s'allonger et s'alourdir ; elles s'insèrent aussi totalement dans la direction de la force de pesanteur.

Cette insertion des jambes dans la gravité a une grande importance pour tout l'être humain. Auparavant, ses mouvements dépendaient encore de son organisme rythmique, notamment de la pulsation de son cœur et de ses émotions. Les mouvements gracieux et légers de l'enfant sont l'expression visible de cette relation. En s'insérant davantage dans la pesanteur, les membres – surtout les jambes – se libèrent de cette relation pour devenir des organes indépendants. L'activité volontaire qui les traverse n'est plus directement influencée par les émotions et les affects. L'adolescent développe à présent son activité volontaire dans ses membres à partir de l'expérience qu'il fait de la pesanteur. On peut le voir à sa façon différente de marcher et de se mouvoir en général. L'impulsion du mouvement vient désormais de sa propre sensation de la pesanteur, chez le jeune homme encore plus nettement que chez la jeune fille. L'essentiel dans tous ces changements consiste dans le fait que l'adolescent peut, pour une grande part, déployer sa volonté indépendamment de ses mouvements affectifs. En passant de l'enfance à l'adolescence, l'homme acquiert donc l'autonomie intérieure de sa volonté. Elle apparaît du fait que, dans ses membres, il se lie beaucoup plus fortement aux forces terrestres.

La volonté n'a pas la même qualité selon qu'elle agit dans les jambes et les pieds ou dans les bras et les mains ;

dans les membres supérieurs, elle a davantage de mobilité intérieure. La structure des bras est telle que les forces statiques n'y jouent qu'un rôle mineur. C'est la raison pour laquelle on peut mouvoir les bras et les mains en éprouvant et en conduisant chacun de ses mouvements jusque dans ses plus subtiles modifications. On ressent l'activité que l'on déploie, et cette mise en action intérieurement ressentie de l'impulsion volontaire est si fine que l'on peut saisir et manier l'objet le plus délicat sans le modifier aucunement. Dans ce toucher actif, la volonté s'efface tellement que la chose maniée conserve toute sa spécificité.

Ces considérations peuvent nous aider à comprendre en quoi consiste le processus intérieur du jugement. Le mieux sera de partir d'un exemple simple. On voit par exemple un enfant qui se révèle particulièrement actif, fait docilement tout ce qu'on lui demande, termine toujours ce qu'il a commencé, etc. On s'interroge alors sur ce qui provoque chez lui un tel comportement. Agit-il par ambition ? Fait-il tout cela pour satisfaire l'attente de ses parents ? Ou bien est-ce simplement du zèle ? Pour en juger, nous devons faire appel à la faculté dont nous disposons, en fait, depuis l'âge de 12 ans et prendre conscience par nous-mêmes, en pensant, des chemins qui nous conduiront à expliquer un certain état de fait. Nous cherchons les concepts qui vont nous permettre de nous former un jugement. Nous observons attentivement cet enfant. Nous prenons en compte tout ce que nous savons de lui et nous nous renseignons auprès des autres personnes qui le connaissent. Toujours par la pensée, nous rapprochons avec soin ces concepts – celui d'ambition, celui de contrainte, celui de zèle – et ces faits. Nous devons laisser agir en nous, pour ce faire, une qualité de volonté bien particulière. Nous ne cherchons pas à imposer aux faits un de ces concepts, mais nous approchons simplement ces trois concepts tout en les retenant, comme pour tâter intérieurement les choses, sans les modifier. Ce regard vivant nous amène à remarquer par exemple que l'enfant est particulièrement ouvert, qu'il s'intéresse à ce qui l'entoure et à ce qu'il fait. Nous abandonnons alors le concept d'ambition et nous le laissons replonger dans l'inconscient où nous l'avions puisé. Nous constatons ensuite que cet enfant entreprend beaucoup de choses sans y être forcé et qu'il est plein de bonne volonté. Nous abandonnons alors intérieurement, de la même façon, l'idée d'une contrainte. Et maintenant tout devient clair : ce qui s'exprime dans le comportement de cet enfant correspond au concept de « zèle », c'est-à-dire qu'il se donne librement à l'activité qu'il accomplit. Qu'avons-nous fait pour parvenir à un tel jugement ? Nous avons approché des phénomènes certains concepts en gardant la question ouverte. Pour parvenir au jugement : cet enfant agit par zèle, il importe que la volonté active dans notre esprit soit à même, pendant que nous pensons et que nous observons, de percevoir avec suffisamment de sensibilité si l'essence de la chose s'exprime au moyen du concept. Lequel concept devient alors la lumière qui permet à la chose d'exprimer son essence. « Le jugement de perception permet de reconnaître qu'un certain objet donné aux sens coïncide, quant à son essence, avec un certain concept » note Rudolf Steiner dans sa *Théorie de la connaissance chez Goethe* [170].

Cette activité du jugement exige la même qualité de volonté que celle qui vit dans les bras et les mains ! Encore faut-il, pour s'en rendre compte, observer non pas les bras et les mains physiques, faits de matière, mais la volonté qui agit en eux. On perçoit ainsi avec quelle mobilité et quelle sensibilité la volonté y est conduite [171]. De cette façon, il devient possible de comprendre la profonde signification de cette autonomisation des membres. Si la mise en action de la volonté dans les membres restait dépendante des sentiments comme elle l'est avant 12 ans, elle ne pourrait pas s'adonner objectivement à un phénomène comme elle doit le faire pour pouvoir élaborer un jugement. C'est ainsi qu'après 12 ans, lorsque la volonté devient relativement indépendante de l'organisme rythmique, elle peut devenir, dans les bras, le support des jugements. L'activité de volonté que l'homme met en œuvre pour faire preuve de discernement et juger, il la puise dans cette transformation de ses bras et de ses mains qui s'effectue entre 12 et 14 ans.

Tout jugement implique aussi, d'une façon ou d'une autre, une participation du sentiment. Dès l'instant où nous comprenons qu'à l'aide du concept la chose ou l'événement révèle sa loi, son essence cachée, un sentiment d'approbation s'anime dans notre cœur. Et c'est seulement quand on relie ce sentiment au jugement, c'est-à-dire à la lumière de la vérité, que l'on est intérieurement *convaincu* de cette vérité[172].

Le jugement, comme on le voit, implique de nombreux éléments de l'organisation humaine. Il repose sur la subtile organisation volontaire des bras et des mains. Ce que l'on saisit grâce à elle en pensant, on le porte à la rencontre de ce que l'on perçoit par les sens ou des souvenirs que l'on garde en mémoire. Quand l'âme, en percevant la vérité, s'unit au contenu du jugement, ce que l'on accomplit, en jugeant, dans les bras et les mains se relie à ce que l'on ressent au niveau de l'organisme rythmique. L'action de juger implique tout le centre de notre organisme, puisque autant les bras que les organes rythmiques (poumons, cœur) – avec tous les sentiments qui s'animent en eux – y participent. Mais il faut aussi que l'accord qui naît ainsi dans cet organisme médian se réalise en interaction avec les perceptions et les représentations, donc avec l'organisme de la tête.

Tout ceci se répercute sur l'âme de l'homme qui grandit. Certaines qualités bien précises vivent en effet dans l'activité volontaire des bras et dans les forces du cœur qui s'adonnent aux choses. La volonté qui, pour juger, « tâte » intérieurement le phénomène en approchant de lui les pensées, fait preuve de prudence et de circonspection. Le sentiment d'approbation par lequel notre âme se relie à la vérité doit être entièrement dépouillé de tout le vécu personnel que les sentiments contiennent habituellement. Seul un sentiment désintéressé permet à l'âme d'accueillir en elle la vérité sans l'altérer. Le sentiment d'approbation s'apparente à celui de gratitude. Dans les deux cas, on ressent l'importance d'une chose et non pas soi-même. Lorsque, enfin, grâce à ce sentiment dépouillé de soi, l'âme s'ouvre à une vérité, alors un sentiment de *conviction* peut naître. Ce processus joue un rôle capital pour que l'âme se développe sainement. Le jeune être humain ne trouve en effet d'appui en lui-même et il ne peut s'orienter intérieurement que si l'enseignement qu'il reçoit lui permet de se forger de solides convictions.

Vers 12 ans, une autre forme de jugement apparaît encore. Depuis Aristote, la logique distingue plusieurs catégories de jugements, et notamment le jugement hypothétique. Voici deux exemples de jugements hypothétiques : Si on éclaire un corps opaque à l'aide d'une source de lumière, une ombre de ce corps apparaît derrière lui. – Si l'on range trois objets côte à côte, on a six façons de les disposer. – Un jugement hypothétique exprime qu'un certain fait (ou un ensemble de faits) entraîne *nécessairement* un autre fait (ou un autre ensemble de faits). Pour pouvoir poser un jugement hypothétique, il faut faire passer un élément dans l'autre par un processus intérieur. On comprend alors comment le second élément du jugement dépend du fait que le premier soit donné. Le cas le plus fréquent de jugement synthétique est la causalité. Pour comprendre une chose dans le sens de la causalité, il faut savoir comment l'effet résulte nécessairement de la cause. Là encore, comme dans le jugement de perception, nous avons besoin de mettre en œuvre à l'intérieur de nous une certaine activité volontaire. Mais ici la volonté a une tout autre qualité. L'âme qui s'observe elle-même se rend compte qu'il faut mettre davantage de force de volonté dans un jugement hypothétique (et causal) que dans un jugement de perception.

La volonté active dans le jugement hypothétique et causal, elle aussi, a sa source dans l'autonomisation des membres à la puberté ; mais elle provient, cette fois, de l'organisation des jambes[173]. Lorsque nous nous tenons debout ou lorsque nous marchons, notre jambe droite et notre jambe gauche obéissent à certaines lois très strictes. Quand nous posons par exemple notre pied droit, tout le poids de notre corps se déporte légèrement vers la droite. Il s'agit d'une activité nécessaire de notre volonté, car c'est la seule façon de nous maintenir en équilibre. Mais cet équilibre est en même temps une action de notre moi. Si nous dégageons l'une de nos jambes, nous devons déporter le poids du corps sur l'autre jambe et déployer dans cette autre jambe une force d'autant plus grande. Là encore, cela ressort de la plus stricte nécessité, étant donné que le moi doit maintenir le corps en équilibre.

Dans les jambes, une impulsion volontaire mène nécessairement à une seconde impulsion volontaire correspondante. Toute impulsion résulte nécessairement de celle qui la précède. La volonté est régie par le plus strict « si – alors – », c'est-à-dire par la causalité. Avec sa volonté devenue autonome, l'adolescent agit, par l'entremise de son moi, dans les forces de la mécanique et de la pesanteur, et donc dans la sphère de la causalité. Dans les jambes, la volonté s'engage entièrement dans le sens de la causalité.

Après 12 ans, l'adolescent voudrait pénétrer consciemment les faits extérieurs auxquels il est confronté. Il voudrait saisir, par sa pensée, comment un fait résulte nécessairement d'un autre fait qui le précède. Le jeune a besoin de comprendre les enchaînements causals dans le monde qui l'entoure. Cette aspiration à pénétrer les relations internes qui existent nécessairement dans les choses est une des impulsions les plus importantes pour tout le développement psychospirituel. Or elle rencontre aujourd'hui de gros obstacles. On parle, certes, beaucoup de causalité, mais sans pénétrer ni comprendre pour autant le véritable enchaînement des phénomènes du monde. Les discours que l'on tient sur la causalité ne rapportent le plus souvent que la simple succession des faits sans pour autant révéler leur nécessité interne. On se contente de *croire* en la causalité, puis on échafaude des théories, on invente des modèles théoriques qui sont censés expliquer ce qu'en réalité on ne comprend pas. Toujours est-il que ces prétendues explications passent complètement à côté de ce que l'adolescent recherche. Ce n'est pas de ces théories qu'il a besoin.

C'est pourquoi, dans les cours scientifiques[174] qu'il a donnés aux premiers enseignants de l'école Waldorf, Rudolf Steiner a montré le chemin vers une compréhension qui fait appel à la faculté de jugement, une compréhension causale du monde qui permette de surmonter la paralysie spirituelle que provoque la plupart des « explications » scientifiques actuelles. Cette compréhension est indispensable si l'on veut que l'enseignement scientifique ait une action éducative.

Pour expliciter de quelle manière il convient de procéder, je prendrai un exemple dans le *Cours sur la lumière,* où

Steiner traite du passage d'un cylindre de lumière à travers une lentille de verre et des effets qui s'ensuivent. Il conclut son raisonnement par les réflexions suivantes : « Que nous montrent ces phénomènes ? Nous voyons qu'il existe une relation entre le milieu matériel – qui tout d'abord se présente à nous comme milieu transparent dans la lentille ou dans le prisme – et les phénomènes révélés par la lumière. Et nous voyons également, en un certain sens, quelque mode de cette interaction. Si nous partons des phénomènes que l'on peut obtenir avec une lentille plus épaisse aux bords qu'au centre, que devons-nous dire ? Le cylindre de lumière a été dilaté, élargi. Et nous voyons aussi comment cette dilatation est rendue possible. Elle provient bien du fait que la matière traversée par la lumière est plus mince au centre, plus épaisse aux bords.

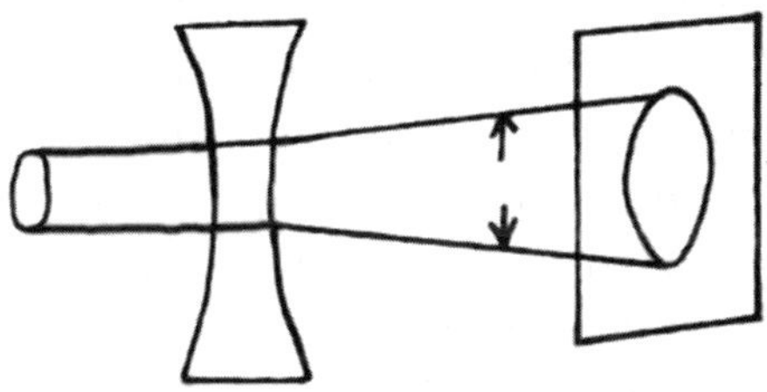

Ici la lumière doit traverser plus de matière qu'au centre. Qu'arrive-t-il alors à la lumière ? Nous l'avons dit, elle est élargie, dilatée. Elle est dilatée dans la direction de ces deux flèches. Par quoi peut-elle être dilatée ? Uniquement par la circonstance qu'elle doit traverser moins de matière au centre qu'aux bords. Réfléchissez maintenant sur la chose : au milieu la lumière a moins de matière à traverser, donc elle passe plus facilement. Là où elle traverse moins de matière, elle a plus de force que là où elle en traverse davantage. Cette force plus intense au milieu, c'est elle qui dilate le cylindre de lumière. Ceci, vous pouvez pour ainsi dire le lire immédiatement dans les faits. Je vous prie de voir tout à fait clairement qu'il s'agit simplement d'un traitement correct de la méthode, d'une conduite correcte de la pensée[175] ».

En partant des phénomènes, on commence par se former avec soin des jugements sur les conditions dans lesquelles les différents facteurs en jeu interagissent. On reste devant les phénomènes et on les observe. On ne peut ensuite parler de la force de la lumière et du fait qu'elle est affaiblie par la matière dense du verre qu'à partir du moment où l'on pénètre avec son jugement dans le processus qui se joue entre la lumière et la matière. Lorsqu'on comprend que la matière de la lentille réfrène la force d'expansion de la lumière, on découvre l'enchaînement interne des choses, c'est-à-dire la relation de causalité ! Mais il faut, pour y parvenir, faire usage de la force psychique grâce à laquelle on pénètre dans le processus que l'on a sous les yeux. Sans cette force d'imagination créatrice, notre jugement ne peut que rester extérieur aux choses et aux événements. Toute véritable activité de jugement doit nécessairement provenir de l'imagination créatrice : cette exigence ressort de la méthode de connaissance elle-même[176]. Plus on veut pénétrer profondément dans les phénomènes par son jugement, plus il faut développer de force d'imagination.

Nous voyons que, pour disposer d'une bonne faculté de jugement, il faut :

1° observer attentivement les faits,
2° former des concepts clairs,
3° développer de l'imagination.

Quelles sont en outre les conditions nécessaires à l'édification d'une bonne faculté de jugement ? Il faut chercher ces conditions dans la pratique de certaines activités manuelles. Dans un exposé qu'il a consacré à l'aspect pratique de l'enseignement, Rudolf Steiner a montré à quel point il est important, pour connaître la vie de l'âme, de comprendre les relations subtiles qui relient entre eux l'esprit, l'âme et le corps de l'être humain [177]. On découvre alors que la pratique de certaines activités manuelles conditionne l'apparition de facultés spirituelles particulières. Ce qui est important, explique Steiner, ce n'est pas tant d'avoir fabriqué tel ou tel objet avec ses mains, mais c'est d'avoir réalisé les manipulations qui sont nécessaires à cette fabrication et d'être passé par certaines impressions et certains processus de pensée. Et il poursuit en parlant du filage principalement pour les jeunes filles.

Lorsqu'on fait naître un fil entre ses doigts, par quelles sensations est-on amené à passer ? Il faut que les doigts tâtent, saisissent, ressentent, grâce à une subtile activité volontaire. Filer est une école de la volonté qui demande à l'adolescent d'exercer ce dont il a précisément besoin pour poser un jugement. Ces qualités de la volonté ne peuvent pas se développer quand on travaille un matériau dense avec de lourds outils, en déployant beaucoup de force extérieure. La volonté entre alors en relation avec les forces mécaniques et l'action de la pesanteur ; elle reste enchaînée aux forces physiques, comme dans les jambes.

Quand les subtils processus volontaires qui animent les bras et les mains, quand l'actionnement strictement réglé qui anime les jambes et les pieds, quand de plus les forces de la circonspection et de l'équilibre intérieur s'unissent à l'imagination créatrice, alors la faculté de jugement se développe. Et ce développement a d'importantes répercussions sur toute l'âme de l'adolescent.

Dans l'essai de Goethe « La médiation de l'objet et du sujet dans la démarche expérimentale », on trouve quelques remarques importantes sur l'influence des sentiments, des affects, etc., sur les jugements. Goethe écrit : « Quand on a fait une expérience, on ne peut trop se garder d'en tirer aussitôt une déduction, de vouloir démontrer directement quelque chose ou confirmer par là une théorie quelconque...[178] » Entre l'observation des faits et le jugement, il faut qu'un certain temps s'écoule. L'adolescent doit d'abord pouvoir accueillir en lui les expériences de façon totalement pure, de telle sorte que les phénomènes puissent vivre dans sa conscience sans être altérés. Or l'entendement humain est enclin à mettre à leur place ses opinions, c'est-à-dire à élaborer toutes sortes d'hypothèses, modèles, etc. Et dès que l'on échafaude des hypothèses et que l'on cherche à expliquer les choses à l'aide de modèles, on sape la formation du jugement. Pour que les élèves puissent vivre en eux les données purement factuelles, il importe que la prise de connaissance des phénomènes d'une part, et le jugement d'autre part, s'accomplissent en deux actes séparés dans le temps. Un premier jour, le cours sera donc consacré à des observations et des expériences qui feront découvrir un phénomène naturel, un fait historique ou géographique, etc., sous la forme la plus pure possible. Et le lendemain seulement, en partant de ce qui remontera dans le souvenir, on pourra poser un jugement en faisant appel aux forces du raisonnement. La méthode d'enseignement découle ici des conditions mêmes de la formation du jugement[179].

Goethe poursuit ainsi : « Lors du passage de l'expérience au jugement, de la connaissance à l'application, c'est là que, comme au franchissement d'un col, tous ses ennemis intérieurs guettent l'homme : la fantaisie, l'impatience, la précipitation, la suffisance, la rigidité, la forme des pensées, l'opinion préconçue, l'indolence, l'insouciance, l'instabilité – et quels que soient les noms donnés encore à toute la troupe et à sa suite –, tous sont ici à l'affût et terrassent à l'improviste aussi bien l'homme du monde en action que l'observateur silencieux et qui paraît assuré contre toute passion [180]. » Ce qui s'applique à l'adulte vaut aussi tout particulièrement pour l'adolescent pendant et après la puberté. Car il n'y a sans doute aucune autre période de la vie où l'on pose autant de jugements qui ne sont, en fin de compte, que des opinions irréfléchies, momentanées et empreintes de passions, où les affects et les sentiments s'expriment plus que la chose elle-même.

On voit que la faculté de jugement avoisine en l'être humain cette zone où s'agite la profusion des sentiments, des passions et des affects. Lorsque, grâce à l'enseignement, le jugement se développe, l'âme apprend à se relier au monde en vivant dans la vérité, et cette faculté commence à éduquer l'âme. L'enseignant voit comment, chez l'adolescent qui s'efforce d'exercer son jugement à propos de tel ou tel phénomène, une attitude expectante et calme prend peu à peu le pas sur l'impatience. Car il faut souvent plusieurs jours pour parvenir à un jugement un peu approfondi en histoire ou en chimie. On voit aussi comment l'opinion prématurée et l'imprudence font place à l'examen attentif des faits et à l'auto-contrôle, comment l'imagination fait fondre la rigidité, du moins jusqu'à un certain degré, et comment l'autosatisfaction s'efface peu à peu devant le dévouement à la vérité.

La faculté de jugement agit dans l'âme comme le soleil dans le monde des plantes. L'âme qui, en exerçant son jugement, se tourne vers la lumière de la vérité, se développe et se métamorphose. Si cette évolution n'avait pas lieu, le jugement ne serait jamais, dans l'agitation incessante de la vie psychique, qu'une activité hésitante et dénuée de vigueur. Des élèves qui arrivent dans les grandes classes avec une vie psychique qui a été cultivée parviennent beaucoup mieux, le cas échéant, à comprendre les choses et à se faire des jugements que d'autres certainement très intelligents, mais qui, dans une sorte d'entêtement intellectuel souvent propre aux esprits trop exclusivement rationnels, ne veulent finalement que défendre leurs opinions personnelles. Il est inutile d'entrer alors dans des discussions. La seule aide vient de phénomènes devant lesquels cet esprit « rationnel » est amené à céder. On peut parfois constater à quel point une vie intérieure mobile et éveillée est favorable au développement de la capacité de jugement. Une classe avait par exemple acquis, grâce à son professeur principal particulièrement doué en musique, une riche culture musicale. Plus tard, dans les grandes classes, cette musicalité avait construit une sorte d'organe psychique grâce auquel les élèves parvenaient à saisir les subtiles qualités des phénomènes naturels et humains et à les comprendre en profondeur.

II

Comme nous venons de le voir, le processus du jugement est davantage que la simple liaison d'une perception et d'un concept. Si l'on veut appréhender une vérité (dans le sens que Thomas d'Aquin donnait à cet acte : *« veritas est adaequatio rei et intellectus »*) quand on pose un jugement, il est indispensable de mettre en œuvre l'organisation volontaire des bras et des mains qui s'est instaurée à la puberté, ainsi que d'autres processus de la vie de l'âme comme l'observation attentive, la clarification des concepts utilisés et d'autres encore. Dans les pages qui suivent, nous décrirons brièvement de quelle manière la faculté de jugement s'édifie, étape par étape, au contact des faits et des événements. Dans la huitième et la neuvième année scolaire (5e et 4e des collèges, n.d.t.), le jugement doit encore beaucoup s'appuyer sur les phénomènes pour acquérir progressivement la force, dans les classes qui suivront, d'apprendre à reconnaître, dans ces phénomènes, les processus d'ensemble et les grandes lois de l'univers (4e à 1ère, n.d.t.). Le chemin sur lequel l'adolescent sera amené à appréhender dans ses jugements des relations de plus en plus vastes et profondes comporte des étapes bien précises.

Au cours de la neuvième année scolaire (4e des collèges), l'adolescent passe par une première étape : il apprend à juger au contact des phénomènes et de leurs transformations. En dessinant les coniques, par exemple, il en vient à comprendre comment on peut déduire la parabole et l'hyperbole de l'ellipse en modifiant certains paramètres. De façon analogue, l'élève s'ouvre au caractère spécifique de la sculpture grecque quand il voit comment la forme humaine s'y exprime de façon plus riche et plus parfaite que dans les sculptures égyptiennes dont l'allure sévère et statique exprime surtout des symboles. Comparer ainsi les œuvres d'art permet d'apprécier les progrès qui ont été accomplis par l'humanité.

Cet exercice d'une compréhension basée sur le jugement s'applique aussi aux sciences de la nature. En chimie organique, les élèves apprennent à connaître les substances en observant comment elles se transforment. Ils ont compris par exemple que dans le sucre (hydrate de carbone), aux propriétés si précieuses pour les processus vitaux, deux principes polaires coexistent : celui du carbone qui tend à prendre une forme solide et à fixer cette forme, et celui de l'eau qui, à l'inverse, amène le mouvement et la fluidité. L'amidon (la farine ou la fécule), comparé au sucre, apparaît tout autre. Il est plus sec au toucher et insoluble dans l'eau. En prenant appui sur certaines expériences simples, on peut aider les élèves à se faire un jugement à propos de la relation entre le sucre (glucose) et l'amidon, de la manière suivante : l'amidon se transforme en sucre quand la substance se désintègre en se liant davantage à l'eau ; inversement, l'amidon apparaît lorsque de l'eau se sépare du sucre, c'est-à-dire par un processus de dessèchement et de concentration. En reproduisant ce processus dans son imagination, l'adolescent voit que l'amidon, avec toutes ses propriétés, résulte nécessairement (donc de façon causale) du sucre. Certains processus vivants, comme la formation d'amidon dans les céréales en été sous l'action desséchante de la chaleur, ou encore la transformation de l'amidon en sucre dans les graines en germination, lui deviennent alors compréhensibles.

Poser un jugement veut dire : suivre, en le comprenant, ce qui s'accomplit dans le monde. On comprend les choses lorsqu'on pénètre, de façon causale, le processus de leur genèse, ou bien en élaborant un jugement à partir de comparaisons, donc en prenant conscience de la différence entre deux phénomènes, en passant de l'un à l'autre et en appréhendant, grâce à l'imagination, les forces et les lois qui donnent au nouveau phénomène son caractère.

On pénètre encore plus à l'intérieur d'une chose quand on cherche à atteindre ses principes internes. Cela conduit à une approche scientifique des différents domaines, approche qui commence dès lors de façon systématique. En chimie, on doit étudier comment les substances se comportent quand elles participent à des processus, par exemple ceux des acides et des bases. Nous rencontrons là une polarité fondamentale dans les processus chimiques : d'un côté la dispersion, la dissolution, et de l'autre la densification. En observant attentivement de nombreuses transformations chimiques en laboratoire et dans la nature, les élèves apprennent à voir comment les acides dispersent, délient, animent, éclaircissent, et comment les bases, au contraire, densifient, assombrissent, apportent la mort. Les sels, qui réalisent un équilibre entre ces deux contraires, peuvent alors être compris jusque dans le détail de leur spécificité (couleur, solubilité, propriétés chimiques) à partir des propriétés de l'acide et de la base concernés. Il en va de même du rôle des acides et des bases dans les processus vitaux. Un exemple : les hormones dites de croissance des plantes sont acides ; l'enzyme qui induit le dépôt de sel dans les os est, par contre, une base.

On poursuit l'enseignement de l'histoire de l'art avec l'art poétique. Ici, à la différence des arts plastiques, on ne peut plus contempler tranquillement l'œuvre posée devant soi. Pour comprendre les différents genres de l'art poétique, il faut sentir que l'homme exprime d'autres facettes de lui-même dans une œuvre épique que dans une œuvre lyrique par exemple. En approchant les différentes sources de la création poétique, l'élève trouve un accès intérieur aux multiples formes que peut prendre un poème. Par une démarche analogue, il apprend à connaître de grands principes lorsque, en mathématiques, il découvre le calcul logarithmique ou encore lorsqu'il apprend, en biologie, à voir comment la vie psychique influence la formation et le fonctionnement des organes du corps humain. Cette deuxième façon d'apprendre à comprendre l'homme et la nature en élaborant des jugements détermine tout l'enseignement dans la dixième année scolaire (3e des collèges).

Autour de 17 ans, l'adolescent approfondit encore sa relation au monde. Dans une bien plus grande mesure qu'auparavant, l'âme devient un organe capable de s'ouvrir à ce que vivent les autres. L'adolescent comprend maintenant mieux comment l'être intérieur d'un homme se forge en se confrontant au destin ; il discerne aussi ce qui, de l'intérieur, s'exprime dans les actions humaines et transforme le monde. Il est mûr pour exercer son jugement sur ce qui évolue et donne forme à un destin. Avec les forces qu'il avait acquises jusque-là, l'élève ne plongeait pas aussi profondément dans les choses.

Dans une troisième étape, l'adolescent doit développer dans son jugement une force encore plus intense pour pénétrer dans les domaines naturels et humains où toutes ces transformations se jouent. Avec les concepts actuels de la génétique et de la théorie de l'évolution, il est impossible de comprendre comment les plantes et les animaux se sont développés. Ces théories nous donnent certes des « explications », mais pas de « compréhension ». À partir d'aspects fragmentaires, elles imaginent, par déduction, des « causes » générales. Or, pour comprendre l'évolution, il faut *voir* comment chaque être vivant s'édifie selon des lois qui lui sont propres, en relation avec les forces de la nature. Comme cela est plus facile à saisir dans le monde végétal que dans le monde animal, nous prendrons l'exemple de l'évolution des plantes. Un organisme aussi simple que l'algue devient compréhensible quand on prend en compte la façon dont elle flotte en suspension dans l'espace aquatique, et que l'on observe avec soin comment la lumière, l'air, la chaleur, etc., n'agissent sur elle qu'à travers ce milieu liquide, de sorte qu'elle ne parvient pas à se fixer dans des formes nettement délimitées. Les algues croissent en s'étalant au maximum dans l'élément vivifiant de l'eau. Beaucoup d'algues sont ramifiées en forme de fourche (dichotomes) ; d'autres sont faites d'une multitude de filaments entremêlés : autant d'expressions de cette pénétration dans l'espace aquatique empli de lumière, espace qui s'éclaircit au fur et à mesure que l'on monte. À l'extrême, la plante se disperse entièrement dans l'espace environnant. Nombre d'espèces sont en effet unicellulaires (plancton). On a là comme une immense plante désintégrée dans la couche superficielle éclairée de la mer. – Le stade suivant est représenté par les plantes qui, grâce à des racines, absorbent l'eau et la font circuler à l'intérieur de leur organisme. Elles se séparent ainsi plus nettement de l'environnement, donc de l'atmosphère dans laquelle elles pénètrent. L'air joue en elles le rôle que l'eau joue dans les algues. Cela conduit aux feuilles larges et richement découpées que nous voyons dans les fougères. La structure des prêles, avec leurs minces tiges fortement imprégnées de silice, manifeste, quant à elle, une puissante ascension dans l'espace lumineux. – C'est seulement quand la force de la chaleur commence à participer à la formation végétale que celle-ci atteint l'étape suivante. L'action desséchante de la chaleur, qui tend à refouler la croissance, amène la plante à concentrer ses forces formatrices dans la fabrication de graines, comme on le voit chez les conifères.

On reconnaît à quel stade de formation se trouve une plante quand on observe comment elle s'édifie dans l'ensemble des forces de la nature. Grâce à l'imagination créatrice, on peut alors comprendre comment elle se modifie lorsqu'elle intériorise toujours davantage les « éléments » qui agissent de l'extérieur. On ne se contente plus de décrire la succession des formes dans le temps, mais on saisit aussi la façon dont chacune se transforme dans la suivante. Grâce à la force productive de l'esprit, on apprend à « voir » comment un être parvient à un stade supérieur de son évolution lorsqu'il s'implique plus fortement dans les « éléments » de l'univers.

Cette notion d'évolution atteint sa manifestation la plus significative là où un homme, par la force de son individualité, intériorise au cours de son existence ce que la destinée lui envoie de l'extérieur, s'éveille peu à peu aux buts auxquels il aspire et progresse ainsi à travers les vicissitudes et les épreuves de la vie. Tout cela est décrit de façon grandiose et particulièrement profonde dans le *Parzival* de Wolfram von Eschenbach. Cette œuvre montre aux élèves comment l'homme évolue grâce à la force qui, à l'intérieur de lui, est capable de réveiller certaines questions profondes sur l'existence et le devenir humain. Ici, la capacité de juger et la compréhension rappellent à l'individualité, et font remonter en elle, les idéaux et les desseins qu'elle n'a pas encore pu réaliser.

À ce troisième stade, la jeune fille, le jeune homme doivent aussi apprendre à connaître les processus qui régissent le monde, et ceci jusque dans les domaines de la physique et de la chimie. On présentera par exemple l'azote de telle façon que sa manifestation dans l'atmosphère, son rôle en tant que constituant de l'air dans la respiration, son action particulière dans les substances inorganiques (nitrates, ammoniac...), dans la protéine, et d'autres substances vivantes etc., montrent qu'il s'agit d'un « principe » actif dans toute la nature. Quand on observe de la même manière d'autres éléments chimiques comme le soufre, le calcium ou le phosphore, on découvre peu à peu la coopération vivante de tous ces principes, et la substance isolée n'est plus, dans ce vaste jeu d'ensemble, qu'une sorte de produit final « coagulé ». On apprend ainsi à comprendre comment un élément chimique se manifeste et agit lorsque certains autres combinent avec lui leurs actions.

Afin que l'élève parvienne, à la fin de sa scolarité, à une véritable compréhension du monde, il faut qu'il ait pris connaissance de l'ordonnance des choses et des processus, ainsi que des lois qui régissent cette ordonnance, et ceci dans tous les domaines ! Il s'agit là d'une tâche immense, extrêmement exigeante quant à la méthode. L'histoire obéit en effet à d'autres principes que la littérature ou la chimie. Nous illustrerons à l'aide d'un exemple tiré de la botanique la façon dont on peut procéder. Après avoir présenté l'évolution du végétal à ses stades inférieurs (algues, champignons, fougères, conifères...), il s'agit maintenant d'appliquer la même méthode d'observation aux plantes dites supérieures, les plantes à fleurs. Or ceci n'est possible qu'à l'aide de la force de jugement parvenue au troisième stade que nous avons caractérisé. Pour y parvenir, il faut en effet appréhender consciemment le développement de la plante, c'est-à-dire reproduire, grâce à la force vivante de l'imagination créatrice, la formation des organes et leur métamorphose à l'étape supérieure : feuilles – sépales – pétales – étamines, etc. La plante apparaît alors comme un être qui se transforme en progressant vers des stades de plus en plus élevés : de la tige munie de feuilles jusqu'à la graine, en passant par la fleur et le fruit. Quand on recrée à l'intérieur de soi cette suite d'états, au sens de la théorie de la métamorphose de Goethe[181], la plante se révèle comme l'expression des forces qui produisent ces formations et ces transformations ; on contemple ainsi une véritable entité sensible-suprasensible.

Une voie d'accès s'ouvre alors vers une compréhension spirituelle de l'ordonnance qui régit l'ensemble des plantes à fleurs dans la nature. Dans le bourgeon, la plante est encore très contractée et resserrée sur elle-même. Lorsque la plante entière s'édifie de telle sorte que la formation du bourgeon devient particulièrement puissante et imprime son caractère à toute la suite du développement, on obtient les liliacées (lis, tulipe, iris, ail...) : les bulbes sont de gigantesques bourgeons, les feuilles aux formes simples rappellent les écailles du bourgeon, et les fleurs sont comme des bourgeons devenus des corolles, etc. Dans l'imagination créatrice, l'entité sensible-suprasensible de la plante à fleur devient le lis et toutes les plantes qui lui sont apparentées. Si l'influence du principe « bourgeon » devient encore plus puissante, on obtient les herbacées, (dont sont issues nos céréales). De façon analogue, le principe « tige » peut aussi devenir dominant. Cela donne des plantes comme les crucifères (chou, colza, giroflée...), où les forces caractéristiques de la tige en perpétuel bourgeonnement s'étendent jusque dans les fleurs, ou bien l'ortie chez laquelle la floraison est emportée par le jaillissement incessant de la croissance.

En progressant dans cette voie, l'on comprend peu à peu que la multitude des familles de plantes à fleurs que nous connaissons apparaît du fait que, chaque fois, certains processus de formation que la plante traverse, au cours de son développement, imposent plus ou moins fortement leur influence à l'ensemble du développement. Ici, le jugement devient actif et créateur. Que la formation des plantes herbacées soit dominée par les forces du bourgeon, que celle des rosacées soit dominée par les lois du fruit, tout cela reste caché au regard de nos sens. Mais si l'on a appris à « voir » dans toute plante cet être sensible-suprasensible changeant (la plante primordiale de Goethe), on peut aussi y découvrir la source vivante d'où toutes les formes individuelles jaillissent. Encore faut-il produire activement ce jaillissement.

C'est dans cette activité que le jugement du jeune homme, de la jeune fille, atteint son stade le plus élevé, celui du jugement intuitif, où la faculté de jugement devient créatrice et contemple, en pleine conscience, ce qu'elle produit elle-même.

En douzième classe (1ère des lycées), l'enseignement s'efforce de cultiver cette force du jugement intuitif dans différents domaines. À la fin de sa scolarité, l'élève devrait ressentir comment l'esprit qui vit dans l'homme a le pouvoir de devenir intérieurement vivant, et donc créateur. L'esprit passif reste enchaîné à l'aspect superficiel des phénomènes ; il ne pénètre pas en eux. C'est une expérience déprimante pour un jeune, car il ne trouve rien, dans les choses, qui enflamme vraiment son intérêt, rien non plus qui lui fasse saisir quoi que ce soit de la signification intérieure et du sens profond des choses. Cela paralyse et vide son âme, et induit une pathologie qui se répand de plus en plus depuis quelques décennies et ressort maintenant un peu partout dans les consultations des psychiatres ou dans certaines manifestations de ce qu'on appelle désormais l'infraculture.

Former la faculté de jugement grâce à l'enseignement, et la conduire jusqu'aux débuts du jugement intuitif, est une exigence de notre temps. Quand un élève commence à faire l'expérience, en lui-même, de l'esprit créateur, et alors seulement, il se saisit comme un être psychospirituel libre ; autrement dit : il est capable de trouver en lui-même le centre de son vouloir et de son agir. Quand on voit combien les forces qui veulent anesthésier l'être véritable de l'homme en devenir sont puissantes dans notre civilisation, on sait aussi qu'il est crucial que l'éducation intensifie ses efforts dans cette direction !

Veille et sommeil : leurs transformations pendant l'enfance et l'adolescence

Quand un enseignant s'occupe d'enfants ou d'adolescent pour les aider dans leur développement, il s'adresse tout d'abord à leur conscience éveillée. Tout ce qu'il dit et fait agit pourtant dans les régions plus profondes de l'âme, où les dispositions se transformant en facultés et en talents. Or ces domaines englobent bien plus que la conscience diurne éveillée. C'est pourquoi l'éducation doit aussi toujours compter avec ce côté caché de la vie humaine qui se joue pendant le sommeil. L'expérience de tous les jours nous montre assez combien il est important de dormir. Mais un pédagogue ne devrait pas se contenter de quelques vagues notions sur le rôle et l'importance du sommeil.

On parvient déjà à certaines idées plus concrètes en prenant son point de départ dans les faits observables de la vie. Dans toute rencontre avec un autre être humain – mais aussi en s'observant soi-même – on peut faire la même constatation : pendant la journée, l'être psychique individuel et le moi s'expriment à travers le corps ; l'homme perçoit le monde extérieur, élabore des pensées, éprouve des émotions qui affectent sa respiration et les battements de son cœur, et agit volontairement à partir d'intentions qu'il s'est fixées ou de sentiments qui l'habitent. Tout cela cesse dès qu'il s'endort et plonge dans le sommeil. L'âme individuelle et le moi n'agissent plus alors à travers le corps ; dès que l'on s'endort, ils se retirent en quelque sorte. Le sommeil consiste en une dissociation des constituants de l'être humain, dissociation qui permet d'un côté au corps de se régénérer et de préserver sa santé, de l'autre côté aux forces psychiques et au moi de se renouveler. Sans ce renouvellement régulier, ni travail ni apprentissage ne seraient possible.

Il faut pourtant concrétiser et différencier cette représentation selon laquelle le moi et l'âme se séparent du corps (physique et éthérique) pendant le sommeil pour suivre leurs chemins propres et, au réveil, se réunir de nouveau avec le corps en rapportant ce qu'ils ont vécu. Dormir et veiller ne restent pas toujours identiques au long de la vie. Dans l'enfance et l'adolescence, en particulier, ces deux activités se modifient fortement, bien que ces changements échappent pour une grande part à l'observation extérieure. Mais un enseignement doit pénétrer dans les domaines plus profonds et plus intimes où ces transformations se jouent, car c'est seulement là que l'on apprend à voir concrètement quelles sont les véritables tâches de l'éducation et de l'enseignement.

On peut acquérir une meilleure compréhension de ces transformations si l'on considère la veille et le sommeil comme les deux phases d'un processus rythmique. Un rythme ne se réduit pas au fait qu'un certain événement en suit toujours un autre. Encore faut-il, pour qu'il y ait « rythme », que l'un résulte de l'autre, comme l'inspiration résulte de l'expiration et l'expiration de l'inspiration. Dans un rythme, une phase agit toujours dans l'autre. De telle sorte que, pour pouvoir considérer la veille et le sommeil comme un rythme, il faut observer de quelle manière ce qui s'accomplit pendant la phase d'éveil influence le sommeil et, réciproquement, comment le sommeil influence l'éveil.

Qu'en est-il, sur ce point, du petit enfant? Le début de la vie nous apparaît, de toute façon, comme un grand processus d'éveil. Le nouveau-né dort presque à longueur de temps. Sur les 24 heures, il ne reste éveillé que quatre heures environ. Pendant ce temps, des impressions pénètrent en lui par ses sens grands ouverts; ses membres s'agitent, et des émotions simples traversent son corps encore si délicat. Quatre mois plus tard, le temps d'éveil est déjà de sept à huit heures et, à la fin de la première année, de onze heures environ. Quand l'enfant entre à l'école primaire, vers six ans, il reste éveillé déjà plus de la moitié du temps.

Lors de ce processus d'éveil, l'être psychique et le moi se relient toujours plus fortement au monde extérieur; ils se saisissent de plus en plus du corps et s'expriment dans tous les processus d'apprentissage auxquels nous voyons le petit enfant se livrer.

Tout cet éveil se produit dans l'âme de l'enfant. On peut le remarquer, par exemple, en observant les yeux du bébé. « Mais qu'est-ce qu'il y a donc autour de moi ? » semble-t-il se demander sans cesse. Certaines personnes, comme le poète suisse Carl Spitteler, peuvent se souvenir des premiers moments de leur enfance. Voici comment il parle de ses toutes premières expériences :

> « Elle (l'âme) se sent encore étrangère dans ce pays… et les nouveautés de la terre qui s'offrent à ses yeux l'emplissent d'étonnement. Quel est ce rêve étrange qui ne se disperse pas et semble si solide que ses images persistent en plein jour, même quand les yeux sont ouverts [182] ? »

Ce qui vient ainsi à sa rencontre, l'âme l'éprouve tout autrement qu'elle le fera par la suite, quand elle verra tout par contraste avec ce qu'elle connaît déjà. Manifestement, des images mouvantes vont et viennent; des images qui vivent dans l'élément fluctuant de l'âme, et peut-être aussi de l'esprit. Et quand l'âme se tourne, à travers les sens, vers le monde physique extérieur, elle ressent les formes structurées du monde matériel comme un rêve qui se serait figé. Mais ces formes lui sont d'abord totalement étrangères.

> «Je me sentais porté dans les bras de quelqu'un qui m'avait déjà porté auparavant et qui n'était pas ma mère. Un flot de lumière et d'air atteignait mon visage. Quel que soit le côté où je tournais les yeux, je distinguais des formes sombres et muettes, incroyablement hautes, que je voyais nettement, mais sans les comprendre. À intervalles réguliers, d'autres choses semblables, tout aussi dénuées de sens, s'avançaient des deux côtés. Je regardais ces rangées de choses immenses sans éprouver ni peur ni surprise; j'étais juste un peu craintif et déconcerté[183].»

Au cours de la première année, la vie des représentations se développe en partant de ces impressions primitives. C'est ainsi que la conscience terrestre, la conscience d'objets, s'édifie progressivement. Les «choses immenses» deviennent deux rangées d'arbres de chaque côté d'une route. Tout ce monde intérieur d'images mouvantes s'estompe, et la vie que nous qualifions d'«éveillée» commence.

Mais il ne faut pas croire que cette vie éveillée du petit enfant ressemble à celle de l'enfant d'âge scolaire ou à celle de l'adulte. Lorsque le petit joue, le même objet est pour lui tantôt une maison, tantôt un bateau, etc. Les choses deviennent ce que l'enfant imagine qu'elles sont. L'univers des représentations a pour l'enfant bien plus de réalité et d'autonomie que pour l'adulte, chez qui la représentation « colle » en quelque sorte à la perception extérieure. Chez le petit enfant, elle a une vie propre ; voilà pourquoi c'est elle qui détermine la signification des choses. Nous découvrons là un aspect important de la vie éveillée du petit enfant. L'âme qui rêve n'a plus de contact concret avec le monde extérieur, car elle vit dans ses propres images intérieures. Lorsqu'elle s'éveille, par contre, la vie de ses représentations s'adapte totalement à la réalité extérieure. Or le petit enfant se trouve dans un état intermédiaire. Le fait que les objets prennent telle ou telle signification selon la fantaisie et l'imagination de l'enfant indique bien que la dynamique propre au rêve s'immisce dans sa conscience diurne.

Mais qu'est-ce qui confère aux représentations du petit enfant ce caractère proche du rêve ? Lorsque l'âme rêve pendant le sommeil, une force créatrice vivante fait jaillir d'elle un flot continu d'images. Comparées aux représentations habituelles de la vie éveillée – celles que l'homme se forme à partir du monde sensible –, les images du rêve sont bien plus fortes ; elles sont douées d'une énergie créatrice interne bien plus intense. Les images de nos rêves sont tellement saturées de vie que, lorsque nous rêvons, nous les tenons pour réelles. Les représentations pleines de fantaisie du petit enfant qui, lorsqu'il joue, confère de façon souveraine aux objets telle ou telle signification ont quelque chose de cette même énergie créatrice. Des forces qui portent en elles une intense énergie continuent donc d'agir dans la conscience de l'enfant éveillé. L'univers de ses représentations n'est pas encore l'image du monde exsangue et abstraite qu'elle deviendra par la suite. Il porte en lui des qualités de vie provenant d'une réalité supérieure.

Pour comprendre ce qui rattache la vie éveillée du petit enfant à son sommeil, il nous faut encore tenir compte d'une autre particularité de la conscience de l'enfant ; il s'agit du fait que ses perceptions ont toujours un caractère plus ou moins « physionomique ». Un enfant aperçoit un appareil photographique monté sur un pied télescopique : il le qualifie spontanément de « fier » ou de « hautain ». Le même ensemble penché, appuyé contre le mur, est « triste ». Une tasse retournée sur l'égouttoir est « fatiguée ».

Le petit enfant ne considère pas encore la chose qui est devant lui d'un regard neutre ; il ressent cette chose comme un être sensible. Lorsqu'il voit le pied télescopique étiré, il s'étire lui-même intérieurement et ressent de la fierté. De même il accompagne intérieurement le geste penché et ressent de la tristesse. Ces processus se jouent dans la volonté et le sentiment de l'enfant. Son âme tend à imiter les mouvements et les gestes qu'il voit au dehors. Il se relie de l'intérieur à tout ce qu'il perçoit et le fait revivre dans sa volonté et sa vie affective. Il introduit en même temps ce comportement dans sa vie, et c'est bien ce que nous percevons quand nous le voyons imiter son entourage. Une des découvertes les plus étonnantes de ces dix dernières années fut de s'apercevoir que le bébé imite déjà intérieurement, dès le premier jour de sa vie, ce qu'il voit faire autour de lui [184].

Ce comportement étrange du petit enfant devient compréhensible lorsqu'on se fait une idée de la façon dont l'homme vit et connaît dans les mondes suprasensibles. Dans l'existence terrestre déjà, quand on veut vraiment comprendre un autre homme, il faut faire preuve de qualités d'empathie. Car c'est seulement en s'adonnant avec tout son être à l'autre que l'on peut saisir ce qui vit en lui. Il faut plonger dans le son de sa voix, fusionner avec ce qui s'exprime dans ses gestes, son attitude, ses mouvements, etc. On amorce ainsi une rencontre avec l'être de l'autre. Eh bien, pour rencontrer un être dans le monde suprasensible, il faut intensifier cette tendance au-delà de tout ce que l'on peut imaginer.

> « Pour vivre consciemment dans ces mondes (suprasensibles), l'âme doit être animée d'une impulsion qui ne peut pas déployer dans le monde sensible l'intensité avec laquelle elle se manifeste dans les mondes suprasensibles. C'est le pouvoir de s'adonner entièrement à son expérience intérieure. Il faut pouvoir *s'absorber* complètement dans ce que l'on vit et s'y *unir* jusqu'au point où l'on se voit hors de sa propre entité pour se sentir à l'intérieur de l'autre. On voit sa propre entité *se transformer* en l'autre, dans laquelle on vit. Si l'on n'a pas cette faculté de se transformer, on ne peut faire aucune véritable expérience dans les mondes suprasensibles. Dans ces mondes, toute expérience repose sur le fait que l'on devient conscient de ceci : maintenant tu es transformé "de cette façon-là", tu participes donc à la vie d'un être qui, par sa nature, transforme ta propre nature de "cette" façon. Cette capacité de se transformer, ce sentiment d'être dans d'autres entités, est la vie dans les mondes suprasensibles[185]. »

L'enfant qui perçoit les choses de façon physionomique fait manifestement preuve de cette capacité à se transformer en d'autres entités et à s'identifier à elles. Et cela met en évidence le fait suivant : lorsque le petit enfant est éveillé, son âme a le même comportement que celui qui convient à la vie dans le monde suprasensible ! Autrement dit, l'enfant continue de se comporter, lorsqu'il est éveillé, comme il le faisait avant de s'incarner, quand il vivait dans les mondes spirituels. Jusque dans sa manière de percevoir les choses, le petit enfant est traversé par des forces qui proviennent de sa vie d'avant la naissance. Il porte encore dans sa conscience éveillée les répercussions de son existence prénatale dans les mondes suprasensibles. Vers 5 ou 6 ans – parfois un peu plus tôt, parfois un peu plus tard, cela dépend des enfants – les perceptions « physionomiques » s'estompent, les répercussions de l'existence prénatale disparaissent et se transforment en une autre force intérieure.

Ces faits nous permettent de mieux comprendre ce qui caractérise le sommeil durant les premières années. Nous avons vu que la vie suprasensible qui était celle de l'enfant avant sa naissance se poursuit ensuite dans sa vie sur terre lorsqu'il est éveillé. Mais l'être intérieur de l'enfant replonge toujours et encore, chaque fois qu'il s'endort, dans les mondes suprasensibles. On comprend alors que, dans les premières années de la vie, être éveillé et dormir soient encore intimement apparentés. Par la suite, ces deux activités se distingueront nettement l'une de l'autre. Mais pour le petit enfant, être éveillé et dormir, c'est quasiment la même chose.

Quand il est éveillé, l'enfant s'abandonne activement à ce qu'il voit, entend, etc. Il vit intérieurement avec d'autres entités. Avec cet état d'âme, il s'endort et s'immerge dans les mondes suprasensibles. Nous avons vu que le petit dort très longtemps. À quoi s'adonne-t-il donc aussi longtemps avec son moi et son corps astral ? Et que signifie cet « adonnement » ? Ce sommeil est certainement différent de celui de l'adulte, car l'enfant fait encore bien peu de chose pendant ses courts moments d'éveil quand il n'a que quelques jours, quelques semaines et même quelques mois ! Les organes de son corps ne sont pas vraiment usés et encore moins détruits durant la journée par l'activité consciente de l'âme ; il n'y a donc encore rien qui devrait être régénéré pendant la nuit. Alors que se passe-t-il pendant le sommeil du petit enfant ?

Pour répondre à cette question, on peut partir des découvertes récentes qui ont été faites sur le sommeil. Bien entendu, les résultats que les physiologistes récoltent lorsqu'ils branchent leurs appareils sur l'homme endormi ne nous apprennent rien sur ce que l'être intérieur vit pendant le sommeil. On trouve néanmoins dans ces mesures d'importants indices. L'observation des électro-encéphalogrammes permet de déceler qu'à partir de l'endormissement la conscience ne disparaît pas d'une façon continue, et que l'état d'inconscience vient en plusieurs étapes. L'homme passe d'abord par l'état de rêve. Puis il se détache de son corps et plonge alors dans des domaines plus profonds de l'existence cosmique suprasensible.

Quand l'entité psychique et le moi ont séjourné un certain temps dans ces domaines, quelque chose d'autre – qui ne fut découvert qu'en 1952 à Chicago par un étudiant de Kleitman, le célèbre spécialiste du sommeil – se produit. La respiration et le pouls du dormeur, jusque-là calmes et réguliers, s'agitent à nouveau comme ils le font pendant la journée ; la pression sanguine augmente comme si c'était le matin, les pupilles des yeux bougent comme elles le font pendant les rêves. L'âme revient des profondeurs de l'existence cosmique suprasensible et s'approche du corps pour agir dans les processus vitaux de la respiration, de la circulation, du cerveau et, d'une certaine façon, de la musculature. Les muscles, en effet, se détendent *totalement*. Autrement, même pendant le sommeil, les muscles gardent toujours une certaine tension. Or, pendant ces phases de sommeil dit « paradoxal », toute tension musculaire disparaît. La vie du muscle n'a plus aucun lien avec la force physique des os et s'anime d'une sorte d'activité intérieure propre. Un autre phénomène encore permet de se rendre compte que l'entité psychique s'approche du corps – mais seulement du corps de vie et pas du corps physique, sinon l'homme se réveillerait – et agit à l'intérieur de celui-ci : si on réveille le dormeur pendant ce sommeil paradoxal, il s'avère qu'il est en train de rêver.

Dans cet état intermédiaire, l'être intérieur de l'homme exerce certaines actions sur le corps de vie. Puis il se dégage de nouveau, replonge dans les profondeurs des mondes suprasensibles où il vit un certain temps, pour revenir pénétrer de son activité le corps de vie. Cela se répète quatre ou cinq fois par nuit. Qu'est-ce qui s'accomplit là ? Certains rêves d'enfants peuvent nous mettre sur la voie. Les rêves du petit enfant nous donnent, en effet, souvent une clé pour comprendre ce qui se passe effectivement dans le sommeil. Voici comment un enfant de trois ans s'est représenté lui-même en train de dormir (figure 33). Son corps est couché dans le lit. Il est relié par des lignes, des courants, à un grand cercle segmenté en douze parties. Une sorte de configuration cosmique envoie comme des courants dans le corps de l'enfant. Celui-ci est connecté à un domaine cosmique, et des processus bien particuliers s'y déroulent.

Dans les six premières années, les organes internes, le cerveau, les poumons, les reins, l'estomac, etc., mais aussi le système osseux et la musculature sont profondément remodelés. Des forces formatrices travaillent dans les organes encore souples et malléables, aux formes encore primitives, pour élaborer leurs formes définitives. Les organes ne font pas que grossir ; leur forme se perfectionne et se différencie (voir le chapitre « La naissance du corps éthérique »). Rudolf Steiner attire notre attention sur ce phénomène de la manière suivante :

> « Lorsque nous sommes encore des petits enfants, nous dormons la plus grande partie du temps. C'est pourquoi nous sommes alors beaucoup plus soumis aux influences extraterrestres que par la suite. Nous

nous accoutumons ensuite progressivement aux conditions terrestres. Mais tant que nous sommes enfants, tout ce qui réside à l'intérieur de notre peau est encore malléable et donc – beaucoup plus que par la suite – susceptible d'être encore façonné[186]. »

On peut étudier concrètement le rapport des forces formatrices d'organes avec l'univers extraterrestre en examinant de façon attentive les rythmes des différentes planètes et les lois qui régissent leurs mouvements, et en suivant parallèlement, avec un sens artistique, le modelage des organes. On découvre alors que les lois qui président au mouvement des planètes deviennent visibles, en quelque sorte, dans ce travail formateur des organes : les lois cosmiques de Mars dans le modelage des poumons, celles de Jupiter dans les transformations qui affectent le cerveau, etc.

L'enfant qui dort s'adonne au cosmos avec toutes ses forces intérieures. Il se laisse entièrement pénétrer par les lois et les forces cosmiques, et envoie ensuite celles-ci, en tant que forces modelantes formatrices, dans son corps. L'enfant qui dort travaille à façonner son organisme ! Cette activité est alors bien plus intense que par la suite, lorsqu'il s'agira simplement de renouveler les forces usées. Le sommeil du petit enfant n'est pas seulement plus long que celui de l'adulte, il est aussi très différent. Pendant les trois premiers mois, cinquante pour cent environ du cycle de sommeil de l'enfant sont composés d'épisodes de sommeil de type MOR (sommeil paradoxal), pendant lesquels un travail s'effectue sur le corps de vie et, indirectement, sur le corps physique, alors qu'ils se réduisent à vingt pour cent environ chez l'adulte.

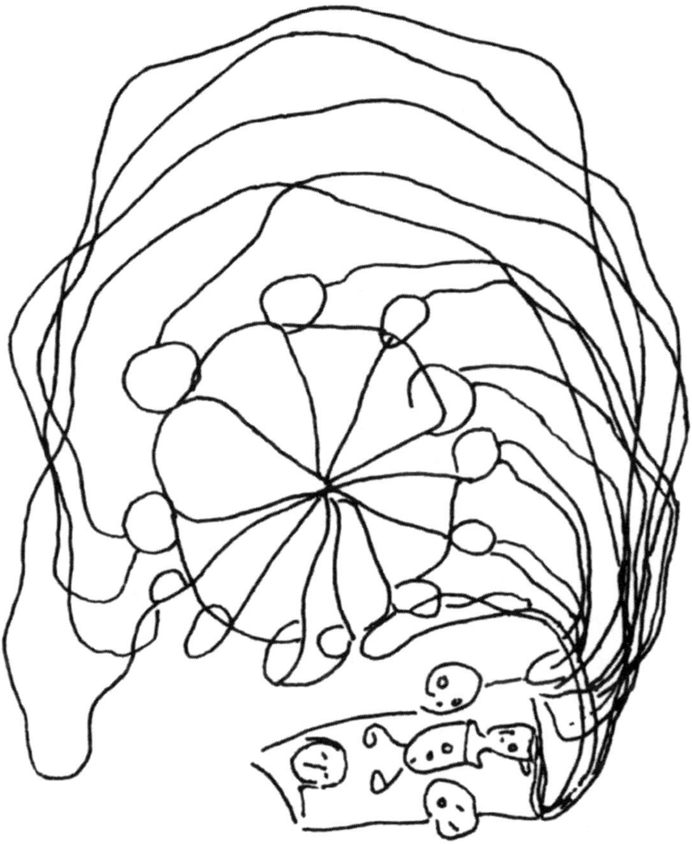

Figure 33 : Un garçon de 3 ans s'est représenté couché dans son lit en train de dormir. Des courants émanent de lui et vont s'unir à une sorte de formation florale à douze pétales. (Tiré de C. v. Heydebrand, Rêves d'enfants. *In* : *Erziehungskunst,* Stuttgart, 1934.)

Les choses changent après la poussée de la seconde dentition. Comme nous l'avons déjà évoqué, c'est le moment où cette importante action de remodelage du corps de l'enfant diminue et prend fin. Une partie des forces formatrices cosmiques que l'enfant a fait pénétrer dans son corps pendant son sommeil se détache alors et cesse d'agir dans les organes. Ces forces formatrices agissent désormais dans la vie psychique, où elles modifient surtout la qualité des représentations. Lorsque, en regardant un objet, nous nous en faisons une représentation, notre activité mentale doit prendre la configuration de cet objet. Chez le petit enfant, ces représentations se défont au fur et à mesure et disparaissent dès qu'il ne regarde plus l'objet. À partir de la septième année, les forces modelantes qui se dégagent des organes dans les profondeurs inconscientes du corps participent à la formation des représentations et se saisissent de ces images intérieures.

À présent, quand l'enfant regarde un objet, il le reforme en même temps à l'intérieur de lui à l'aide des forces formatrices qui émergent dans la vie de ses représentations et de ses pensées. Ces nouvelles forces intérieures saisissent les images mentales de telle sorte que l'enfant peut les retrouver en lui par exemple dans son souvenir ou bien quand il écoute une leçon. C'est donc tout le rapport de l'enfant au monde qui s'en trouve modifié. Du fait qu'il forme intérieurement ces images et qu'il vit désormais avec elles, l'enfant fait l'expérience de son propre espace intérieur. Cet espace intérieur psychique apparaît grâce au fait qu'il modèle en lui des représentations pénétrées de forces de forme, et que celles-ci lui permettent de garder sa conscience éveillée même lorsqu'il ferme les yeux. Ces représentations constituent la partie la plus périphérique de la vie psychique. Elles sont moins « intérieures » que les sentiments et la volonté, et délimitent une sorte de frontière fine, mais nette, entre l'âme et le monde environnant.

Cela commence vers la septième année pour culminer environ deux ans plus tard lorsque l'enfant parvient à former ses représentations en toute conscience. Le moi pénètre alors l'activité visuelle beaucoup plus fortement qu'auparavant. C'est le moi, en effet, qui permet que nos yeux convergent vers un objet. Or les petits enfants, quand ils sont émus ou agités, ont tendance à loucher. Vers 9 ans, par contre, le moi maîtrise suffisamment l'activité visuelle pour que l'enfant ne louche plus, même quand il est très excité. Quand son moi a la force de saisir son regard et que l'enfant observe avec attention ce qu'il voit, ses représentations deviennent plus claires et plus structurées qu'auparavant. La frontière entre l'espace intérieur psychique et le monde extérieur se fait encore plus précise.

Cet isolement de l'espace intérieur est encore renforcé par une nouvelle faculté de l'enfant. Celui-ci peut désormais se saisir intérieurement d'une représentation et se fixer une intention, un but, même lorsqu'il est soumis à toutes sortes d'influences qui, de l'extérieur, pourraient l'en détourner. Il peut prendre des décisions et les exécuter entièrement à partir de lui-même.

Tout cela amène une profonde transformation du sommeil. À présent, lorsque l'enfant s'endort le soir, il ne s'abandonne plus totalement aux sphères des mondes suprasensibles. Son âme et son moi sont devenus un être personnel, et cet être pénètre dans l'univers du sommeil avec la nouvelle configuration qu'il a acquise en étant éveillé. L'enfant s'est démarqué, pour ainsi dire, des forces qui règnent dans les mondes suprasensibles. Il porte dans le sommeil, grâce à son propre espace psychique, ce qu'il a vécu pendant la journée.

Nous pouvons maintenant nous demander si ce vécu de la journée que l'enfant emporte ainsi dans son sommeil peut connaître une stimulation semblable à celle qu'a connue son corps dans les premières années de sa vie. Il s'agit d'une des questions pédagogiques les plus importantes. Pour pouvoir résoudre le problème existentiel qu'elle contient, nous allons d'abord devoir répondre à deux autres questions :

1° Quelle conception se faire des « puissances spirituelles » qui vivent et agissent dans les mondes où l'âme et le moi séjournent pendant la nuit ?

2° Quelle qualité l'enseignement que les enfants reçoivent à l'école et emportent dans l'univers du sommeil doit-il avoir pour rester ouvert, là-bas, aux forces spirituelles qui peuvent affluer vers l'homme et le stimuler ?

La première de ces questions nous conduit vers certaines sphères de l'existence auxquelles on ne peut accéder que par un cheminement méthodique des plus rigoureux. On peut se faire une idée des êtres spirituels qui se trouvent au-dessus des humains et ont une relation intérieure avec l'âme humaine en suivant par exemple cette indication de Rudolf Steiner :

« Nous pourrons seulement nous élever à une compréhension de la nature des hiérarchies supérieures si nous sommes parfaitement au clair sur ce que nous avons dit au sujet de l'être humain [187]. »

Si l'on veut acquérir une véritable compréhension des êtres que l'on appelle les anges, les archanges, les archaï, etc., il nous faut d'abord appréhender l'être humain, et particulièrement sa constitution spirituelle. Nous ne pourrons ici qu'esquisser cette démarche. Le point de départ sera l'activité grâce à laquelle nous pouvons « connaître ». Pour accéder à des connaissances, nous devons nous tourner vers les phénomènes du monde et nous efforcer de saisir, en pensant, la cohérence de ces phénomènes. Il s'agit donc de former les concepts qui expriment l'essence de ces phénomènes. Ce mode de connaissance est propre à l'âme dite « de conscience [188] ». Mais il existe encore un penser supérieur, qui mène à connaître par la seule activité intérieure. On trouve le premier stade de ce penser supérieur dans les mathématiques, où l'homme n'accède plus à des connaissances en se tournant vers les phénomènes sensibles, mais en produisant lui-même les phénomènes par une activité intérieure rigoureusement conduite. Or on peut développer ce penser « générateur » dans d'autres domaines que les mathématiques. C'est ce que Goethe, par exemple, a fait dans sa morphologie. Il a pénétré en esprit le développement des plantes supérieures en recréant intérieurement leur processus de formation : ce qui passe d'une feuille à la suivante, de la croissance végétative à la floraison, etc. Quand on transforme entièrement l'observation extérieure en une re-création active, on accède à ce penser supérieur. Puis cette contemplation intérieure qui consiste en une activité de re-création active peut encore progresser. Dans cette image vivante de l'être végétal, on peut, par exemple, privilégier le processus « tige » et constater alors que la plante, sous l'influence de ce renforcement du processus « tige », se transforme en œillet ou en une autre caryophyllacée. On peut aussi intensifier le processus qui engendre la floraison, et faire naître de ce renforcement une autre forme de plantes : les ombellifères. Ou bien on peut encore intensifier le processus « graine » et aboutir à une troisième sorte de plante à fleurs, les labiées.

On vit alors dans un penser créateur : à partir d'une idée vivante, on produit, par une pure activité de l'esprit, la multiplicité des formes végétales, de la même façon que le mathématicien produit les êtres et les structures mathématiques. Il ne s'agit plus ici d'un penser qui « réfléchit » sur le monde, mais d'un penser dans lequel les lois éternelles du monde agissent directement.

Ce penser inaugure une ordonnance supérieure des êtres : celle du soi-esprit[189]. Mais il ne s'agit encore que du début de ce soi-esprit. Ce penser actif ne donne tout d'abord forme qu'à des images de formes extérieures comme par exemple les formes des plantes. On contemple, en produisant ces images, la genèse de formes extérieures. Mais on peut aussi vivre purement dans les lois que l'on produit ainsi à l'intérieur de soi. Ces lois se dévoilent alors comme étant les lois du cosmos. Un soi-esprit évolué met en œuvre un penser créateur dans lequel règnent les lois éternelles du cosmos.

Les êtres qui pensent ainsi n'ont plus besoin de corps physique. L'homme a besoin d'un corps physique parce que son penser ne peut atteindre la vérité que s'il prend appui sur la perception sensible. Ce penser créateur, qui pense à partir des lois éternelles du cosmos sans aucun appui sensible est le penser des anges. Ce sont des êtres qui ont déjà développé leur soi-esprit à un degré élevé.

Il existe encore d'autres entités qui ont dépassé le stade du soi-esprit et ont développé encore un constituant supérieur : l'esprit de vie[190].

Où sont les dispositions de cet esprit de vie ? Pour les découvrir, il nous faut partir du ressentir comme nous sommes partis du penser pour atteindre le soi-esprit. Le ressentir humain est plus intérieur, plus subjectif aussi que le penser, et pourtant il nous rattache en même temps aux choses du monde. C'est pourquoi il est souvent fluctuant et manque de fermeté intérieure. L'artiste, lui, connaît le début d'un ressentir plus élevé. Lorsqu'il crée, il ressent si ce qu'il voudrait exprimer dans son tableau, sa sculpture, etc., est déjà visible dans l'œuvre à laquelle il travaille. Le sentiment de l'artiste est rempli de réalité spirituelle. C'est pourquoi il ressent ce qui est encore imparfait. L'homme peut donc commencer à s'élever vers un ressentir qui ne s'approche pas simplement du spirituel pour s'y réchauffer, mais qui se pénètre entièrement de réalité spirituelle. Lorsque le ressentir s'élève du monde de l'éphémère à la sphère de l'éternel, l'esprit de vie naît. « Quand vous élevez vos pensées jusqu'à pouvoir saisir l'éternel », explique Steiner, « alors vous vivez dans le *manas* (le soi-esprit). Quand vous élevez votre sentiment, votre ressentir, jusqu'à lui conférer le caractère de l'éternel, alors vous vivez dans la *buddhi* (l'esprit de vie)[191]. »

Nous pouvons à présent nous faire une idée de ce que sont ces êtres supérieurs. Les lois éternelles du monde, les lois qui agissent et créent dans la nature, dans le domaine de l'âme, etc., vivent dans leur conscience. Ils possèdent une conscience globale des lois qui régissent l'univers. Leur ressentir est grand ouvert à l'expérience de ce spirituel. Tout ce qu'ils ressentent vit dans la sphère des lois cosmiques éternelles. C'est un ressentir issu des lois éternelles du monde, un ressentir puissant, pénétré de la force de l'esprit, et dans lequel plus rien n'est trouble ni fluctuant.

Existe-t-il dans le champ de l'existence humaine quelque chose qui soit l'expression d'un tel ressentir ?

La réponse est oui ; car l'homme parle une langue. Quand nous entendons des mots comme « nuage », « rivière », « fleur » ou « lumière », nous ressentons un geste fait de sonorités, de phonèmes. Ce geste sonore se communique tout d'abord à notre ressentir. Mais nous pouvons aussi pénétrer en toute conscience dans la forme sonore du mot. Nous éprouvons alors quelque chose de réel, qui est en rapport avec la nature du nuage, de la fleur, etc. Cette réalité ne vit pas dans notre penser, mais dans notre ressentir. On se rend compte que chaque mot est créé à partir d'un ressentir pénétré d'esprit. Pour qu'un mot naisse, il faut qu'une certaine réalité spirituelle soit ressentie. On peut donc se représenter une entité qui, dans son ressentir, fait vivre la réalité du monde. Un être de cette sorte est le créateur non seulement d'un mot, mais de toute une langue, dans laquelle les mots, les structures grammaticales etc., expriment la réalité du monde. Les entités qui vivent ainsi l'esprit de vie sont les archanges.

Quand l'enfant s'endort, son être intérieur (âme et moi) pénètre dans les domaines spirituels où vivent les anges et les archanges. Comment l'enseignement qu'il reçoit à l'école l'aidera-t-il à trouver un lien avec ces entités?

Dans les années qui suivent la poussée de la seconde dentition, l'enseignement doit stimuler différents processus de développement. Dans de nombreuses matières, nous l'avons vu, il s'agit d'amener l'enfant à une compréhension imagée du monde. Cela provoque en lui un changement significatif. Les enfants appréhendent d'abord le monde à l'aide de leurs représentations. Mais ils ne saisissent encore que l'apparence matérielle des choses : le « devenu », ce qui est figé dans des formes. L'enseignement doit maintenant inciter les enfants à pénétrer ces représentations grâce aux forces formatrices vivantes qui se sont dégagées de leurs organes. Ils développent ainsi un regard artistique et comprennent par exemple comment les forces durcissantes de la terre, les forces expansives de l'air, celles du soleil, etc., agissent pour former la plante. En tournant ce regard artistique vers les animaux, ils comprennent que chez l'un (le bovin), l'estomac, chez un autre (la tortue) le processus de formation de la boîte crânienne, chez un troisième (la girafe) le cou, chez un autre encore (le fauve) la circulation du sang, etc., donne à l'animal son caractère.

Grâce aux forces formatrices nouvelles qui montent dans leur vie psychique, les enfants reforment en eux ce qu'ils observent; ils développent un penser qui, dans le phénomène, cherche l'essence, l'être intérieur. Quand l'essence du phénomène transparaît à travers l'apparence, les enfants n'en tirent plus simplement un savoir, comme c'est le cas habituellement, mais une image. C'est ainsi que lorsqu'ils apprennent à écrire [192] en première classe, la lettre doit déjà révéler par sa forme l'essence du geste sonore – le phonème – correspondant. Le chemin qui conduit à l'image en cultivant le regard artistique stimule chez les enfants un penser intérieurement actif et vivant.

Grâce aux images, les enfants parviennent à une compréhension. Cette compréhension agit en retour sur leur vie affective qui s'élargit et s'approfondit sans cesse. Grâce aux images des contes, des légendes et des mythologies, mais aussi de l'histoire, les enfants apprennent à comprendre l'importance de la compassion dans la vie des hommes ; ils voient quels sont les fruits de l'amour de la vérité, du courage, de la fidélité ou du sang-froid. Ils saisissent le sens de ces forces morales. En cultivant cette compréhension humaine, ils enrichissent la palette de leurs sentiments et développent un penchant pour les plus hautes qualités humaines.

Tout cela vit dans l'âme de l'enfant lorsque, la nuit, elle s'immerge dans les sphères suprasensibles. Grâce au penser vivant et imagé, elle entre alors en relation avec les anges. L'activité spirituelle qui vit dans les images s'apparente en effet au penser créateur du soi-esprit. Elle peut donc être éclairée par le rayonnement du penser créateur des anges. Elle est alors pénétrée par un penser puissant, qui l'élargit spirituellement. Les forces du soi-esprit viennent féconder le penser vivant et imagé de l'enfant. Mais que signifie ce renforcement ? Le penser qui a tout d'abord appréhendé l'essence de telle plante ou tel animal mûrit et se transforme peu à peu en *faculté* de comprendre la plante et l'animal en général. Acquérir une faculté, c'est devenir capable de comprendre non seulement ce que l'on a déjà observé, mais aussi tout ce qui s'y apparente.

C'est ainsi que le penser est fortifié par le soi-esprit. Grâce à l'ange, ce que les enfants vivent et comprennent à l'école mûrit en eux et donne naissance à des facultés.

Lorsque, en se réveillant le matin, on s'aperçoit que certaines pensées sont devenues plus lucides et plus vastes qu'elles n'étaient la veille, c'est qu'un penser spirituel lumineux de grande ampleur a fait rayonner ses forces dans ces pensées pendant la nuit. On constate les effets d'un penser plus puissant, plus lucide et plus vaste dans son propre penser, mais on ignore d'où cela vient. L'enfant ne le sait pas, lui non plus. Comme l'a dit Thomas d'Aquin : « Parmi ceux qui sont illuminés par un ange, chacun ne sait pas qu'il est illuminé par un ange [193]. »

Quand cette compréhension active de l'enfant le porte à approfondir ses sentiments, son âme entre dans une relation intérieure avec les archanges. La métamorphose du sentiment grâce à la lumière de la compréhension est en effet apparentée au puissant ressentir des archanges, ce ressentir totalement pénétré des lois éternelles de l'existence. L'action vigoureuse des forces de l'esprit de vie peut enrichir et consolider toute la vie affective. Quand des forces de sentiment puissantes et profondes se développent dans l'âme de l'enfant, quand sa conscience morale croît, c'est que les forces des archanges agissent en lui. Mais elles agissent encore plus puissamment quand mûrissent ses qualités de courage, de véracité, de fidélité, de serviabilité et ainsi de suite, c'est-à-dire quand les dispositions mêmes de son caractère se transforment.

Si les représentations et les pensées que l'enseignement procure à l'enfant ne font que refléter le monde matériel, son âme reste fermée sur elle-même lorsqu'il dort, et elle passe alors à côté des anges sans même les voir. Aucune relation ne peut se créer avec eux. Elle passe aussi en aveugle auprès des archanges si ses sentiments et ses intérêts sont tournés exclusivement vers ce qui est matériel et se perdent dans les futilités de la vie quotidienne sans ressentir aucun attrait pour la sphère de la moralité et du religieux.

Au passage de la puberté, veille et sommeil se modifient encore une fois. Aujourd'hui, il devient plus difficile pour l'adolescent de trouver une relation, pendant son sommeil, avec ces forces supérieures qui vivifient l'âme et l'emplissent de force, de lumière et de sentiment spiritualisé. Pourquoi cela ?

Chez le petit enfant, nous l'avons vu, la configuration de l'âme propre à l'existence spirituelle d'avant la naissance vibre encore, comme un écho, dans le regard « physionomique » qu'il porte sur les choses. Cette qualité se prolonge, pendant le deuxième septénaire, dans la force qui est à la base de tout apprentissage à cet âge : le sentiment d'autorité. Celui-ci repose en fait sur deux qualités de l'âme. Avec la première, l'enfant se tourne vers l'adulte et s'adonne sans réserve à ce qu'il peut recevoir de lui. La seconde est la force de la foi, qui fait que l'enfant accueille dans les profondeurs de son être intérieur et laisse vivre en lui ce qu'il reçoit ainsi de l'adulte. Le sentiment d'autorité est donc une métamorphose, une sorte d'intériorisation, des forces qui agissent dans la perception physionomique et dans l'imitation. Quand l'enfant perçoit le monde de manière physionomique, en effet, son âme s'adonne à son environnement et se laisse pénétrer en profondeur par ce qu'elle reçoit du monde. À travers le sentiment d'autorité qu'elle conserve durant les cinq ou six premières années scolaires, l'âme de l'enfant garde toujours une certaine orientation vers le suprasensible.

Tout cela s'éteint quand s'amorcent les changements liés à la puberté. Du fait de la forte poussée de ses membres, l'être humain doit descendre beaucoup plus dans les forces terrestres de gravitation avec ses propres forces de volonté. Or ces forces de gravitation représentent précisément ce qui s'oppose de façon radicale au suprasensible. Elles ont tendance à densifier et à durcir, c'est-à-dire à séparer les êtres et les choses du cosmos. Dans ses membres, l'adolescent – le garçon plus encore que la fille – fusionne en quelque sorte avec les forces de pesanteur. C'est à ce moment-là que l'être humain devient un être terrestre jusque dans sa volonté. En s'attachant de la sorte aux forces terrestres de gravitation, il fait l'expérience de son autonomie. Il devient « une personne » non seulement dans ses représentations, c'est-à-dire à la périphérie de son âme, mais aussi au plus profond de lui-même, dans sa volonté. Le danger surgit alors que l'adolescent reste entièrement fermé sur lui-même lorsque, pendant son sommeil, il séjourne parmi les êtres supérieurs.

C'est pourquoi il importe que l'enseignement qu'il reçoit sollicite les forces grâce auxquelles, pendant son sommeil, il pourra entrer en relation avec les réalités suprasensibles. Mais quelles sont ces forces ? À la puberté, comme nous l'avons vu, le corps astral de l'être humain « naît ». L'être subjectif, personnel – avec les pulsions, les désirs et les instincts qui l'habitent – s'ouvre au monde. Mais à côté de ces forces étroitement dépendantes du corps, l'âme porte aussi en elle des forces volontaires spiritualisées. Quand la force obscure et instinctive qui pousse à une action est éclairée par la lumière de l'idée, la pulsion se change en une autre force psychique. Le désir surgit alors de saisir des buts spirituels : la force de l'idéal s'éveille. Au moment de la naissance du corps astral, l'idéalisme le plus pur s'éveille dans l'âme de l'adolescent en même temps que les pulsions les plus sensuelles.

Grâce à cette force volontaire spiritualisée, le jeune peut trouver un lien intérieur avec les anges et les archanges pendant qu'il dort. Et cela place celui qui l'enseigne devant des tâches absolument concrètes. L'enseignement ne doit pas seulement proposer aux jeunes un savoir abstrait et des explications théoriques. Il doit enflammer en eux des idéaux qui nourrissent le feu intérieur de leur enthousiasme. Pour que l'être intérieur de l'adolescent puisse tisser de véritables liens avec les anges et les archanges pendant son sommeil, il faut que les cours scientifiques enflamment en lui l'idéal de la connaissance ; que les cours d'art cultivent son idéal de la beauté en lui montrant ce qui a pu prendre forme dans les œuvres des grands peintres, sculpteurs, musiciens et architectes ; qu'il puisse aussi éprouver la puissance des idéaux moraux en se plongeant dans les meilleures pages des géants de la littérature. Les hiérarchies supérieures peuvent alors déverser leurs impulsions vivifiantes dans les sentiments et les forces volontaires enflammées par l'esprit. Quand cela se produit, la jeune fille, le jeune homme peuvent vivre dans notre civilisation technologique sans succomber à ses effets pervers dévastateurs. Celui qui veut enseigner dans les grandes classes d'une école Waldorf doit faire tous se efforts, lorsqu'il prépare ses cours, pour offrir aux élèves des occasions d'élargir et d'approfondir leur compréhension du monde, afin que s'allume en eux le feu de l'idéalisme et de l'enthousiasme. Dans notre civilisation superficielle, le jeune être humain a bien plus besoin qu'autrefois de ces forces de structuration de l'âme et du moi qui émanent chaque nuit des entités supérieures.

Notes

Œuvres de Rudolf Steiner : Éditions en français citées : Éditions anthroposophiques romandes (É.A.R.) Genève, éditions Novalis (N) Montesson et éditions Triades (T) Paris. Les ouvrages de Steiner non traduits en français sont édités par le Rudolf Steiner Verlag, Dornach, Suisse; elles figurent dans les notes avec leur numéro bibliographique (GA).

1. Meinberg, E. : *Das Menschenbild der modernen Erziehungswissenschaft,* Darmstadt 1988.
2. Scheler, Max : *La situation de l'homme dans le cosmos,* Aubier 1979. *Le formalisme en éthique et l'éthique matérielle des valeurs,* Gallimard 1955.
3. Bollnow, O. F. : Der Wissenschaftscharakter der Pädagogik. *In* : Bollnow, O. F., éd. : *Erziehung in anthropologischer Sicht,* Zurich 1969.
4. Langeveld, M. : *Studien zur Anthropologie des Kindes,* Tübingen 1964.
5. Gerner, B. : *Einführung in die pädagogische Anthropologie,* Darmstadt 1986.
6. Steiner, R. : *L'éducation de l'enfant,* T, 1997, p.80.
7. Wittgenstein, L. : *Tractatus logico-philosophicus* [1918], Gallimard 1993.
8. Voir note 6, p. 96.
9. Ces conditions sont développées plus précisément dans le troisième chapitre de cet ouvrage. Elles comprennent

notamment les forces spécifiques d'apprentissage selon l'âge des enfants, l'élargissement à des contenus expérimentaux puisés à la réalité, des matières enseignées, souvent appauvries par le réductionnisme, ainsi que la compréhension de la signification spécifique des différents domaines d'enseignement pour le développement de l'enfant ; et l'effort constant pour comprendre concrètement le devenir de chaque élève, ainsi que les matières enseignées.

10. Ullrich, H. : *Waldorfpädagogik und okkulte Weltanschauung,* Weinheim et Munich 1986.
11. Voir note 6, p. 68.
12. Steiner, R. : *Geisteswissenschaftliche Behandlung sozialer und pädagogischer Fragen,* GA 192, Dornach 1964, p. 98 *sqq.*
13. Steiner, R. : *Éléments fondamentaux pour la solution du problème social. Treize articles commentaires,* GA 24, É.A.R.
14. Voir note 10.
15. Merleau-Ponty, M. : *Phénoménologie de la perception,* Gallimard 1945, p. 175.
16. Binswanger, L. : *Grundformen und Erkenntnis menschlichen Daseins,* Munich, Bâle 1962.
17. Buytendijk, F. J. J. : *Das Menschliche,* Stuttgart 1958.
18. Singer, W. : Hirnentwicklung und Umwelt. *In* : *Spektrum der Wissenschaft,* H. 3, 1985. Wie unser Gehirn sehen lernt. Angeborenes und Erworbenes. *In* : *Max-Planck-Gesellschaft, Jahrbuch* 1988, Göttingen 1988.
19. Nickel, H. : *Entwicklungspsychologie des Kindes- und Jugendalters,* Bd I. Berne, Stuttgart, Vienne 1982.
20. Voir Steiner, R. : *La théosophie,* chapitre « La nature de l'homme », GA 9, É.A.R., N.
21. Chez l'enfant d'âge préscolaire, et seulement chez lui, dans le regard « physionomique » qu'il porte sur le monde, les représentations sont pénétrées immédiatement de vécu intérieur. Par la suite, il se peut que des éléments subjectifs s'immiscent dans les représentations et les influencent.

Mais cela ne contredit en rien le fait que les représentations, en tant que telles, soient objectives et non personnelles.

22. Wellek, A. : *Die Polarität im Aufbau des Charakters*, Berne 1950.
23. Lersch, Ph. : *Der Aufbau der Person,* Munich 1970.
24. Penfield, W. : *The Mystery of the Mind,* Princeton 1975.
25. Kranich, E.-M. : Motorische Nerven? *In* : Schad, W. (Hrsg.) : *Die menschliche Nervenorganisation und die soziale Frage,* Stuttgart 1990.
26. Steiner, R. : *La nature humaine*, GA 293, T 1996, p. 80.
27. Les motifs d'action d'un homme sont déterminés de multiples façons par ses prises de position dans la vie, par les valeurs et les idéaux qu'il se fixe, et tout ce qui constitue son caractère. Voir à ce propos les remarques qui concernent les sentiments en tant que mobiles de l'agir (p. 37).
28. Steiner, R. : *La philosophie de la liberté*, GA 4, N 1993.
29. Cité par Pongratz, L. : *Problemgeschichte der Psychologie,* Berne et Munich 1967.
30. Voir note 26, p. 86.
31. *Ibid.*, p. 84.
32. Mandler, G. : *Denken und Fühlen. Zur Psychologie emotionaler und kognitiver Prozesse*, Paderborn 1979.
33. Montada, L. : Bildung der Gefühle?, *Zeitschrift für Pädagogik* 3/1989.
34. Voir note 10.
35. Zdarzil, H. : *Pädagogische Anthropologie*, Graz, Vienne, Cologne 1978.
36. Lykken, D. / Bouchard, Th. : Genetische Aspekte menschlicher Individualität, *in* : *Mannheimer Forum* 1983/84.
37. Steiner, R. : *La théosophie,* GA 9, N, p. 74.
38. Les sentiments élevés sont toujours pénétrés d'une certaine compréhension (de l'être humain, de ses actions, etc.). Or toute compréhension appartient déjà au domaine spirituel. Il est donc plus juste de ne pas seulement parler ici de sentiments psychiques, mais de sentiments psychospirituels.

39. Cet entraînement méthodique est notamment développé par Steiner dans son ouvrage : *Comment parvient-on à des connaissances des mondes supérieurs?* GA 10, É.A.R., N, T.
40. Scheler, M. : *La situation de l'homme dans le cosmos* (voir note 2).
41. À propos du «sens de la vie», voir : Soesman, A. : *Les douze sens*, T, et König, K. : *La conquête sensorielle du corps*, D.G.P., Montréal 1998.
42. Steiner, R. : *Anthroposophie – Ein Fragment*, GA 45.
43. Voir note 23.
44. Maturana, H. / Varela, F. : *Der Baum der Erkenntnis*, Berne, Munich, Vienne 1987.
45. Voir note 37, pp. 38-41.
46. Voir note 44.
47. Steiner, R. : *Des énigmes de l'âme*, GA 21, É.A.R.
48. Voir note 26.
49. *Ibid.*, p. 40.
50. Lassen, N. / Ingvar, D. / Skinhoj, E.: Hirnfunktion und Hirnduchblutung in Gehirn und Nervensystem. *Spektrum der Naturwissenschaft*, Heidelberg 1987.
51. Schaefer, K. E. : Individual Respiratory Patterns Affecting Metabolic Processes and CNS Functions, *in* : Schaefer, K. E. / Hildenbrandt, G. / Macbeth (Ed.) : *A New Image of Man in Medicine*, Vol. II, New York 1979.
52. Seifert, J. : *Das Leib-Seele-Problem in der gegenwärtigen philosophischen Diskussion*, Darmstadt 1979.
53. Il est connu que le pouls et la respiration (de même que la tension sanguine) sont modifiés lorsqu'on évoque certaines pensées. Ces représentations déclenchent des sentiments, des émotions, des affects (peur, regrets, impatience, etc.), et ce sont alors eux, et non les représentations, qui se manifestent ensuite dans les modifications physiologiques. Autrement dit, la représentation n'agit pas directement sur la respiration, etc.
54. Voir note 10.

55. Thomae, H. : Entwicklungsbegriff und Entwicklungstheorie, *in* : *Handbuch der Psychologie,* T. III, Göttingen 1958.
56. Wieczerkowski, W. / zur Oeveste, H., éd. : *Lehrbuch der Entwicklungspsychologie.*, T. I, Dusseldorf 1982.
57. Hegel, G. W. F. : *La raison dans l'histoire,* Hatier 2000.
58. Steiner, R. : *Bases de la pédagogie,* GA 303, É.A.R. ; *Gegenwärtiges Geistesleben und Erziehung,* GA 307 ; Nitschke, A. : *Das verwaiste Kind der Natur,* Tübingen 1968 ; Malson, L. / Iatard, I. / Mannoni, O. : *Les Enfants sauvages : Mythe et réalité,* 10/18 1983.
59. Creutzfeldt, O. D. : *Cortex Cerebri,* Berlin 1983.
60. Voir note 18.
61. Voir note 6, p. 32.
62. Steiner, R. : « Connaissance de l'homme élaborée méditativement », *in* : *Enseignement et éducation selon l'anthroposophie,* GA 302a, É.A.R.
63. J. Kagan (dans son livre *Die Natur des Kindes,* Munich 1987) a relevé l'insuffisance des explications de Piaget sur l'apparition d'une nouvelle faculté.
64. Palagyi, M. : *Naturphilosophische Vorlesungen*, Leipzig 1924.
65. La pédagogie Waldorf considère la maturité scolaire comme un fait anthropologique. C'est le moment où l'enfant devient capable d'apprendre les « techniques culturelles ». On peut certes avancer le début de la scolarité en ignorant ce fait. Mais pour que l'école ne travaille pas alors contre l'enfant, il conviendrait d'adapter ses contenus et ses méthodes à l'enfant de cinq ans, trois ans, etc.
66. Goethe, J. W. : *La Métamorphose des plantes,* Triades 1999 ; Steiner, R. : *Une Théorie de la connaissance chez Goethe,* T ; Julius, F. : *Métamorphoses,* Les Trois Arches ; Kranich, E.-M. : *Wesensbilder der Tiere. Einführung in die goetheanistische Zoologie,* Stuttgart 1995 ; *Pflanze und Kosmos. Grundlinien einer kosmologischen Botanik*, Stuttgart 1997.

67. Prange, K. : *Erziehung zur Anthroposophie,* Bad Heilbrunn 1985.
68. *Ibid.*
69. Steiner, R. : *Geisteswissenschaftliche Behandlung sozialer und pädagogischer Fragen,* GA 192.
70. Tanner, J. M. : *Wachstum und Reifung des Menschen,* Stuttgart 1962.
71. Voir note 62.
72. Goethe, J. W. : « La médiation de l'objet et du sujet dans la démarche expérimentale », *in Traité des couleurs*, Triades 2000, p. 299.
73. Danner écrit que « pour pouvoir préparer à la responsabilité, il importe que l'homme et la chose aient été reliés de façon existentielle ». Une relation existentielle peut précisément se tisser quand l'adolescent ressent qu'en s'efforçant de comprendre la nature et les nécessités sociales, il se relie spirituellement à la nature et aux événements.
74. Voir note 6.
75. Voir Steiner, R. : *l'Initiation ou Comment parvient-on à des connaissances des mondes supérieurs ?* , GA 10, É.A.R., N, T, ainsi que la chapitre « La connaissance des mondes supérieurs » dans *la Science de l'occulte,* GA 13, É.A.R., N, T.
76. Stern, D. : *Die Lebenserfahrung des Säuglings,* Stuttgart 1993 ; T.M. Field, etc. : Discrimination and imitation of facial expression by neonates, *Science* 1982, p. 218 ; A. Vinter : Imitationsfähigkeit von Kleinkindern, *Umschau* 1986, Heft 3.
77. Stirnimann, F. : *Psychologie des neugeborenen Kindes,* Munich, p.132.
78. On trouve une description de cet état de fait dans la conférence de Steiner du 13 novembre 1923 dans *l'Homme suprasensible,* GA 231, É.A.R., et une autre plus succincte dans *l'Homme et l'animal* de H. Poppelbaum, Les Trois Arches, Chatou.
79. Steiner, R. : Conférences des 15 et 20 avril 1918, dans *Das Ewige in der Menschenseele. Unsterblichkeit und Freiheit,* GA 67.

80. Bolk, L. : Le Problème de l'anthropogenèse, *Comptes rendus Ass. Anat.*, 1, 80,92. La théorie de la fœtalisation ou néoténie (littéralement : rétention de la jeunesse), proposée en 1926 par l'anatomiste hollandais, a été l'objet d'âpres discussions. Elle affirme que l'homme se développe en conservant les propriétés du jeune singe. Cette idée s'est peu à peu imposée. On la retrouve par exemple chez Stephen Gould : « Notre cerveau grossit plus lentement et plus longtemps que celui des primates, nos os s'ossifient plus tard et l'enfance est beaucoup plus longue. En fait, nous ne parvenons jamais à combler notre retard sur les primates. L'être humain adulte conserve, à bien des égards, les caractéristiques correspondant à la jeunesse de ses ancêtres primates. » *In* : *Darwin et les grandes énigmes de la vie,* Pygmalion, Paris 1979. On trouve une étude très complète de ces questions dans l'ouvrage de J. Verhulst : *l'Homme, premier-né de la Création,* aethera 2006.
81. Kipp, F. : *Die Evolution des Menschen im Hinblick auf seine lange Jugendzeit,* Stuttgart 1991 ; Portmann, A. : *Zoologie und das neue Bild des Menschen,* Hambourg 1956.
82. Voir note 20.
83. Le métabolisme basal est la quantité de chaleur produite par l'organisme dans des conditions basales (absence d'exercices musculaires, repos physiologique complet, jeûne depuis 12 heures, etc.). Il s'exprime en calories par mètre carré de surface corporelle par heure. Chez le petit enfant, le métabolisme basal est beaucoup plus élevé que chez l'adulte. Voir Guyton, A. C. : *Physiologie de l'homme,* Montréal (Maloine, Paris), 1974, p. 427.
84. Le célèbre psychologue H. Werner écrit à propos de cette perception « physionomique » qu'elle est « beaucoup plus profonde et beaucoup plus primitive que toute connaissance théorique ». *(Einführung in die Entwicklungspsychologie,* Munich 1959.)

85. Quand un adulte voit quelqu'un lever un bras par exemple, on peut constater, grâce à un électromyogramme, que de très faibles contractions se produisent dans les muscles grâce auxquels il exécuterait ce même mouvement. Il s'agit là de sortes de rudiments de l'imitation du petit enfant. C'est grâce à eux que l'on perçoit, par une sorte d'imitation retenue, ce qui s'exprime dans le mouvement de l'autre personne (psychomotricité).
86. Piaget, J. : *La Formation du symbole chez l'enfant, imitation, jeu et rêve.* Delachaux et Nestlé, 1968, pp. 87 *sqq* : « L'imitation s'acquiert par une constante assimilation des modèles à des schèmes susceptibles de s'accommoder à eux. [...] L'adaptation intelligente est constituée par un équilibre entre l'assimilation et l'accommodation : sans assimilation, l'accommodation ne fournirait aucune possibilité de coordination ni de compréhension, mais, sans accommodation, une assimilation pure déformerait l'objet en fonction du sujet. L'intelligence sensori-motrice est donc sans cesse à la fois accommodation du schème ancien à l'objet nouveau et assimilation de celui-ci à celui-là. »
87. Steiner, R. : Conférences des 17 et 18 avril 1923 dans : *Pratique de la pédagogie,* GA 306, É.A.R. ; conférence du 13 août 1924 dans : *Connaissance de l'homme et art de l'éducation,* GA 311, T. ; conférence du 8 avril 1924 dans : *L'Éducation des éducateurs,* GA 308, É.A.R.
88. Un grand nombre de phénomènes qui mettent clairement en évidence ce développement cranio-caudal sont décrits dans Schwartze H. et P. : *Physiologie des Fœtal-, Neugeborenen- und Kindesalters,* Stuttgart / New York 1977.
89. Delacroix, H. : De l'automatisme dans l'imitation ; *Journal de psychologie* 1921. J. Piaget se réfère à ce texte à plusieurs endroits de son œuvre.
90. Grassé, P.-P. : *Toi, ce petit Dieu !,* Albin Michel 1971, p. 216.

91. À ce propos, A. Nitschke écrit : « Les ressemblances dans la manière de se mouvoir (entre l'enfant et le modèle qu'il imite) ne sont pas aussi déterminées génétiquement que nous serions tentés de le penser par analogie aux ressemblances corporelles héréditaires qui, elles, sautent aux yeux. Ce qui se transmet à l'homme, c'est plutôt ce que nous avons appelé "la possibilité de" (garder une distance, passer à l'acte...), c'est-à-dire une certaine ouverture non déterminée au monde. Il est impossible de délimiter de façon stricte dans quelle mesure l'influence de l'hérédité pourrait réduire la libre possibilité de développement de la personne humaine. Je crois pour ma part que nous avons fortement tendance à surestimer cette influence. »
92. On trouvera un exposé de la conception anthroposophique de ces trois premiers apprentissages dans l'ouvrage de Karl König : *Les Débuts de l'enfance, Marcher, parler, penser,* Camphill, 1983.
93. Straus, E. : Die aufrechte Haltung ; *in* Bräutigam, W., éd. : *Medizinisch-psychologische Anthropologie,* Darmstadt 1980, p. 439.
94. Kolzowa, M. : Untersuchungen zur Sprachentwicklung, *Der Kinderarzt* 6/7, p. 975.
95. Steiner, R. : conférence du 16 avril 1923 dans *Pratique de la pédagogie*, GA 306, É.A.R.
96. Gehlen, A. : *Der Mensch,* Wiesbaden 1972, p. 193.
97. Condon, W. : Speach makes babies move ; *in* Lewin, R. : *Child Alive*, New York 1975. Condon, W. : A Primary Phase in the Organisation of Infant Responding Behaviour ; *in* Schaffer, H. R. : *Studies in Mother-Infant Interaction,* New York 1977.
98. Le cas exceptionnel de Kaspar Hauser dont le cerveau resta peu développé illustre de façon frappante l'influence de la formation postnatale du cerveau sur l'évolution mentale. Voir à ce propos Tradowsky, P. : *Kaspar Hauser,* T.

99. Ce fait est signalé par S. L. Rubinstein dans *Grundlagen der allgemeinen Psychologie*, Berlin 1968, pp. 477 *sqq*., en tant que « penser en situation ». Le même fait est qualifié par Piaget d'égocentrisme de l'enfant, mais il s'agit de sa part d'une certaine incompréhension du véritable processus.
100. Voir à ce propos R. Steiner : *La Théosophie*, GA 9, chapitre « Réincarnation et destinée », É.A.R., N, T.
101. L'enfant ne parvient, en fait, à une sûreté totale dans sa marche que vers six ou sept ans. Voir : Berger, W. : Entwicklung des Zweibeinganges beim Kleinkind ; *in* Berger, W., etc. : *Haltung und Bewegung beim Menschen,* Berlin 1984.
102. « Jouer » désigne ici le jeu libre et non le comportement ludique du petit enfant que Piaget appelle « jeu d'exercice ».
103. Kranich, E.-M. : *Pädagogische Projekte und ihre Folgen,* Stuttgart 1971.
104. Steiner, R. : conférence du 16 septembre 1920 dans *Enseignement et éducation selon l'anthroposophie,* GA 302a, É.A.R.
105. *Ibid.* Voir aussi le chapitre suivant du présent ouvrage sur la naissance du corps éthérique.
106. Les changements dans le mode de penser de l'enfant que Piaget a étudiés reposent en fin de compte sur le fait que, grâce à sa faculté d'évoquer volontairement des images intérieures, l'enfant devient apte à comparer entre elles des représentations et donc à saisir des relations mentales, c'est-à-dire à penser logiquement.
107. Neuhaus, W. : *Der Aufbau der geistigen Welt des Kindes,* Munich 1962.
108. Nickel, H. : *Die visuelle Wahrnehmung im Kindergarten- und Einschulungsalter*, Stuttgart 1967.
109. Voir par exemple l'ouvrage : Mehler, J., et Dupoux, E. : *Naître humain*, Odile Jacob, Paris 1990.
110. Voir note 6, p. 30.

111. À propos du concept de « forces formatrices » et de « corps de forces formatrices », ou « corps de vie », voir R. Steiner : *La Théosophie,* chapitre : « La nature de l'homme », GA 9, É.A.R., N.
112. Voir note 93.
113. Steiner, R. : conférence du 30 décembre 1923 dans *Initiations antiques. Visions initiatiques modernes,* GA 233, É.A.R.
114. Voir note 104, conférence du 16 septembre 1920.
115. R. E. Scammon, cité par J. M. Tanner : *Wachstum und Reifung des Menschen,* Stuttgart 1962.
116. Steiner, R. : conférence du 31 décembre 1921 dans les *Bases de la pédagogie*, GA 303, É.A.R. ; conférence du 12 août 1924 dans *Connaissance de l'homme et art de l'éducation*, GA 311, T.
117. Steiner, R. : voir note 114.
118. Witkin, H. : The Perception of the Upright, *Scientific American* 2/1959 ; ainsi que : *Personality Through Perception,* Londres 1954.
119. Poeck, K., et Orgass, B. : Über die Entwicklung des Körperschemas, in *Fortschritte in der Neurologischen Psychiatrie* 32/10.
120. Kranich, E.-M., etc. : *Formenzeichnen. Die Entwicklung des Formensinns in der Erziehung,* Stuttgart 1992.
121. On trouvera un développement détaillé des formes du monde végétal dans l'ouvrage de Kranich, E.-M. : *Pflanze und Kosmos*, Stuttgart 1997.
122. Steiner, R. : Conférence du 30 août 1919 dans *la Nature humaine,* GA 293, T ; et conférence du 23 août 1919 dans *Méthode et pratique de l'art de l'éducation,* GA 294, T.
123. Cité par R. Imbach : Wilhelm von Ockham ; *in Klassiker der Philosophie,* O. Höffe (éd.), I, Munich 1981, p. 236.
124. Steiner, R. : conférence du 17 août 1919 dans *Éducation, un problème social*, GA 296, É.A.R.

125. Steiner, R. : conférence du 12 avril 1921 dans *Thérapeutique et Science spirituelle,* GA 313, É.A.R.
126. Steiner, R. : conférence du 7 mars 1920 dans *Chaleur et matière*, GA 321, É.A.R.
127. À propos de la chaleur comme « éther », voir « Les quatre éthers » dans : *Le Monde éthérique,* de G. Adams, E. Marti, etc., T.
128. Steiner, R. : conférence du 21 septembre 1909 dans *l'Évangile selon Luc*, GA 114, T.
129. Steiner, R. : *Une Théorie de la connaissance chez Goethe,* GA 2, É.A.R., pp. 61 et 62.
130. On trouvera une justification plus précise de cette démarche dans l'article de Goethe « Erster Entwurf zu einer Einleitung in die vergleichende Anatomie, ausgehend von der Osteologie » ; *in Goethes Naturwissenschaftliche Schriften*, Ier t., R. Steiner éd., Stuttgart, p. 244.
131. *Ibid.*, p. 247.
132. On trouvera une explication plus détaillée dans l'ouvrage de Kranich : *Wesensbilder der Tiere,* Stuttgart 1995.
133. Steiner, R. : conférence du 3 mai 1920 dans *Die Erneuerung der pädagogisch-didaktischen Kunst durch Geisteswissenschaft,* GA 301.
134. Novalis : Les Disciples à Saïs, in *Œuvres complètes*, t. I, traduction Armel Guerne, Gallimard 1975, p. 59.
135. Voir note 129, pp. 113 et 115.
136. Steiner, R. : conférence du 30 août 1919 dans *la Nature humaine*, GA 291, T.
137. À diverses reprises, Steiner a attiré l'attention sur le fait que les représentations et les concepts que l'on présente aux enfants doivent « porter en eux la possibilité de croître » (conférence du 12 juin 1921 dans *Pédagogie et connaissance de l'homme,* GA 302, É.A.R.), de telle sorte qu'ils restent vivants, souples, élastiques, et qu'ils puissent grandir avec l'être humain. J. Kiersch écrit : « Les concepts sont vivants lorsque, tant du

point de vue de leur rapport aux faits que de celui de leur développement dans le temps, ils restent ouverts. » (« Lebendige Begriffe » *in* F. Bohnsack / E.-M. Kranich : *Erziehungswissenschaft und Waldorfpädagogik*, Weinheim und Basel 1990, p. 79.)

138. « Allensbacher Berichte » 1986, N° 16.
139. « Spiegel Spezial. Die Eigensinnigen [les fortes-têtes] ». Nov. 1994.
140. Steiner, R. : *Les sources spirituelle de l'anthroposophie*, GA 78, É.A.R.
141. Voir note 26, p. 25.
142. *Ibid.*, p. 26.
143. Ces courbes sont dues à K. E. Schaefer : « Individual Respiratory Patterns Affecting Metabolic Processes and CNS Functions », *in* K. E. Schaefer, etc. : *A New Image of Man in Medicine,* Vol. II, New York 1979.
144. Chez l'adulte, la quantité totale de liquide céphalo-rachidien est de 140 ml environ. Elle est renouvelée quatre fois par jour. Le liquide est constamment reformé dans les ventricules du cerveau et résorbé essentiellement par les veines de la tête. En comparaison du sang, le liquide est assez peu vivant. Sa teneur en protéines est nettement moindre (1/300 de celle du plasma sanguin). Il contient aussi moins de sucre que le sang (60 %), mais un peu plus de sel (de sodium).
145. Voir Steiner, R. : conférence du 19 décembre 1914 dans *Okkultes Lesen und okkultes Hören,* GA 156.
146. « Biologisches zur Ästhetischen Erziehung », *in* A. Portmann : *Biologie und Geist*, Bâle, Vienne 1963.
147. Steiner, R. : *Enseignement et éducation selon l'anthroposophie*, É.A.R., p. 29.
148. Steiner, R. : *Méthode et pratique de l'art de l'éducation*, T, p. 41.
149. Voir note 26, p. 87.
150. Steiner, R. : *Ibid.*, p. 26.

151. Hentig, H. von : *Die Schule neu denken,* Munich / Vienne 1993.
152. Flindt, R. : *Biologie in Zahlen*, Stuttgart 1985.
153. Voir note 26, pp. 164-165.
154. Breithaupt, H., etc. : « Über die Frequenzbeziehung von Puls und Atem », *in Monatsschrift für Kinderheilkunde* 128, 1980.
155. Steiner, R. *Menschenwerden, Weltenseele und Weltengeist,* 2e partie, GA 206.
156. Schwartze, H. et Schwartze, P. : *Physiologie des Foetal-, Neugeborenen- und Kindesalters,* Stuttgart / New York 1977.
157. Plügge, H. : *Wohlbefinden und Missbefinden,* Tübingen 1962.
158. Voir note 74.
159. Heck, W. : « Der Kreislauf », *in* H. Wiesener : *Entwicklungspsychologie des Kindes,* Berlin 1964.
160. Steiner, R. : *Les lignes directrices de l'anthroposophie,* GA 26, N, p. 38.
161. Voir note 152.
162. Witkin, H. A., etc. : *Personality through Perception,* New York 1973.
163. Steiner, R. : *Les bases spirituelles de l'éducation,* T, p. 106.
164. Steiner, R. : *Der pädagogische Wert der Menschenerkenntnis und der Kulturwert der Pädagogik,* GA 310.
165. Steiner, R. : *Connaissance de l'homme et art de l'éducation,* T, p.94.
166. Steiner, R. : *Gegenwärtiges Geistesleben und Erziehung,* GA 307 ; p. 94.
167. Steiner, R. : *Ibid.,* p. 180.
168. Steiner, R. : *La Nature humaine* (10e conférence), T, pp. 149 *sqq.*
169. Voir note 70.
170. Voir note 129, p. 70.

171. Dans les conférences *Pédagogie et connaissance de l'homme*, GA 302, É.A.R., Steiner a décrit cette relation dans les termes suivants : « L'activité de juger est liée à l'organisme médian, et plus précisément aux bras et aux mains. Nous jugeons en fait avec nos bras et nos mains. Avec la tête, nous ne faisons que nous représenter les jugements. Lorsque nous nous représentons le contenu d'un jugement, le jugement lui-même se fait dans le mécanisme des bras et des mains, et seul le processus de représentation se déroule dans la tête » (p. 32).
172. Steiner, R. : *La Nature humaine* (5e conférence), T, p. 86.
173. Dans les conférences *Pédagogie et connaissance de l'homme* (voir note 171), c'est l'activité de conclure que Steiner met en relation avec les jambes et les pieds (É.A.R., p. 33). Cela n'est pas en contradiction avec notre exposé, car tout jugement hypothétique contient une conclusion, même si, formellement, il ne s'exprime pas par deux prémisses et une conclusion.
174. Il existe trois cours scientifiques de Steiner, le premier sur l'optique, le deuxième sur la chaleur et le troisième sur l'astronomie : *Lumière et matière* (1919 – 1920), *Chaleur et matière* (1920), *Science du ciel – science de l'homme* (1921), É.A.R.
175. Steiner, R. : *Lumière et matière,* É.A.R., pp. 79 *sq*.
176. Voir à ce sujet la fin de la quatorzième conférence de *la Nature humaine* de Steiner, GA 293, T.
177. Steiner, R. : *Pratique de la pédagogie,* 7e conférence, É.A.R.
178. Goethe : *Traité des couleurs,* T, 2000, p. 299.
179. Voir note 171, p. 55.
180. Voir note 178.
181. Goethe : *La Métamorphose des plantes*, T.
182. Spitteler, C. : *Meine frühesten Erlebnisse*. Zürich 1986, p. 8.
183. *Ibid.,* p. 12.

184. Vinter, A. : « Imitationsfähigkeit bei Kleinkindern », *in Umschau* 1986, cahier 3.
185. Steiner, R. : *Le Seuil du monde spirituel*, É.A.R.
186. Steiner, R. : *Entsprechungen zwischen Mikrokosmos und Makrokosmos*, GA 201.
187. Voir le cycle de conférences de R. Steiner : *Les Hiérarchies spirituelles et leur reflet dans le monde physique*, T.
188. Au sujet des termes « âme de conscience », « soi-esprit » et « esprit de vie », voir le livre *la Théosophie* de R. Steiner (1er chapitre), GA 9, N.
189. Voir note précédente.
190. Voir note précédente.
191. Steiner, R. : *Ursprung und Ziel des Menschen. Grundbegriffe der Geisteswissenschaft*. GA 53, p. 212.
192. À propos de l'apprentissage de l'écriture, voir par exemple la 5e conférence du cycle de R. Steiner : *Méthode et pratique de l'art de l'éducation*, T.
193. Pieper, J. : *Thomas-Brevier*, Munich 1956, p. 429.

Imprimé en Belgique par Walleyn graphics
Dépôt légal 1er trimestre 2006
ISBN 2-85248-211-8